Der Anspruch auf Teilzeitarbeit – Förderung oder Diskriminierung der Frauen?

T0326441

Europäische Hochschulschriften

Publications Universitaires Européennes
European University Studies

Reihe II
Rechtswissenschaft

Série II   Series II
Droit
Law

Bd./Vol. 4728

PETER LANG

Frankfurt am Main · Berlin · Bern · Bruxelles · New York · Oxford · Wien

Maike Langenhan-Komus

Der Anspruch auf Teilzeitarbeit – Förderung oder Diskriminierung der Frauen?

Eine Untersuchung der Vereinbarkeit der
Teilzeitansprüche nach § 8 Abs. 4 TzBfG und
§ 15 Abs. 7 BEEG mit der
Gleichbehandlungsrichtlinie 2002/73/EG

PETER LANG
Internationaler Verlag der Wissenschaften

Bibliografische Information der Deutschen Nationalbibliothek
Die Deutsche Nationalbibliothek verzeichnet diese Publikation
in der Deutschen Nationalbibliografie; detaillierte bibliografische
Daten sind im Internet über <http://www.d-nb.de> abrufbar.

Zugl.: Köln, Univ., Diss., 2007

Gedruckt auf alterungsbeständigem,
säurefreiem Papier.

D 38
ISSN 0531-7312
ISBN 978-3-631-58061-5

© Peter Lang GmbH
Internationaler Verlag der Wissenschaften
Frankfurt am Main 2008
Alle Rechte vorbehalten.

Printed in Germany 1 2 3 4 5   7

www.peterlang.de

Vorwort

Diese Arbeit hat der Rechtwissenschaftlichen Fakultät der Universität zu Köln 2007 als Dissertation vorgelegen. Rechtsprechung und Literatur fanden bis März 2007 Berücksichtigung.

Für die so hilfreiche und schnelle erste Korrektur und die zügige Erstellung des Erstgutachtens möchte ich mich sehr bei meiner Doktormutter Frau Prof. Dr. Barbara Dauner-Lieb bedanken. Herrn Prof. Dr. Ulrich Preis danke ich für die rasche Fertigung des Zweitgutachtens.

Ganz besonders danke ich meinen Eltern und meinen Schwiegereltern für die häufige Betreuung meiner beiden Kinder in der Endphase der Arbeit. Ohne ihre Unterstützung wäre der Abschluss dieser Dissertation mehr als fraglich gewesen.

Ein herzliches Dankeschön gebührt meinen beiden Kindern dafür, dass sie sich so problemlos und kooperativ auf diese vorübergehende neue Situation eingestellt haben sowie meinem Mann, der mich immer wieder darin bestärkt hat, die Arbeit fertigzustellen.

München, im März 2008

Maike Langenhan-Komus

Inhaltsübersicht

Inhaltsverzeichnis

Abkürzungsverzeichnis

a.A.	andere Ansicht
ABl.	Amtsblatt
ABl. EG	Amtsblatt der Europäischen Gemeinschaften
Abs.	Absatz
AE	Arbeitsrechtliche Entscheidungen (Zeitschrift)
a.f.	alte Fassung
AGG	Allgemeines Gleichbehandlungsgesetz
AiB	Arbeitsrecht im Betrieb (Zeitschrift)
Amtl. Begr.	Amtliche Begründung
Anm.	Anmerkung
AnwBl	Anwaltsblatt (Zeitschrift)
AP	Arbeitsrechtliche Praxis (Entscheidungssammlung)
ArbRB	Arbeits-Rechts-Berater (Zeitschrift)
Art.	Artikel
AuA	Arbeit und Arbeitsrecht (Zeitschrift)
AuR	Arbeit und Recht (Zeitschrift)
Az.	Aktenzeichen
BAG	Bundesarbeitsgericht
BAGE	Bundesarbeitsgerichtsentscheidung
BAT	Bundesangestelltentarifvertrag
BB	Betriebs-Berater (Zeitschrift)
BC	Bilanzbuchhalter und Controller (Zeitschrift)
BEEG	Bundeselterngeld- und Elternzeitgesetz
BErzGG	Bundeserziehungsgeldgesetz
BGB	Bürgerliches Gesetzbuch
BGBl.	Bundesgesetzblatt

BMJ	Bundesministerium der Justiz
BR-Drs.	Bundesrat-Drucksache
BeschFG	Beschäftigungsförderungsgesetz
Beschl.	Beschluss
BetrVG	Betriebsverfassungsgesetz
BT-Drs.	Bundestag-Drucksache
BUrlG	Bundesurlaubsgesetz
BVerfG	Bundesverfassungsgericht
BVerfGE	Bundesverfassungsgerichtsentscheidung
bzw.	beziehungsweise
ca.	circa
CEEP	Centre Européen de l'Enterprises Public (Europäischer Zentralverband der öffentlichen Wirtschaft)
DAV	Deutscher Anwaltverein
DB	Der Betrieb (Zeitschrift)
d.h.	das heißt
Drs.	Drucksache
DZWIR	Deutsche Zeitschrift für Wirtschafts- und Insolvenzrecht (Zeitschrift)
EG	Europäische Gemeinschaft(en), Vertrag zur Gründung der Europäischen Gemeinschaft
EGB	Europäischer Gewerkschaftsbund
EGV	Vertrag zur Gründung der Europäischen Gemeinschaft
Einf.	Einführung
endg.	endgültig
ErfK	Erfurter Kommentar
etc.	et cetera
EU	Europäische Union

EuGH	Europäischer Gerichtshof
EuR	Europarecht (Zeitschrift)
EuZW	Europäische Zeitschrift für Wirtschaftsrecht (Zeitschrift)
EWG	Europäische Wirtschaftsgemeinschaft
FAZ	Frankfurter Allgemeine Zeitung (Zeitung)
f.	folgende
ff.	fortfolgende
Fn.	Fußnote
FS	Festschrift
FTD	Financial Times Deutschland (Zeitung)
GG	Grundgesetz
ggf.	gegebenenfalls
HBeglG	Haushaltsbegleichungsgesetz
Hrsg.	Herausgeber
hrsg.	herausgegeben
IAB	Institut für Arbeitsmarkt- und Berufsforschung der Bundesagentur für Arbeit
IAO	Internationale Arbeitsorganisation
i.E.	im Ergebnis
i.S.d.	im Sinne des
i.V.m.	in Verbindung mit
KOM	Kommissionsdokument
KSchG	Kündigungsschutzgesetz
LAG	Landesarbeitsgericht
MDR	Monatsschrift für Deutsches Recht (Zeitschrift)

MüKo	Münchener Kommentar
MünchArbR	Münchener Handbuch Arbeitsrecht
MuSchG	Mutterschutzgesetz
NJW	Neue Juristische Wochenschrift (Zeitschrift)
Nr.	Nummer
n.v.	nicht veröffentlicht
NVwZ	Neue Zeitschrift für Verwaltungsrecht (Zeitschrift)
NZA	Neue Zeitschrift für Arbeitsrecht (Zeitschrift)
NZA-RR	Neue Zeitschrift für Arbeitsrecht – Rechtsprechungs Report (Zeitschrift)
o.ä.	oder ähnliches
o.g.	oben genannten
RdA	Recht der Arbeit
RL	Richtlinie
Rn.	Randnummer
Rs.	Rechtssache
Rz.	Randziffer
SAE	Sammlung Arbeitsrechtlicher Entscheidungen
S.	Seite
SchwbG	Schwerbehindertengesetz
SGB	Sozialgesetzbuch
Slg.	Sammlung
sog.	sogenannte(n)
s.u.	siehe unten
TzBfG	Teilzeit- und Befristungsgesetz

UNICE	Union of Industrial and Employers's Confiderations of Europe (Union der Industrie- und Arbeitgeberverbände Europas)
Urt.	Urteil
v.	vom
Vgl.	Vergleiche
Vorb.	Vorbemerkung
z.B.	zum Beispiel
ZfA	Zeitschrift für Arbeitsrecht (Zeitschrift)
ZIP	Zeitschrift für Wirtschaftsrecht (Zeitschrift)
ZRP	Zeitschrift für Rechtspolitik (Zeitschrift)

Einleitung

Am 1. Januar 2001 ist das Gesetz über Teilzeitarbeit und befristete Arbeitsverträge und zur Änderung und Aufhebung arbeitsrechtlicher Bestimmungen in Kraft getreten.[1] Dieses Gesetz enthält in Art. 1 das Gesetz über Teilzeitarbeit und befristete Arbeitsverträge (Teilzeit- und Befristungsgesetz - TzBfG). Grund für die Schaffung des Teilzeit- und Befristungsgesetzes (im Folgenden TzBfG) war die Notwendigkeit zur Umsetzung der Richtlinie 97/81/EG über Teilzeitarbeit[2] und der Richtlinie 99/70/EG über befristete Arbeitsverhältnisse[3].

Die Besonderheit des Teilzeit- und Befristungsgesetzes ist die Schaffung eines allgemeinen, bisher im deutschen Recht noch nicht da gewesenen, Teilzeitanspruches.[4] Dieser Anspruch eröffnet Arbeitnehmern[5] die Möglichkeit, in einem bestehenden Arbeitsverhältnis unter bestimmten Voraussetzungen auch gegen den Willen des Arbeitgebers ihre Arbeitszeit zu reduzieren und eine bestimmte Verteilung durchzusetzen.[6] Sowohl der Gesetzesentwurf als auch das parlamentarische Verfahren wurden insbesondere wegen dieser weitreichenden Regelung von einer heftig und kontrovers geführten Diskussion in der Öffentlichkeit und der Fachliteratur begleitet.[7] Zum einen wurden handwerkliche Schwächen des Entwurfes in Form ungenauer und widersprüchlicher Regelungen kritisiert[8], zum anderen wurden dem Gesetzgeber inhaltliche Mängel des Entwurfs vorgehalten. So kommentierte beispielsweise der Arbeitsrechtsausschuss des Deutschen Anwaltvereins, dass durch den Anspruch auf Teilzeitarbeit die ernsthafte

---

[1] BGBl. I 2000, 1966.

[2] Richtlinie 97/81/EG des Rates v. 15.12.1997 zu der von UNICE, CEEP und EGB geschlossenen Rahmenvereinbarung über Teilzeitarbeit, ABl. EG Nr. L 14 v. 20.1.1998, S. 9, in der Fassung vom 30.4.1998 ABl. EG Nr. L 128 S. 71.

[3] Richtlinie 99/70/EG des Rates v. 28.6.1999 zu der von UNICE, CEEP, und EGB geschlossenen Rahmenvereinbarung über befristete Arbeitsverträge, ABl. EG Nr. L 175 v. 10.7.1999, S. 43.

[4] *Bauer*, NZA 2000, 1039 (1040); Arbeitsrechtsausschuss des Deutschen Anwaltvereins, Berichterstatter *Willemsen/Bauer*, DB 2000, 2223 (2223).

[5] Um die Lesbarkeit dieser Arbeit zu vereinfachen, sollen unter dem Begriff *Arbeitnehmer* sowohl männliche als auch weibliche Arbeitnehmer zu verstehen sein.

[6] *Lorenz*, NZA-RR 2006, 281 (281); *Schiefer*, DB 2000, 2118 (2118).

[7] *Bauer*, NZA 2000, 1039ff.; *Beckschulze*, DB 2000, 2598ff.; Arbeitsrechtsausschuss des Deutschen Anwaltvereins, Berichterstatter *Willemsen/Bauer*, DB 2000, 2223ff; *Däubler*, ZIP 2000, 1961ff; *Flatten/Coepicus*, ZIP 2001, 1477ff.; *Kleinsorge*, MDR 2001, 181 (181); *Preis/Gotthardt*, DB 2000, 2065ff; *Richardi/Annuß*, BB 2000, 2201ff; *Schiefer*, DB 2000, 2118ff.

[8] *Richardi/Annuß*, BB 2000, 2201 (2201).

Gefahr bestehe, dass durch eine vollständige Verrechtlichung dieser Materie erhebliches neues Konfliktpotential in die Betriebe hineingetragen werde.[9] Die Regelungen des Gesetzesentwurfs wurden teilweise als massive und verfassungsrechtlich äußerst bedenkliche Eingriffe in die unternehmerische Freiheit erachtet, die zu einem Rückgang der Bereitschaft zur Einstellung von Arbeitnehmern führten.[10] Den Kritikern des Gesetzes wurde andererseits teilweise entgegengehalten, dass aufgrund der Korrelation zwischen dem arbeitnehmerseitigen Anspruch auf Teilzeitarbeit und betrieblicher Organisationsfreiheit des Arbeitgebers kein Anlass für die Befürchtung bestehe, dass eine unzumutbare Belastung des Arbeitgebers die Folge des Teilzeitanspruches sein könne.[11] Auch noch nach Inkrafttreten des Teilzeit- und Befristungsgesetzes wurden die einzelnen Regelungen und deren zu befürchtenden Auswirkungen auf die Praxis intensiv in der Fachwelt diskutiert.[12]

Parallel zu diesem neuen Rechtsanspruch gemäß § 8 TzBfG schuf der Gesetzgeber in dem mit Wirkung zum 1. Januar 2001 weitreichend geänderten Bundeserziehungsgeldgesetz (BErzGG) einen gesetzlich statuierten Anspruch auf Teilzeitarbeit während der Elternzeit, der sich seit Inkrafttreten des Bundeselterngeld- und Elternzeitgesetzes (BEEG) im Jahr 2007 in § 15 BEEG befindet.[13] Dieser Anspruch unterscheidet sich hinsichtlich einzelner Voraussetzungen von dem Anspruch des Teilzeit- und Befristungsgesetzes. Die Entstehungsgeschichte sowie die Voraussetzungen der beiden Ansprüche auf Teilzeitarbeit werden in Teil I und Teil II dieser Arbeit detailliert dargestellt und diskutiert. Hierbei wird insbesondere auf die an die Ablehnung eines Teilzeitbegehrens rechtfertigenden Gründe eingegangen. Ferner werden die Unterschiede dieser beiden Ansprüche und die Gründe hierfür ausführlich herausgearbeitet und das Verhältnis der beiden Ansprüche zueinander problematisiert.

---

[9]   Arbeitsrechtsausschuss des Deutschen Anwaltvereins, Berichterstatter *Willemsen/Bauer*, DB 2000, 2223 (2223).

[10] *Schiefer*, DB 2000, 2118 (2118).

[11] *Preis/Gotthardt*, DB 2000, 2065 (2068).

[12] *Bauer,* NZA 2002, 1001ff; *Däubler*, ZIP 2001, 217ff; *Hromadka*, NJW 2001, 400ff.; *Kleinsorge*, MDR 2001, 181ff.; *Kliemt*, NZA 2001, 63ff; *Lakies*, DZWIR 2001, 1ff.; *Link/Fink*, AuA 2001, 107ff.; *Lindemann*, BB 2001, 146ff.; *Preis/Gotthardt*, DB 2001, 145ff.; *Rieble/Gutzeit*, NZA 2002, 7ff.; *Schiefer*, BB 2001, Heft 22, Die erste Seite; *Straub*, NZA 2001, 919ff.; *Viethen,* Sonderbeilage zu NZA Heft 24/2001, 3 (3).

[13] BGBl. I 2000, 1426, umfassend geändert durch das Haushaltsbegleitgesetz 2004 (BGBl. I 2003, 3087). Am 31.12.2006 ist der 2. Abschnitt des Bundeserziehungsgeldgesetzes gemäß Art. 3 Abs. 2 des Gesetzes zur Einführung des Elterngeldes (BGBl. I 2006, 2748ff.) außer Kraft getreten. Gemäß Art. 1 des Gesetzes zur Einführung des Elterngeldes befinden sich die Regelungen zum Teilzeitanspruch während der Elternzeit in § 15 Bundeselterngeld- und Elternzeitgesetz (BEEG), welches am 1.1.2007 in Kraft getreten ist.

Da Teilzeitarbeit in der Bundesrepublik Deutschland überwiegend von Frauen in Anspruch genommen wird, sollen die Auswirkungen der im Teilzeit- und Befristungsgesetz und im Bundeselterngeld- und Elternzeitgesetz geregelten Teilzeitansprüche im Hinblick auf Frauen im Berufsleben untersucht werden. Hierbei werden die Vorteile, die diese Ansprüche für die Vereinbarkeit von Familie und Beruf und die Gleichstellung von Männern und Frauen und damit für die von der Europäischen Gemeinschaft verfolgten Ziele haben, analysiert. In einer wertenden Betrachtung wird untersucht, ob den Ansprüchen gleichzeitig auch eine diskriminierende Wirkung gegenüber Frauen zukommt.

Aus diesem Grund ist ein wesentlicher Schwerpunkt dieser Untersuchung die Überprüfung der Vereinbarkeit dieser beiden Ansprüche mit der europäischen Gleichbehandlungsrichtlinie 2002/73/EG und deren Vorgängerrichtlinie 76/207/EWG. In Teil III der vorliegenden Arbeit wird in diesem Zusammenhang zunächst ein kurzer Überblick über die Gleichbehandlungspolitik der Europäischen Gemeinschaft der letzten Jahre gegeben. Im Anschluss daran wird umfassend auf die inhaltlichen Regelungen der Gleichbehandlungsrichtlinie 2002/73/EG eingegangen. Bei der Überprüfung der Vereinbarkeit der beiden Teilzeitansprüche mit der Gleichbehandlungsrichtlinie 2002/73/EG und der Vorgängerrichtlinie 76/207/EWG wird insbesondere die Frage problematisiert, ob die beiden Teilzeitansprüche, die eigentlich dazu dienen sollen, Frauen im Berufsleben zu fördern und deren Position zu stärken, geeignet sein könnten, eine unmittelbare oder mittelbare Diskriminierung von Frauen im Berufsleben, insbesondere beim Zugang zum Beruf, hervorzurufen. So ist zumindest denkbar, dass eine solche Diskriminierung durch eine restriktive Einstellungspraxis der Arbeitgeber gegenüber Frauen ausgelöst wird, weil die Arbeitgeber befürchten, dass Frauen mit einer größeren Wahrscheinlichkeit als ihre männlichen Kollegen ihre Ansprüche aus dem Teilzeit- und Befristungsgesetz und dem Bundeselterngeld- und Elternzeitgesetz geltend machen könnten. Die negative Assoziation der Arbeitgeber mit der Geltendmachung dieser Ansprüche resultiert häufig aus der Besorgnis, durch die Verpflichtung, Teilzeitkräfte beschäftigen zu müssen, ökonomische Nachteile zu erleiden. Dieser möglichen diskriminierenden Wirkung der beiden Teilzeitansprüche werden die Vorteile im Hinblick auf die Förderung der Gleichbehandlung von Frauen im Berufsleben gegenübergestellt. Im Rahmen einer Verhältnismäßigkeitsprüfung wird diskutiert, ob es sich bei den beiden Teilzeitansprüchen um wirksame Instrumente handelt, die geeignet, erforderlich und angemessen sind, um die Vereinbarkeit von Familie und Beruf und daraus resultierend die Gleichstellung von Männern und Frauen zu unterstützen. Die Untersuchung konzentriert sich darauf, ob eine aus den Vorschriften des Teilzeit- und Befristungsgesetzes und des Bundeselterngeld- und Elternzeitgesetzes gegebenenfalls hervorgerufene Förderung der Gleichbehandlung von

Mann und Frau eine eventuelle Diskriminierung von Frauen durch eben diese Teilzeitansprüche rechtfertigen kann.

In Teil IV dieser Arbeit werden die herausgearbeiteten Ergebnisse nochmals komprimiert zusammengefasst.

Teil I: Die Entstehung der Ansprüche auf Teilzeitarbeit

Teilzeitarbeit hat in den letzten Jahren immer mehr an Bedeutung gewonnen. Die Motive der Arbeitnehmer, die sich für eine Teilzeittätigkeit entscheiden, variieren. Während einige ihre Arbeitszeit reduzieren, um sich mehr ihrer Freizeit oder der Aus- oder Fortbildung widmen zu können, wählen andere diese Beschäftigungsform, um familiären Betreuungspflichten nachzukommen.[14]

A. Die Rechtslage in der Bundesrepublik Deutschland im Hinblick auf einen Anspruch auf Teilzeitarbeit bis zum Jahr 2001

Im Folgenden soll dargestellt werden, inwieweit die Teilzeitarbeit in der Bundesrepublik Deutschland bis zum Inkrafttreten des Teilzeit- und Befristungsgesetzes im Jahr 2001 gesetzlich geregelt war und in welchem Umfang Arbeitnehmer früher und heute in Teilzeit tätig sind.

I. Kein gesetzlicher Anspruch auf Verringerung der Arbeitszeit

Bis zum Inkrafttreten des Teilzeit- und Befristungsgesetzes am 1. Januar 2001 gab es in der Bundesrepublik Deutschland keinen allgemeinen gesetzlich verankerten Anspruch auf Verringerung der Arbeitszeit, der auf alle Arbeitnehmer Anwendung fand. Es stand den Arbeitsvertragsparteien lediglich frei, vertraglich Vereinbarungen über eine Verkürzung der Arbeitszeit zu treffen.

1. Regelungen zur Teilzeitarbeit im Beschäftigungsförderungsgesetz

Einige rudimentäre gesetzliche Regelungen zur Teilzeit waren bereits in den §§ 2-6 des am 26. April 1985 eingeführten Beschäftigungsförderungsgesetzes (BeschFG) enthalten.[15] Durch dieses Gesetz sollte jedoch keine Erleichterung, sondern vielmehr eine gesetzliche Kontrolle der Teilzeitarbeit entstehen.[16] So enthielt das Beschäftigungsförderungsgesetz in dessen § 2 Abs. 1 BeschFG eine Regelung, wonach eine unterschiedliche Behandlung von teilzeitbeschäftigten Arbeitnehmern gegenüber vollzeitbeschäftigten Arbeitnehmern nur bei Vorlage

---

[14] Statistisches Bundesamt, Pressemitteilung vom 3. Mai 2005, S. 2.
[15] BGBl. I 1985, 710.
[16] *Adomeit*, FS Zöllner, 669 (680).

eines sachlichen Grundes gerechtfertigt sein sollte.[17] Eine Ungleichbehandlung in Teilzeit tätiger Arbeitnehmer aufgrund des im Vergleich zu Vollzeitbeschäftigten geringeren Umfanges ihrer Arbeitsleistung war dem Arbeitgeber daher verwehrt.[18] Teilzeitbeschäftigt waren nach der Definition des § 2 Abs. 2 BeschFG die Arbeitnehmer, deren regelmäßige Wochenarbeitszeit kürzer ist, als die regelmäßige Wochenarbeitszeit vergleichbarer vollzeitbeschäftigter Arbeitnehmer des Betriebes.

Das Beschäftigungsförderungsgesetz wurde sodann durch Artikel 3 des Gesetzes über Teilzeitarbeit und befristete Arbeitsverträge und zur Änderung und Aufhebung arbeitsrechtlicher Bestimmungen mit Wirkung zum 1.1.2001 aufgehoben und durch das in Artikel 1 eben dieses Gesetzes geschaffene Teilzeit- und Befristungsgesetz (TzBfG) ersetzt.[19]

2.   Anspruch auf Teilzeitarbeit gemäß § 81 Abs. 5 Satz SGB IX und § 15b BAT

Schon vor Verabschiedung des Teilzeit- und Befristungsgesetzes gab es einzelne Vorschriften, nach denen einem begrenzten Personenkreis bei Erfüllung bestimmter Voraussetzungen ein Anspruch auf Teilzeitbeschäftigung zustand und noch heute zusteht.

a)   Anspruch auf Teilzeitarbeit gemäß § 81 Abs. 5 Satz 3 SGB IX

Ein unter engen Voraussetzungen bestehender gesetzlicher Anspruch auf Teilzeitarbeit wurde im Oktober 2000 in das damalige Schwerbehindertengesetz in dessen § 14 Abs. 4 aufgenommen. Dieser Teilzeitanspruch ist nunmehr nach Eingliederung des Schwerbehindertenrechts in das SGB IX mit Wirkung zum 1. Juli 2001[20] in § 81 Abs. 5 Satz 3 SGB IX enthalten. Hiernach haben schwerbehinderte Menschen im Sinne des SGB IX einen Anspruch auf Teilzeitbeschäftigung, wenn die kürzere Arbeitszeit wegen Art oder Schwere der Behinderung notwendig ist.

---

[17] Meinel/Heyn/Herms-*Herms,* TzBfG, § 4, Rn. 1; *Schmidt,* Teilzeitarbeit in Europa, S. 84.
[18] *Schmidt,* Teilzeitarbeit in Europa, S. 84.
[19] BGBl. I 2000, 1966.
[20] BGBl. I 2001, 1046ff.

Aufgrund der strengen Voraussetzungen, die an diesen Anspruch gestellt werden, dürfte sich die Relevanz dieses Anspruches in der Praxis jedoch in Grenzen halten.[21]

b)   Anspruch auf Teilzeitarbeit gemäß § 15b BAT

Mit vollbeschäftigten Angestellten, die unter den Anwendungsbereich des Bundesangestelltentarifvertrages (BAT) fallen, soll gemäß § 15b BAT auf Antrag eine Teilzeitbeschäftigung vereinbart werden, wenn sie ein Kind unter 18 Jahren oder einen nach ärztlichen Gutachten pflegebedürftigen sonstigen Angehörigen tatsächlich betreuen oder pflegen und dringende dienstliche bzw. betriebliche Belange nicht entgegenstehen. Nach § 15b Abs. 1 Satz 2 BAT kann die Teilzeit auf Antrag auf bis zu fünf Jahre befristet werden.

Um eine nicht zu rechtfertigende Diskriminierung von Teilzeitbeschäftigten zu verhindern, dürfte § 15b BAT auch auf Teilzeitbeschäftigte und nicht, dem Wortlaut entsprechend, nur auf Vollzeitbeschäftigte Anwendung finden.[22] So entschied das Bundesarbeitsgericht, dass eine Ungleichbehandlung von Teilzeitbeschäftigten nicht gerechtfertigt sei und die Tarifvorschrift, soweit sie diskriminiere, unwirksam sei.[23]

II.   Anzahl der in Teilzeit tätigen Arbeitnehmer

Von der Möglichkeit, einer Beschäftigung in Teilzeit nachzugehen, wurde in der Bundesrepublik Deutschland in den letzten Jahren mit steigender Tendenz Gebrauch gemacht. Während im Jahr 1991 die Teilzeitquote (Anteil der Teilzeitbeschäftigten an allen abhängig Beschäftigten) lediglich bei 14 % lag, da ca. 4,7 Millionen Menschen in Teilzeit tätig waren, betrug die Teilzeitquote neun Jahre später im Mai 2000 bereits 20 %, so dass knapp 6,5 Millionen Menschen in Teilzeit tätig waren.[24] Im Jahr 2004 stuften sogar 7,2 Millionen abhängig Beschäftigte ihre Tätigkeit als Teilzeitbeschäftigung ein, so dass die Teilzeitquote damit auf 23 % anstieg.[25] Im Verhältnis zum europäischen Ausland lag die Bundesrepublik Deutschland zum Zeitpunkt des Inkrafttretens des Teilzeit- und Befristungsgesetzes im Januar 2001 mit der damaligen Teilzeitquote von 20 % im

---

[21] *Schell*, Der Rechtsanspruch auf Teilzeitarbeit, S. 217.

[22] *Lorenz*, Die Verringerung der Arbeitszeit auf Wunsch des Arbeitnehmers, S. 304; *Riesenhuber*, NZA 1995, 56 (57).

[23] BAG Urt. v. 18.3.2003, Az.: 9 AZR 126/02, BB 2004, 1568ff.; *Riesenhuber*, NZA 1995, 56 (57).

[24] Statistisches Bundesamt, Leben und Arbeiten in Deutschland, Mikrozensus 2000, S. 28.

[25] Statistisches Bundesamt, Leben und Arbeiten in Deutschland, Mikrozensus 2004, S. 44.

Mittelfeld hinter beispielsweise den Niederlanden mit einer überdurchschnittlich hohen Teilzeitquote von 38,7 %, Großbritannien mit einer Quote von 24,9 %, Schweden mit einer Quote von 23,2 % und Dänemark mit einer Quote von 22,3 %.[26]

Frauen arbeiten in Deutschland wesentlich häufiger in Teilzeit als ihre männlichen Kollegen. So gaben im Jahr 2000 38 % der erwerbstätigen Frauen an, einer Teilzeitbeschäftigung nachzugehen, während nur knapp 5 % der erwerbstätigen Männer in Teilzeit tätig waren.[27] Die Zahl der teilzeitbeschäftigten Frauen belief sich im Jahr 2004 auf 6,1 Millionen, so dass diese 85 % aller Teilzeittätigen in abhängiger Beschäftigung darstellten.[28]

B.   Die Richtlinie 97/81/EG des Rates vom 15.12.1997 zu der von UNICE, CEEP und EGB geschlossenen Rahmenvereinbarung über Teilzeitarbeit und deren Umsetzung in nationales Recht

Am 15. Dezember 1997 verabschiedete der Rat der Europäischen Gemeinschaft die Richtlinie zu der von UNICE, CEEP und EGB geschlossenen Rahmenvereinbarung über Teilzeitarbeit.[29] Gemäß Art. 249 Abs. 3 des Vertrages zur Gründung der Europäischen Gemeinschaft war die Bundesregierung als Mitgliedstaat der Europäischen Gemeinschaft verpflichtet, die Rechts- und Verwaltungsvorschriften in Kraft zu setzen, die erforderlich waren, diese Richtlinie umzusetzen. Den Mitgliedstaaten steht nach dieser Vorschrift des Vertrages zur Gründung der Europäischen Gemeinschaft ausschließlich die formelle Rechtsetzungskompetenz zu, während die materiell-inhaltliche Zielsetzungsbefugnis für den Bereich des Richtlinienrechtes bei der Europäischen Gemeinschaft selbst liegt.[30] Dieser Verpflichtung kam die Bundesrepublik Deutschland durch die Umsetzung der Richtlinie in Form des am 1. Januar 2001 in Kraft getretenen Teilzeit- und Befristungsgesetzes nach.[31]

Obgleich die Teilzeitrichtlinie 97/81/EG eigentlich bis zum 20. Januar 2000 umzusetzen gewesen wäre, hat der nationale Gesetzgeber die Richtlinie mit Inkrafttreten des Teilzeit- und Befristungsgesetzes am 1. Januar 2001 dennoch nicht

---

[26] BT-Drs. 14/4374, S. 11.
[27] Statistisches Bundesamt, Leben und Arbeiten in Deutschland, Mikrozensus 2000, S. 28.
[28] Statistisches Bundesamt, Leben und Arbeiten in Deutschland, Mikrozensus 2004, S. 44.
[29] ABl. EG 1998 L 14/9.
[30] *Herrmann*, Richtlinienumsetzung durch die Rechtsprechung, S. 253; *Jarass/Beljin*, NVwZ 2004, 1 (8).
[31] BGBl. I 2000, 1966.

verspätet umgesetzt, da der Bundesrepublik Deutschland eine zulässige Fristverlängerung bis zum 20. Januar 2001 eingeräumt worden war.[32]

Der Verabschiedung der Richtlinie 97/81/EG des Rates vom 15. Dezember 1997 zu der von UNICE, CEEP und EGB geschlossenen Rahmenvereinbarung über Teilzeitarbeit[33] geht eine lange Entstehungsgeschichte voraus. So wurde bereits im Jahr 1978 vom Wirtschafts- und Sozialausschuss der Europäischen Gemeinschaft die Europäische Gemeinschaft aufgefordert, Maßnahmen zu ergreifen, um Teilzeitbeschäftigten den gleichen sozialen Schutz wie Vollzeitbeschäftigten zu gewähren.[34] Der Wirtschafts- und Sozialausschuss äußerte sich in dieser Stellungnahme dahingehend, dass Teilzeitbeschäftigte bezüglich sämtlicher Aspekte ihrer Erwerbstätigkeit eine vergleichbare Regelung und einen ähnlichen Schutz wie Vollzeitbeschäftigte genießen müssten.[35] Sodann stellte der Rat der Europäischen Gemeinschaft in seiner Entschließung über die Anpassung der Arbeitszeit vom 18. Dezember 1979 erstmals Grundsätze zur Behandlung von Teilzeit auf.[36]

Am 6. Juni 1997 und damit erst 18 Jahre nach der Aufforderung des Wirtschafts- und Sozialausschusses der Europäischen Gemeinschaft schlossen daraufhin die europäischen Sozialpartner, namentlich die Union der Industrie- und Arbeitgeberverbände Europas (UNICE), der Zentralverband der öffentlichen Wirtschaft (CEEP) und der Europäische Gewerkschaftsbund (EGB) eine Rahmenvereinbarung über Teilzeitarbeit (im Folgenden die „Rahmenvereinbarung").[37] Die Intention der europäischen Sozialpartner, diese Rahmenvereinbarung über Teilzeitarbeit zu schließen, bestand darin, die allgemeinen Grundsätze und Mindestvorschriften für die Teilzeitarbeit festzulegen, um einen allgemeinen Rahmen für die Beseitigung der Diskriminierung von Teilzeitbeschäftigten zu schaffen und einen Beitrag zur Entwicklung der Teilzeitarbeitsmöglichkeiten auf einer für den Arbeitgeber und Arbeitnehmer akzeptablen Grundlage zu leisten.[38]

Bereits ein halbes Jahr später verabschiedete der Rat der Europäischen Union basierend auf eben dieser Rahmenvereinbarung die Richtlinie 97/81/EG des Ra-

---

[32] Annuß/Thüsing-*Annuß*, TzBfG, Einf. Rn. 11.
[33] ABl. EG 1998 L 14/9.
[34] ABl. EG 1978 C 296/56.
[35] ABl. EG 1978 C 269/57.
[36] ABl. EG 1980 C 2/1.
[37] Abgedruckt in ArbuR 1997, 318f.
[38] Abs. 11 der Richtlinie 97/81/EG.

tes der Europäischen Union vom 15. Dezember 1997 zu der von UNICE, CEEP und EGB geschlossenen Rahmenvereinbarung über Teilzeitarbeit.[39]

I.   Die verbindlich umzusetzenden Vorschriften nach der Richtlinie 97/81/EG

Gemäß Artikel 1 der Richtlinie 97/81/EG wurde die Rahmenvereinbarung der europäischen Sozialpartner durchgeführt und der Richtlinie als Anhang beigefügt. Die Rahmenvereinbarung ist daher Bestandteil dieser Richtlinie 97/81/EG.

Bei der Richtlinie handelt es sich um einen im Verfahren nach Art. 3 und 4 des Maastrichter Abkommens zur Sozialpolitik (ASP) zustande gekommenen Rechtsakt.[40] Dieses Verfahren erlaubt europäischen Sozialpartnerorganisationen, das Rechtsetzungsverfahren an sich zu ziehen und bei Abschluss einer Vereinbarung den Rat um Durchführung dieser Vereinbarung zu bitten.[41]

1.   Ziel der Richtlinie 97/81/EG

Die europäischen Sozialpartner wollten durch die Umsetzung der von Ihnen beschlossenen Rahmenvereinbarung über Teilzeitarbeit gemäß deren § 1 die Beseitigung von Diskriminierung von Teilzeitbeschäftigten sicherstellen und die Qualität der Teilzeitarbeit verbessern sowie die Entwicklung der Teilzeitarbeit auf freiwilliger Basis fördern und zu einer flexiblen Organisation der Arbeitszeit beitragen, die den Bedürfnissen der Arbeitgeber und der Arbeitnehmer Rechnung trägt.

Durch die Regelungen sollte die Beschäftigung sowie die Chancengleichheit von Frauen und Männern gefördert werden. So heißt es unter anderem im 5. Erwägungsgrund der Rahmenvereinbarung über Teilzeitarbeit, dass eine Erleichterung zum Zugang zur Teilzeitarbeit für Frauen und Männer im Hinblick auf die Vorbereitung des Ruhestandes und die Vereinbarkeit von Beruf und Familienleben von Bedeutung sei.

---

[39]   ABl. EG 1998 L 14/9.
[40]   *Schmidt*, NZA 1998, 576 (576); *Steinmeyer*, RdA 2001, 10 (13).
[41]   *Schmidt*, NZA 1998, 576 (576); ausführlich zur Partizipation europäischer Sozialrechtspartner nach den seit dem Amsterdamer Vertrag in den Art. 136f EG enthaltenen Regelungen *Deinert*, RdA 2004, 211 (215).

2. Anwendungsbereich und Begriffsbestimmungen der Richtlinie 97/81/EG

Gemäß § 2 der Rahmenvereinbarung gilt sie für Teilzeitbeschäftigte, die nach den Rechtsvorschriften, Tarifverträgen oder Gepflogenheiten in dem jeweiligen Mitgliedstaat einen Arbeitsvertrag haben oder in einem Arbeitsverhältnis stehen. Ein Ausschluss von Teilzeitbeschäftigten, die nur gelegentlich arbeiten, aus dem Anwendungsbereich der Vereinbarung, ist unter engen Voraussetzungen aus sachlichen Gründen möglich. In § 3 der Rahmenvereinbarung werden die Begriffe *Teilzeitbeschäftigter* und *vergleichbarer Vollzeitbeschäftigter* definiert. Gemäß § 3 Nr. 1 ist derjenige Arbeitnehmer teilzeitbeschäftigt, dessen normale Arbeitszeit unter der eines vergleichbaren Vollzeitbeschäftigten liegt.

3. Grundsatz der Nichtdiskriminierung

In § 4 der Rahmenvereinbarung wird das mit dieser Rahmenvereinbarung von den europäischen Sozialpartnern intendierte Ziel, nämlich die Vermeidung der Diskriminierung von Teilzeitbeschäftigten, näher konkretisiert. Hiernach dürfen Teilzeitbeschäftigte gegenüber vergleichbaren Vollzeitbeschäftigten nicht schlechter behandelt werden, weil sie teilzeitbeschäftigt sind, es sei denn, die unterschiedliche Behandlung ist aus sachlichen Gründen gerechtfertigt. Es soll, sofern dies angemessen ist, der Pro-rata-temporis-Grundsatz Anwendung finden. Wenn sachliche Gründe dies rechtfertigen, können die Mitgliedstaaten nach Anhörung der Sozialpartner Zugangskriterien zu besonderen Beschäftigungsbedingungen kreieren.

4. Teilzeitarbeitsmöglichkeiten

Die Weigerung eines Arbeitnehmers, von einem Vollzeitarbeitsverhältnis in ein Teilzeitarbeitsverhältnis oder umgekehrt umzuwechseln, soll gemäß § 5 Abs. 2 der Rahmenvereinbarung keinen gültigen Kündigungsgrund darstellen. Ferner soll der Arbeitgeber Anträge, auf Teilzeit- oder Vollzeitarbeit zu wechseln, berücksichtigen oder diesen Wechsel erleichtern.

5. Umsetzungsbestimmungen

Sowohl die Mitgliedstaaten der Europäischen Gemeinschaft als auch die Sozialpartner sind gemäß § 6 der Rahmenvereinbarung ermächtigt, günstigere Bestimmungen beizubehalten oder einzuführen, als diese in der Rahmenvereinbarung vorgesehen sind. Eine Verringerung des Schutzniveaus der Arbeitnehmer

in dem unter die Rahmenvereinbarung fallenden Bereich ist jedoch nicht zulässig.

II.   Umsetzung der Richtlinie in der Bundesrepublik Deutschland in Form des Teilzeit- und Befristungsgesetzes

Umgesetzt wurde die Richtlinien 97/81/EG durch Artikel 1 des Gesetzes über
Teilzeitarbeit und befristete Arbeitsverträge und Aufhebung arbeitsrechtlicher
Bestimmungen in Form des Teilzeit- und Befristungsgesetzes, welches am
1. Januar 2001 in Kraft trat. Des Weiteren wurde durch das Teilzeit- und Befristungsgesetz der Verpflichtung zur Umsetzung der Richtlinie 99/70/EG des Rates
vom 28. Juni 1999 zu der EGB-UNICE-CEEP Rahmenvereinbarung über befristete Arbeitsverhältnisse[42] nachgekommen. Gleichzeitig wurde durch Artikel 3
des Gesetzes über Teilzeitarbeit und befristete Arbeitsverträge und Aufhebung
arbeitsrechtlicher Bestimmungen das Beschäftigungsförderungsgesetz aufgehoben.

Im Gegensatz zu der langen Vorlaufzeit, die es bis zur Verabschiedung der dem
Teilzeit- und Befristungsgesetz zugrundeliegenden EG-Richtlinie bedurfte,
zeichnete sich das Gesetzgebungsverfahren für das Teilzeit- und Befristungsgesetz besonders durch seine Geschwindigkeit aus.[43] So wurde erst am
5. September 2000 der Referentenentwurf veröffentlicht.[44] Der bereits modifizierte Gesetzesentwurf der Bundesregierung wurde am 28. September 2000 im
Bundesrat eingereicht. Nachdem der Bundesrat am 20. Oktober 2000 beschloss,
zum Gesetzesentwurf keine Stellung abzugeben, wurde dieser sodann am
24. Oktober 2000 dem Ausschuss für Arbeit und Sozialordnung überwiesen.[45]
Mit Beschluss vom 16. November 2000 hat der Bundestag die Ausschussemp-
fehlung[46], die noch einige Änderungen vorsah, angenommen. Nachdem der
Bundesrat dem Gesetzesentwurf am 21. Dezember 2000 zugestimmt hatte und
das Gesetz am 28. Dezember 2000 im Bundesgesetzblatt[47] verkündet wurde,
konnte es am 1. Januar 2001, nach nur knapp vier Monaten, in Kraft treten.

Ziel des am 1. Januar 2001 in Kraft getretenen Teilzeit- und Befristungsgesetzes
ist, nach dessen § 1 Teilzeitarbeit zu fördern und gleichzeitig die Diskriminie-

---

[42]   ABl. EG 1999 L 175/43.
[43]   Meinel/Heyn/Herms-*Herms*, TzBfG, Einleitung, Rn. 2.
[44]   Abgedruckt in NZA 2000, 1045f.
[45]   BT-Drs. 14/4374.
[46]   BT-Drs. 14/4625.
[47]   BGBl. I 2000, 1966.

rung Teilzeitbeschäftigter zu verhindern.[48] Dieses Ziel soll über eine Verbesserung des Diskriminierungsschutzes der Teilzeitbeschäftigten, über mehr Transparenz der Teilzeitarbeitsmöglichkeiten und eine Förderung der Teilzeitarbeit durch Ausweitung der Arbeitnehmerrechte, auch bei qualifizierten Tätigkeiten und leitenden Positionen, für Männer und Frauen erreicht werden.[49]

Als das Kernstück des Teilzeit- und Befristungsgesetzes dürfte im Hinblick auf den Aspekt der Teilzeitarbeit der in § 8 TzBfG statuierte Anspruch auf Teilzeitarbeit zu bezeichnen sein.[50] Durch diesen erzwingbaren Anspruch auf Arbeitszeitverringerung sollten im Wege einer Umverteilung des vorhandenen Arbeitsvolumens auf mehr Menschen mittelbar Arbeitsplätze geschaffen und positive beschäftigungspolitische Effekte[51] sowie familien- und gleichstellungspolitische Ziele erreicht werden.[52]

Ein weiterer sehr wichtiger Regelungsinhalt des Gesetzes ist das in § 4 TzBfG geregelte Gleichbehandlungsgebot, welches im Wesentlichen mit der bisherigen Regelung in § 2 Abs. 1 BeschFG identisch ist und gewährleisten soll, dass die Diskriminierung teilzeitbeschäftigter Arbeitnehmer verhindert wird.[53]

1.   Der Begriff der Teilzeitbeschäftigten

Gemäß § 2 des TzBfG ist derjenige Arbeitnehmer teilzeitbeschäftigt, dessen regelmäßige Wochenarbeitszeit kürzer ist als die eines vergleichbaren vollzeitbeschäftigten Arbeitnehmers des Betriebes. Vergleichbar ist ein Arbeitnehmer mit derselben Art des Arbeitsverhältnisses und der gleichen oder einer ähnlichen Tätigkeit im Betrieb. Diese Definition beruht auf der Begriffsbestimmung in § 3 RL 97/81/EG und entspricht der bis zum Inkrafttreten des Teilzeit- und Befristungsgesetzes geltenden Definition teilzeitbeschäftigter Arbeitnehmer gemäß § 2 BeschFG.

---

[48] *Preis/Gotthardt,* DB 2000, 2065 (2066); *Richardi/Annuß,* BB 2000, 2201 (2201).
[49] *Viethen,* Sonderbeilage zu NZA Heft 24/2001, 3 (3).
[50] *Hromadka,* NJW 2001, 400 (400); *Preis/Gotthardt,* DB 2001, 145 (145); *Schiefer,* DB 2000, 2118, (2118).
[51] *Mengel,* BB-Special 6/2005, 13 (13); *Preis/Gotthardt,* DB 2000, 2065 (2067).
[52] *Viethen,* Sonderbeilage zu NZA Heft 24/2001, 3 (3).
[53] *Lakies,* DZWIR 2001, 1 (2); Meinel/Heyn/Herms-*Herms,* TzBfG, § 4 Rn. 1; *Rolfs,* RdA 2001, 129, (130).

2.   Diskriminierungs- und Benachteiligungsverbot

In § 4 TzBfG ist das Verbot der Diskriminierung festgeschrieben, welches eines der wesentlichen Ziele der Richtlinie 97/81/EG darstellt.[54] Hiernach dürfen teilzeitbeschäftigte Arbeitnehmer wegen ihrer Teilzeitarbeit nicht diskriminiert werden, es sei denn sachliche Gründe rechtfertigten eine unterschiedliche Behandlung. Das ungleiche Arbeitspensum allein kann daher nicht geeignet sein, eine unterschiedliche Behandlung zu rechtfertigen.[55] Teilzeitbeschäftigten sind deswegen Arbeitsentgelt und geldwerte Leistungen anteilig zu gewähren.[56] Obgleich es hinsichtlich der Vergütung an einem expliziten Differenzierungsvorbehalt aus sachlichen Gründen fehlt, wird dieses Fehlen von einigen nur als Redaktionsversehen gewertet, wie sich aus der Begründung der Bundesregierung zum Gesetzesentwurf ergebe.[57] Eine Differenzierung aus sachlichen Gründen sei demnach auch bezüglich der Vergütung statthaft.[58]

Das Diskriminierungsverbot ist zwingend, so dass eine Abweichung weder einzel- noch tarifvertraglich möglich ist.[59] Hierbei handelt es sich um eine notwendige Gesetzeskorrektur, da § 6 BeschFG bisher eine Tarifdispositivität vorsah, die jedoch bislang wegen Art. 3 GG im Wege der verfassungskonformen Auslegung durch das Bundesarbeitsgericht dahingehend eingeschränkt werden musste, dass selbst Tarifvertragsparteien Teilzeit- und Vollzeitkräfte nicht ohne sachlichen Grund unterschiedlich behandeln durften.[60]

§ 5 TzBfG schützt den Arbeitnehmer vor einer Benachteiligung durch den Arbeitgeber wegen der Inanspruchnahme von Rechten nach dem Teilzeit- und Befristungsgesetz. Da diese Regelung dem allgemeinen Benachteiligungsverbot

---

[54]   *Rolfs*, RdA 2001, 129 (130).
[55]   Tschöpe-*Leuchten*, Anwalts-Handbuch Arbeitsrecht, Teil 3 A, Rz. 172.
[56]   Meinel/Heyn/Herms-*Herms*, TzBfG, § 4 Rn. 41; Schaub-*Schaub*, Arbeitsrechts-Handbuch, § 44, Rn. 38.
[57]   Nach BT-Drs. 14/4374, S. 16 stellt es keinen Verstoß gegen das Diskriminierungsverbot dar, wenn die Ungleichbehandlung aus sachlichem Grund gerechtfertigt ist. Hierzu: *Hanau*, NZA 2001, 1168 (1173); *Kliemt*, NZA 2001, 63, (69); *Richardi./Annuß*, BB 2000, 2201 (2201).
[58]   *Hanau*, NZA 2001, 1168 (1173); *Kliemt*, NZA 2001, 63, (69); *Lindemann/Simon*, BB 2001, 146 (147); Meinel/Heyn/Herms-*Herms*, TzBfG, § 4 Rn. 42; *Richardi./Annuß*, BB 2000, 2201 (2201);a.A. *Rolfs*, RdA 2001, 129 (131); *Däubler*, ZIP 2001, 217 (218).
[59]   *Lakies*, DZWIR 2001, 1 (2); *Preis/Gotthardt*, DB 2000, 2065 (2066).
[60]   *Preis/Gotthardt*, DB 2000, 2065, (2066); BAG Urt. v. 28.7.1992, Az.: 3 AZR 173/92, NZA 1993, 215.

gemäß § 612a BGB entspricht, hätte es dieser Vorschrift jedoch nach überwiegender Auffassung eigentlich nicht bedurft.[61]

Auch die berufliche Entwicklung und Mobilität teilzeitbeschäftigter Arbeitnehmer ist zu fördern. So hat der Arbeitgeber gemäß § 10 TzBfG dafür Sorge zu tragen, auch diese an Aus- und Weiterbildungsmaßnahmen teilhaben zu lassen, es sei denn, dringende betriebliche Gründe oder Aus- und Weiterbildungswünsche anderer Arbeitnehmer stehen entgegen.

3. Förderung von Teilzeitarbeit

Gemäß § 6 TzBfG hat der Arbeitgeber den Arbeitnehmern, auch wenn sich diese in leitenden Positionen befinden, Teilzeitarbeit nach Maßgabe des Teilzeit- und Befristungsgesetzes zu ermöglichen. Durch diese Vorschrift sollen Unternehmen angeregt werden, auch für diese Bereiche Teilzeitmodelle zu erarbeiten.[62]

4. Ausschreibung und Information über freie Arbeitsplätze

Gemäß § 7 Abs. 1 TzBfG hat der Arbeitgeber einen Arbeitsplatz, den er öffentlich oder innerhalb des Betriebes ausschreibt, auch als Teilzeitarbeitsplatz auszuschreiben, sofern sich dieser dafür eignet. Zunächst sah der Regierungsentwurf vor, dass eine Ausschreibung als Teilzeitarbeitsplatz nur dann nicht notwendig sein sollte, wenn *dringende betriebliche Gründe* einer Teilzeitarbeit an diesem Arbeitsplatz entgegenstehen. Dies wurde heftig kritisiert. So wurde sogar befürchtet, dass die Rechtsprechung die „bloße" Unternehmerentscheidung in diesem Zusammenhang nicht mehr akzeptieren werde, sondern die Gefahr bestehe, dass der Arbeitgeber detailliert darlegen müsse, warum es sich „dringend" um Vollzeitarbeitsplätze handeln müsse.[63] Die gegenüber dem Referentenentwurf abgemilderte, jetzt geltende Fassung, wonach eine Ausschreibung als Teilzeitarbeitsplatz erfolgen soll, wenn sich der Arbeitsplatz hierfür *eignet*, wird jedoch von vielen auch weiterhin als ein nicht unerheblicher Eingriff in die unternehmerische Freiheit gewertet.[64]

---

[61] *Hromadka,* NJW 2001, 400 (401); *Kleinsorge,* MDR 2001, 181 (181); *Lakies,* DZWIR 2001, 1, (3); *Lindemann,* BB 2001, 146 (147).

[62] *Boewer,* TzBfG, § 6, Rn. 1; *Haag/Traub,* AiB 2003, 157 (158).

[63] *Bauer,* NZA 2000, 1039, (1041).

[64] *Bauer,* NZA 2000, 1039 (1040); *Beckschulze,* DB 2000, 2598 (2598), Arbeitsrechtsausschuss des DAV, Berichterstatter *Willemsen/Bauer,* DB 2000, 2223 (2223); *Hromadka,* NJW 2001, 400, (401); *Kliemt* NZA 2001, 63 (64); *Rieble/Gutzeit,* NZA 2002,7 (7); *Schiefer,* DB 2000, 2118 (2118); *Straub,* NZA 2001, 919 (919).

Nach § 7 Abs. 2 TzBfG besteht seitens des Arbeitgebers eine Informationspflicht gegenüber seinen Arbeitnehmern, die ihm den Wunsch nach einer Ar-
beitszeitveränderung angezeigt haben. Diese Informationspflicht bezieht sich
sowohl auf entsprechende Arbeitsplätze innerhalb des Betriebes, in dem der Arbeitnehmer tätig ist, als auch innerhalb des ganzen Unternehmens.[65]

5. Verringerung der Arbeitszeit

Der Anspruch auf Teilzeitarbeit gemäß § 8 TzBfG stellt die wichtigste und umstrittenste Vorschrift des Teilzeit- und Befristungsgesetzes dar, da diese den Arbeitnehmern einen Rechtsanspruch auf Verringerung der Arbeitszeit einräumt,
soweit betriebliche Gründe nicht entgegenstehen.[66]

Einen Anspruch auf Einstellung in Teilzeitarbeit für Bewerber um einen freien
Arbeitsplatz enthält das Gesetz zwar nicht, es verankert jedoch in § 8 TzBfG
einen grundsätzlichen Anspruch auf Arbeitszeitverringerung für Arbeitnehmer,
die bereits in einem Arbeitsverhältnis stehen.[67] Mit diesem Rechtsanspruch auf
Teilzeitarbeit geht der Gesetzgeber über die Rahmenvereinbarung der Sozialpartner hinaus, nach deren § 5 Nr. 3a der Arbeitgeber Anträge von Vollzeitbeschäftigten auf Wechsel in ein im Betrieb zur Verfügung stehendes Teilzeitarbeitsverhältnis lediglich berücksichtigen soll, soweit dies *möglich* ist.[68] Die
Rahmenvereinbarung richtete sich nur mit sehr zurückhaltenden Vorschlägen an
den Arbeitgeber, wonach es ihm im Ergebnis freistehen sollte, dem Begehren
des Arbeitnehmers zu entsprechen oder nicht.[69] Die Umsetzung der Rahmenvereinbarung in der in § 8 Abs. 4 TzBfG statuierten ausgeweiteten Form wurde da-

---

[65] *Hanau*, NZA 2001, 1168 (1168).
[66] *Hromadka*, NJW 2001, 400 (400); *Preis/Gotthardt*, DB 2001, 145 (145); *Schell*, Der
Rechtsanspruch auf Teilzeitarbeit, S. 39; *Schiefer*, DB 2000, 2118, (2118).
[67] *Meinel/Heyn/Herms-Heyn*, TzBfG, § 8, Rn. 20; *Viethen*, Sonderbeilage zu NZA Heft
24/2001, 3 (3).
[68] *Bauer*, NZA 2000, 1039 (1039); *Flatten/Coeppicus*, ZIP 2001, 1477 (1477); Mei-
nel/Heyn/Herms-*Heyn*, TzBfG, § 8, Rn. 1; *Thüsing*, ZfA 2004, 67 (68).
[69] *Thüsing*, ZfA 2004, 67 (68).

her im Schrifttum ausführlich diskutiert.[70] Sowohl auf die Diskussion als auch auf die Voraussetzungen im Einzelnen soll unter Teil II A. dieser Arbeit näher eingegangen werden.

6. Verlängerung der Arbeitszeit

Gemäß § 9 TzBfG hat der Arbeitgeber einen teilzeitbeschäftigten Arbeitnehmer, der ihm den Wunsch nach einer Verlängerung seiner vertraglich vereinbarten Arbeitszeit angezeigt hat, bei der Besetzung eines entsprechenden freien Arbeitsplatzes bei gleicher Eignung bevorzugt zu berücksichtigen, es sei denn, dass dringende betriebliche Gründe oder Arbeitszeitwünsche anderer teilzeitbeschäftigter Arbeitnehmer entgegenstehen. Im Gegensatz zu § 15 Abs. 5 Satz 4 Bundeselterngeld- und Elternzeitgesetz ist im Teilzeit- und Befristungsgesetz kein unbedingter Anspruch auf Rückkehr in ein Vollzeitarbeitsverhältnis vorgesehen.[71] Im Regelfall sollen jedoch die Interessen des rückkehrwilligen Arbeitnehmers vorrangig sein und nur besonders gewichtige Gründe eine Ablehnung rechtfertigen.[72]

7. Kündigungsverbot

Das Kündigungsverbot in § 11 TzBfG beruht auf § 5 Nr. 2 der Rahmenvereinbarung der Richtlinie 97/81/EG. Hiernach ist die Kündigung eines Arbeitsverhältnisses wegen der Weigerung eines Arbeitnehmers, von einem Vollzeit- in ein Teilzeitarbeitsverhältnis oder umgekehrt zu wechseln, unwirksam. Dieses Kündigungsverbot betrifft insbesondere diejenigen Situationen, in denen das Veränderungsinteresse vom Arbeitgeber ausgeht und die Kündigung ausgesprochen wird, weil sich der Arbeitnehmer weigert, seine Arbeitszeit zu verlängern oder

---

[70] Arbeitsrechtsausschuss des Deutschen Anwaltvereins, Berichterstatter *Willemsen/Bauer*, DB 2000, 2223ff.; *Bauer*, NZA 2000, 1039ff.; *Bauer*, NZA 2002, 1001ff.; *Beckschulze*, DB 2000, 2598ff.; *Däubler*, ZIP 2000, 1961ff; *Däubler*, ZIP 2001, 217ff; *Flatten/Coepicus*, ZIP 2001, 1477ff.; *Hromadka*, NJW 2001, 400ff; *Kleinsorge*, MDR 2001, 181ff.; *Kliemt*, NZA 2001, 63ff; *Lakies*, DZWIR 2001, 1ff.; *Lindemann*, BB 2001, 146ff; *Link/Fink*, AuA 2001, 107ff.; *Preis/Gotthardt*, DB 2000, 2065ff; *Preis/Gotthardt*, DB 2001, 145ff.; *Richardi/Annuß*, BB 2000, 2201ff.; *Rieble/Gutzeit*, NZA 2002, 7ff.; *Schiefer*, DB 2000, 2118ff.; *Schiefer*, BB 2001, Heft 22, Die erste Seite; *Straub*, NZA 2001, 919ff.; *Viethen*, Sonderbeilage zu NZA Heft 24/2001, 3ff.

[71] *Däubler*, ZIP 2000, 1961 (1964); *Lakies*, DZWIR 2001, 1 (6); *Meinel/Heyn/Herms-Heyn*, TzBfG, § 9, Rn. 3; *Lindemann/Simon*, BB 2001, 146, (151).

[72] *Däubler*, ZIP 2000, 1961 (1964); *Preis/Gotthardt*, DB 2000, 2065, (2068).

zu verkürzen.[73] Kündigungen aus anderen Gründen, wie beispielsweise wirtschaftlichen, technischen oder organisatorischen Gründen, die zur Änderung oder Beendigung des Arbeitsverhältnisses führen, bleiben von dieser Regelung unberührt.[74]

8. Arbeit auf Abruf und Arbeitsplatzteilung

Entsprechend der bisher geltenden Regelungen in den §§ 4,5 des nunmehr aufgehobenen Beschäftigungsförderungsgesetzes befinden sich in den §§ 12, 13 TzBfG Bestimmungen über die Arbeit auf Abruf und die Arbeitsplatzteilung, wobei in beiden Fällen die Befugnisse der Tarifvertragsparteien zur für den Arbeitnehmer nachteiligen Abweichung vom Gesetz beschränkt werden.[75]

III. Motive des Gesetzgebers für die Schaffung des Teilzeit- und Befristungsgesetzes in der jetzt geltenden Fassung

Im Folgenden sollen die Beweggründe dargestellt werden, die die Bundesregierung veranlasst haben, das Teilzeit- und Befristungsgesetz in der jetzt geltenden Fassung zu verabschieden.

1. Umsetzungspflicht der Richtlinie nach europäischem Recht

Wie bereits zuvor[76] dargelegt, war die Bundesrepublik Deutschland als Mitgliedstaat der Europäischen Gemeinschaft verpflichtet, die Richtlinie 97/81/EG in deutsches Recht umzusetzen.

Diese Umsetzungspflicht leitet sich aus Art. 10 EG ab, wonach die Mitgliedstaaten alle geeigneten Maßnahmen treffen müssen, um die Geltung und Wirksamkeit des Gemeinschaftsrechtes zu gewährleisten.[77] Gemäß Art. 249 Abs. 3 des Vertrages zur Gründung der Europäischen Gemeinschaft ist die in diesem Fall vom Rat der Europäischen Gemeinschaft erlassene Richtlinie hinsichtlich des zu erreichenden Zieles verbindlich, wobei den innerstaatlichen Stellen die Wahl der Form und der Mittel freisteht. Da Richtlinien zu einer effektiven Umsetzung

---

[73] *Däubler*, ZIP 2000, 1961 (1965); *Rolfs*, RdA 2001, 129, (130); *Preis/Gotthardt*, DB 2000, 2065 (2069).

[74] *Preis/Gotthardt*, DB 2000, 2065 (2069); *Schiefer*, DB 2000, 2118, (2121).

[75] *Kliemt*, NZA 2001, 63 (70); Meinel/Heyn/Herms-*Heyn*, TzBfG, § 12, Rn. 1; *Rolfs*, RdA 2001, 129, (142).

[76] Vgl. Teil I B.

[77] *Schmidt*, Das Arbeitsrecht der Europäischen Gemeinschaft, Teil I., Rn. 52.

durch die Mitgliedstaaten verpflichten, ist es erforderlich, dass die verbindliche Geltung des Richtlinieninhalts im innerstaatlichen Recht für den Einzelnen und für nationale Organe zweifelsfrei, etwa durch Gesetze oder Rechtsverordnungen, gesichert sein muss.[78] Eine Umsetzung durch den nationalen Gesetzgeber ist deswegen notwendig, weil den Richtlinienbestimmungen grundsätzlich keine unmittelbare Wirkung zukommt.[79] Abhängig von der Art und Ausgestaltung der Richtlinie können die darin formulierten Ziele so detailliert sein, dass den Mitgliedstaaten faktisch keinerlei Handlungsspielraum mehr bleibt.[80] Im Hinblick auf die Umsetzung der Richtlinie über Teilzeitarbeit und befristete Arbeitsverhältnisse verblieb dem nationalen Gesetzgeber jedoch ein hinreichender Spielraum, da zwar eine Absenkung des Niveaus des Arbeitnehmerschutzes in Bezug auf Teilzeitbeschäftigte nicht statthaft, die Schaffung günstigerer Regelungen jedoch zulässig war.[81] Von diesem ihm zustehenden Spielraum hat der deutsche Gesetzgeber auch Gebrauch gemacht, als er den Anspruch auf Teilzeitarbeit weiter ausgestaltete, als dies von der zugrundeliegenden Richtlinie gefordert war.

2. Intention des Gesetzgebers

Aus dem Regierungsentwurf werden die Gründe dafür deutlich, weshalb sich der Gesetzgeber entschieden hat, den Entwurf eines Gesetzes über Teilzeitarbeit und befristete Arbeitsverträge und zur Änderung und Aufhebung arbeitsrechtlicher Bestimmungen in der in der Bundestag-Drucksache 14/4374 erschienenen Form vorzulegen.

In diesem Entwurf heißt es, die Ausweitung der Teilzeitarbeit habe eine erhebliche beschäftigungspolitische Bedeutung. Ferner sei die nichtdiskriminierende Teilzeit für die tatsächliche Gleichstellung von Frauen und Männern eine wesentliche Voraussetzung. Es sei möglich, durch den Ausbau der Teilzeitarbeit sowohl Arbeitsplätze zu sichern als auch neue Arbeitsplätze zu schaffen.[82] Um dieses Ziel zu erreichen, müsse die Teilzeitarbeit noch mehr gefördert werden.

---

[78] *Herdegen*, Europarecht, § 9 Rn. 38.

[79] *Jarass/Beljin*, EuR 2004, 714 (721); *Schmidt*, Das Arbeitsrecht der Europäischen Gemeinschaft, Teil I., Rn. 52. Eine unmittelbare Wirkung kommt den Richtlinien nur in Ausnahmefällen zu; vgl. hierzu die Ausführungen unter Teil III A. Seit der Entscheidung des EuGH v. 22.11.2005, Rs. C-144/04 (Mangold), NZA 2005, 1345ff. besteht Unsicherheit bezüglich der Frage der horizontalen unmittelbaren Geltung von Richtlinien. Hierzu ausführlich *Preis*, NZA 2006, 401ff; *Thüsing*, ZIP 2005, 2149 (2150).

[80] *Herrmann*, Richtlinienumsetzung durch die Rechtsprechung, S. 49; *Schmidt*, Das Arbeitsrecht der Europäischen Gemeinschaft, Teil I., Rn. 52.

[81] *Eger*, Der Rechtsanspruch auf Verringerung der Arbeitszeit nach § 8 TzBfG, S. 26.

[82] BT-Drs. 14/4374, S. 1.

Als besondere Neuregelung wird in dem Regierungsentwurf hervorgehoben, dass nunmehr Arbeitnehmern, auch in leitenden Positionen, ein Anspruch auf Teilzeitarbeit zustehen solle.[83] Auch für den Arbeitgeber habe die Verwirklichung von Teilzeitwünschen der Arbeitnehmer einen positiven Effekt in Form größerer Flexibilität, Produktivität und besserer Arbeitsqualität, da Arbeitszeitregelungen, die an den Bedürfnissen der Arbeitnehmer vorbeigingen, erhebliche Folgekosten durch vermehrte Fluktuation und höhere Fehlzeiten nach sich zögen.[84]

IV. Die Regelung eines Teilzeitanspruches in anderen europäischen Ländern aufgrund der Richtlinie am Beispiel der Niederlande

Das neu geschaffene Teilzeit- und Befristungsgesetz orientiert sich an den Regelungen des am 1. Juli 2000 in Kraft getretenen niederländischen Teilzeitgesetzes insoweit, als die darin enthaltenen Regelungen überwiegend übernommen wurden.[85] Die besonders hohe Teilzeitquote in den Niederlanden in Höhe von 38,7 % im Zeitpunkt des dem Teilzeit- und Befristungsgesetz zugrundeliegenden Gesetzgebungsverfahrens im Jahre 2000 wurde im Rahmen der Gesetzesbegründung explizit hervorgehoben.[86] Obgleich die Niederlande bereits zu den Spitzenreitern bei der Anzahl der Teilzeitarbeitnehmer gehörten, hat der dortige Gesetzgeber eine einschneidende Veränderung des Rechts der Teilzeitarbeit beschlossen, wonach jedem Arbeitnehmer ein gesetzlicher Anspruch auf Teilzeitarbeit zustehen soll.[87] Zahlreiche Regelungen des niederländischen Gesetzes über die Anpassung der Arbeitszeit („Wet aanpassing arbeidsduur") ähneln sehr stark dem ein halbes Jahr später in Kraft getretenen deutschen Teilzeit- und Befristungsgesetz.

Den Kern der Neuregelung stellt Art. 2 Abs. 1 Satz 1 des Wet aanpassing arbeidsduur dar. Hiernach kann der Arbeitnehmer vom Arbeitgeber die Einwilligung in eine dauerhafte Erhöhung oder Verminderung der individualrechtlich geschuldeten Arbeitszeit verlangen, sofern er bei diesem Arbeitgeber mindestens ein Jahr beschäftigt ist und der Arbeitgeber nicht weniger als 10 Arbeitnehmer beschäftigt.[88] Eine Abweichung von den Wünschen des Arbeitnehmers

---

[83] BT-Drs. 14/4374, S. 2.
[84] BT-Drs. 14/4374, S.11.
[85] *Flatten/Coeppicus*, ZIP 2001, 1477 (1477); *Hromadka/Maschmann*, Arbeitsrecht Band 1, § 4, Rn. 41f.; *Preis/Gotthardt*, DB 2000, 2065 (2068); *Waas*, NZA 2000, 583 (583).
[86] BT-Drs. 14/4374, S. 11.
[87] *Waas*, NZA 2000, 583 (583).
[88] Henssler/Braun-*Oosterbeek*, Arbeitsrecht in Europa, Niederlande, Rz. 66.

ist dem Arbeitgeber nur unter engen Voraussetzungen möglich.[89] So kann der Arbeitgeber das Teilzeitverlangen an sich nur ablehnen, wenn schwerwiegende betriebliche Belange entgegenstehen.[90] Im Hinblick auf die Verteilung der Arbeitszeit kann der Arbeitgeber den Wunsch des Arbeitnehmers nur dann ablehnen, wenn bei einer nach den Grundsätzen von Treu und Glauben vorzunehmenden Gesamtabwägung Umstände vorliegen, die die Interessen des Arbeitnehmers an einer Neuregelung überwiegen.[91] Hinsichtlich der von den Arbeitgebern und den Arbeitnehmern einzuhaltenden Fristen unterscheidet sich das niederländische Gesetz nicht sehr stark vom deutschen Teilzeit- und Befristungsgesetz. So ist der Antrag des Arbeitnehmers mindestens vier Monate vor der gewünschten Vertragsänderung zu stellen und der Arbeitgeber muss spätestens einen Monat vor Beginn der gewünschten Vertragsänderung seine Entscheidung mitteilen, da sich andernfalls der Vertrag aufgrund einer gesetzlichen Fiktion automatisch entsprechend den Arbeitnehmerwünschen verändert.[92]

Insbesondere die Regelungen im Hinblick auf die Ablehnungsmöglichkeiten des Begehrens des Arbeitnehmers wurden in den Niederlanden heftig kritisiert, indem diese als tiefe Eingriffe in die Vertragsfreiheit angesehen wurden.[93] Des Weiteren wurde bemängelt, dass es auf die Motive des Arbeitnehmers nicht ankommen solle.[94]

C.   Der Anspruch auf Teilzeit während der Elternzeit

Neben dem mit Wirkung zum 1. Januar 2001 neu geschaffenen Anspruch auf Teilzeitarbeit nach den Vorschriften des Teilzeit- und Befristungsgesetzes, hat der Gesetzgeber einen weiteren Anspruch auf Teilzeitarbeit in § 15 Abs. 7 des Bundeserziehungsgeldgesetzes (BErzGG)[95] verankert. Diese vom Bundestag beschlossene Novellierung des Bundeserziehungsgeldgesetzes ist ebenfalls mit Wirkung zum 1. Januar 2001 in Kraft getreten und befindet sich seit Inkrafttre-

---

[89] *Waas*, NZA 2000, 583 (584).
[90] *Opitz*, Die Rechtsansprüche auf Anpassung der Arbeitszeit, S. 103.
[91] *Waas*, NZA 2000, 583 (584).
[92] *Eisemann/LeFriant/Liddington/Numhauser-Henning/Roseberry/Schinz/Waas*, RdA 2004, 129 (131).
[93] *Waas*, NZA 2000, 583 (585).
[94] *Waas*, NZA 2000, 583 (583).
[95] BGBl. I 2000, 1426, sowie weitere Änderungen durch Gesetz zur Änderung des Begriffs „Erziehungsurlaub" in BGBl. I 2000, 1645. Umfassend geändert durch das Haushaltsbegleitgesetz 2004 (BGBl. I 2003, 3087).

ten des Bundeselterngeld- und Elternzeitgesetzes zum Jahr 2007 in § 15 dieses Gesetzes.[96]

I. Gesetzliche Regelungen im Hinblick auf einen Anspruch auf Teilzeitbeschäftigung im Bundeserziehungsgeldgesetz bis zum Jahr 2001

Das Bundeserziehungsgeldgesetz wurde im Jahr 1986 mit der Zielsetzung eingeführt, durch die Zahlung eines Erziehungsgeldes die Erziehungsleistungen von Familien zu honorieren und diesen die Freiheit zu eröffnen, auf eine Erwerbstätigkeit verzichten zu können oder in Teilzeit bis unter 20 Stunden pro Woche zu arbeiten.[97] Das hiernach gewährte Erziehungsgeld unterscheidet sich von anderen Familienleistungen dadurch, dass es aufgrund seiner ideellen Funktion, die Familienleistung anzuerkennen, keine Lohnersatzleistung darstellt und damit auch einem Elternteil gewährt wird, der vor der Geburt des Kindes nicht im Erwerbsleben stand.[98]

Bereits im damaligen Gesetzgebungsverfahren wurde die Frage diskutiert, ob ein Anspruch auf Reduzierung der Arbeitszeit während des Erziehungsurlaubes[99] im Gesetz verankert werden sollte.[100] Dies wurde jedoch mit der Begründung abgelehnt, dass ein Teilzeitanspruch einen zu starken Eingriff in die Dispositionsfreiheit des Arbeitgebers darstelle und nicht jeder Arbeitsplatz für eine Teilzeitbeschäftigung geeignet sei.[101] Der Arbeitnehmer hatte zwar grundsätzlich die gesetzliche Legitimation, während des Erziehungsurlaubs bei seinem Arbeitgeber bis zu 19 Stunden wöchentlich und damit in Teilzeit zu arbeiten. Dies setzte jedoch eine einvernehmliche Einigung der Arbeitsvertragsparteien voraus, da ein Anspruch auf Teilzeit ja gerade nicht bestand. Der Arbeitgeber besaß somit bei der Frage, ob er dem Wunsch eines Mitarbeiters auf Teilzeitbeschäftigung während des Erziehungsurlaubes zustimmte oder nicht, volle Entscheidungsfreiheit.[102]

---

[96] Am 31.12.2006 ist der 2. Abschnitt des Bundeserziehungsgeldgesetzes gemäß Art. 3 Abs. 2 des Gesetzes zur Einführung des Elterngeldes (BGBl. I 2006, 2748ff.) außer Kraft getreten. Gemäß Art. 1 des Gesetzes zur Einführung des Elterngeldes befinden sich die Regelungen zum Teilzeitanspruch während der Elternzeit in § 15 Bundeselterngeld und Elternzeitgesetz (BEEG), welches am 1.1.2007 in Kraft getreten ist.

[97] BT-Drs. 10/3792, S. 13.

[98] *Huber*, NZA 2000, 1319 (1319).

[99] Bis zur Neuregelung des Bundeserziehungsgeldgesetzes im Jahr 2001 wurde statt des Begriffs *Elternzeit* der Begriff *Erziehungsurlaub* verwendet.

[100] *Lindemann/Simon*, NJW 2001, 258 (260).

[101] BT-Drs. 10/3792, S. 19.

[102] *Reiserer/Penner*, BB 2002, 1962 (1962).

II. Gesetzliche Neuregelungen im Bundeserziehungsgeldgesetz mit Wirkung zum 1. Januar 2001

Bereits am 13. April 2000, und damit vor der Einleitung des Gesetzgebungsverfahrens des Teilzeit- und Befristungsgesetzes, fand die erste Entwurfsberatung der Koalitionsfraktionen[103] über die Neuregelung des Bundeserziehungsgeldgesetzes statt. Im Anschluss daran wurde dieser unter anderem an den Ausschuss für Familie, Senioren, Frauen und Jugend überwiesen, der sodann am 5. Juli 2000 eine Beschlussempfehlung[104] formulierte. Hierin schlug der Ausschuss vor, den Entwurf der Koalitionsfraktion für erledigt zu erklären und einige wenige Änderungen vorzunehmen. Am 7. Juli 2000 hat der Deutsche Bundestag sodann aufgrund der Beschlussempfehlung und des Berichts des Ausschusses für Familie, Senioren, Frauen und Jugend den von der Bundesregierung eingebrachten Entwurf eines Dritten Gesetzes zur Änderung des Bundeserziehungsgeldgesetzes[105] angenommen.[106] Das Dritte Gesetz zur Änderung des Bundeserziehungsgeldgesetztes wurde am 12. Oktober 2000 verkündet und trat gemäß Art. 5 Abs. 2 dieses Gesetzes am 1. Januar 2001 in Kraft.[107]

Aufgrund der Aufforderung des Deutschen Bundestages an die Bundesregierung, bis zum Ende des Jahres 2000 einen Gesetzesentwurf vorzulegen, in welchem der Begriff *Erziehungsurlaub* im Bundeserziehungsgesetz durch den Begriff *Elternzeit* ersetzt wird, legte die Koalitionsfraktion am 26. September 2000 den Entwurf eines Gesetzes zur Änderung des Begriffs „Erziehungsurlaub" vor.[108] Grund für die Änderungsaufforderung war, dass die bisherige Bezeichnung *Erziehungsurlaub* aus Sicht des Bundestages in der Öffentlichkeit zu steigenden Irritationen führe, weil sie die Kinderbetreuung und die Arbeit in der Familie mit der Vorstellung über Freizeit und Muße verbinde, und die immer noch bestehenden Vorurteile beeinflusse, die Väter gegenüber ihrem eigenen möglichen Erziehungsurlaub hätten, die wiederum von den Arbeitgebern geteilt würden.[109] Dieser Gesetzesentwurf wurde am 12. Oktober 2000 aufgrund der Beschlussempfehlung und des Berichts des Ausschusses für Familien, Senioren, Frauen und Jugend[110] unter der Maßgabe geringfügiger Veränderungen angenommen.[111] Das Gesetz zur Änderung des Begriffs „Erziehungsurlaub" wurde

---

[103] BT-Drs. 14/3118.
[104] BT-Drs. 14/3808.
[105] BT-Drs. 14/3553.
[106] BR-Drs. 515/00.
[107] BGBl. I 2000, 1426.
[108] BT-Drs. 14/4133.
[109] BT-Drs. 14/4133, S. 1.
[110] BT-Drs. 14/4266.
[111] BR-Drs. 617/00.

sodann am 30. November 2000 im Bundesgesetzblatt verkündet.[112] Hierin wurde
in Artikel 1 Nr. 1 die Bezeichnung des Bundeserziehungsgeldgesetzes in „Gesetz zum Erziehungsgeld und zur Elternzeit" (Bundeserziehungsgeldgesetz –
BErzGG)" geändert sowie in den folgenden Nummern des Artikel 1 der Begriff
Erziehungsurlaub durch den Begriff *Elternzeit* ersetzt. Das Inkrafttreten des Gesetzes zur Änderung des Begriffs „Erziehungsurlaub" wurde in dessen Artikel 37 für den 2. Januar 2001 bestimmt. Aufgrund Artikel 36 dieses Gesetzes
wurde die Neufassung des Bundeserziehungsgeldgesetzes daraufhin am
1. Dezember 2000 durch das Bundesministerium für Familien, Senioren, Frauen
und Jugend im Bundesgesetzblatt bekannt gemacht.[113]

**III.   Gesetzliche Neuregelungen im Bundeserziehungsgeldgesetz mit Wir-
kung zum 1. Januar 2004**

Im Rahmen des Haushaltsbegleitgesetzes 2004 (HBeglG 2004) vom
29. Dezember 2003 wurden weitere erhebliche Änderungen im Hinblick auf den
2001 neu geschaffenen Anspruch auf Teilzeitbeschäftigung während der Elternzeit vorgenommen.[114] Bei diesen Änderungen handelt es sich zum Teil um Aspekte, die nach Inkrafttreten der Novellierung des Bundeserziehungsgeldgesetzes im Jahr 2001 bereits in der Fachliteratur kritisiert wurden.[115] Die Neuerun-
gen des Bundeserziehungsgeldgesetzes traten gemäß Art. 29 HBeglG mit Wirkung zum 1. Januar 2004 in Kraft. Gemäß Art. 28 HBeglG wurde die Neufassung des Bundeserziehungsgeldgesetzes am 9. Februar 2004 durch das Bundesministerium für Familie, Senioren, Frauen und Jugend bekannt gemacht.[116]

Auf die Neuregelungen des Bundeserziehungsgeldgesetzes im Hinblick auf den
Anspruch auf Teilzeitbeschäftigung während der Elternzeit soll im Einzelnen
später in Teil II dieser Arbeit unter B. eingegangen werden.

---

[112] BGBl. I 2000, 1638.
[113] BGBl. I 2000, 1645.
[114] BGBl. I 2003, 3087.
[115] Vgl. hierzu *Leßmann*, DB 2001, 94ff, der in seinem Aufsatz beispielsweise die im
BErzGG enthaltenen unterschiedlichen Fristen sowie die fehlende Regelung zur Verteilung der Arbeitszeit kritisierte und Fragen zur gemeinsamen Elternzeit problematisierte.
Sowka, NZA 2004, 82ff. hält die vorgenommen Änderungen für rudimentär und nicht
ausreichend.
[116] BGBl. I 2004, 206.

IV. Außerkrafttreten des Bundeserziehungsgeldgesetzes und Inkrafttreten des Bundeselterngeld- und Elternzeitgesetzes

Durch das Gesetz zur Einführung des Elterngeldes ist am 1. Januar 2007 das Gesetz zum Elterngeld und zur Elternzeit (Bundeselterngeld- und Elternzeitgesetz – BEEG) in Kraft getreten.[117] Gemäß Art. 3 Abs. 2 des Gesetzes zur Einführung des Elterngeldes ist der 2. Abschnitt des Bundeserziehungsgeldgesetzes, dessen Regelungsgegenstand unter anderem die Elternzeit und der Teilzeitanspruch während der Elternzeit war, außer Kraft getreten. Seit dem 1. Januar 2007 sind die Elternzeit und der Teilzeitanspruch während der Elternzeit in den §§ 15ff. BEEG geregelt. Es haben sich lediglich geringfügige inhaltliche Änderungen ergeben, die insbesondere Fristenregelungen betreffen.[118]

V. Motive des Gesetzgebers für die Schaffung des Anspruches auf Teilzeit während der Elternzeit in der jetzt geltenden Fassung

Ziel der weitreichenden Novellierung des Bundeserziehungsgeldgesetzes im Jahr 2000 mit Wirkung ab dem Jahr 2001 war unter anderem, eine angemessene strukturelle Verbesserung bei der Elternzeit einschließlich einer erleichterten Teilzeitarbeit während dieser Zeit zu schaffen.[119] In der Gesetzesbegründung heißt es hierzu, dass die bis zur Änderung des Bundeserziehungsgeldgesetzes geltenden Regelungen zu starr und diese dafür mitverantwortlich seien, dass lediglich 1,5 % der Väter und 90 % der anspruchsberechtigten Mütter Elternzeit in Anspruch nähmen.[120]

Durch die Neuregelungen wollte die damalige Regierungskoalition die Vorschriften an die veränderte Arbeitswelt anpassen, den größeren Bedarf an Flexibilität berücksichtigen sowie für Männer eine attraktivere Möglichkeit zur Inanspruchnahme von Elternzeit schaffen.[121] Diese Flexibilität sollte nach Ansicht des Gesetzgebers insbesondere durch die Erweiterung der Grenzen für die zulässige wöchentliche Teilzeitarbeit erreicht werden sowie durch einen unter bestimmten Voraussetzungen begründeten begrenzten Anspruch auf Verringerung der Arbeitszeit während der Elternzeit.[122]

---

[117] BGBl. I 2006, 2748.

[118] So beispielsweise § 15 Abs. 7 Satz 1, Nr. 3 und Nr. 5 BEEG; im Einzelnen hierzu *Fröhlich*, ArbRB, 2007, 54ff.

[119] BT-Drs. 14/3553, S. 1.

[120] BT-Drs. 14/3553, S. 2 und 11.

[121] *Leßmann*, DB 2001, 94 (94).

[122] BT-Drs. 14/3553, S. 20.

Insgesamt sollte daher durch diese Neuregelung eine bessere Vereinbarkeit von Familie und Beruf erreicht werden.[123]

D.   Fazit

In den letzten Jahren haben sich immer mehr Arbeitnehmer entschieden, in Teilzeit tätig zu sein. So ist die Teilzeitquote in der Zeit von 1991 bis 2004 von 14 % auf 23 % gestiegen. Ein Grund für die Steigerung dieser Quote könnte das am 1. Januar 2001 in Kraft getretene Teilzeit- und Befristungsgesetz sein. Es handelt sich hierbei um die Umsetzung der Richtlinien 97/81/EG und 99/70/EG ins deutsche Recht. Das Teilzeit- und Befristungsgesetz regelt die Teilzeitarbeit, die bisher nur unvollständig im bis dahin geltenden Beschäftigungsförderungsgesetz geregelt war, nunmehr umfassend. Eine wesentliche Neuregelung stellt der unter den Voraussetzungen des § 8 TzBfG bestehende Anspruch auf Verringerung der Arbeitszeit dar.

Ebenfalls zum 1. Januar 2001 wurde ein Anspruch auf Teilzeitarbeit während der Elternzeit in das Bundeserziehungsgeldgesetz aufgenommen. Die diesen Teilzeitanspruch betreffenden gesetzlichen Regelungen befinden sich seit dem 1. Januar 2007 im Bundeselterngeld- und Elternzeitgesetz.

---

[123] *Joussen*, NZA 2005, 336 (336).

Teil II: Voraussetzungen für einen Anspruch auf Teilzeit nach dem TzBfG und dem BEEG

Im Folgenden sollen die einzelnen Voraussetzungen für einen Teilzeitanspruch nach dem Teilzeit- und Befristungsgesetz und dem Bundeselterngeld- und Elternzeitgesetz ausführlich dargestellt und untersucht werden.

A.   Anspruch des Arbeitnehmers auf Teilzeitarbeit gemäß § 8 Abs. 4 TzBfG

Gegenstand des Teilzeitanspruches nach § 8 TzBfG ist die dauerhafte und nicht nur vorübergehende Verringerung der Arbeitszeit.[124] Ein Anspruch des Arbeitnehmers auf Verringerung der vertraglich vereinbarten Arbeitszeit besteht, sofern die folgenden Voraussetzungen erfüllt sind.

I.   Anspruchsberechtigter Personenkreis

Zum anspruchsberechtigten Personenkreis des § 8 TzBfG gehören sämtliche Arbeitnehmer des privaten und öffentlichen Dienstes mit Ausnahme von Beamten.[125] Gemäß § 6 TzBfG hat der Arbeitgeber den Arbeitnehmern, auch in leitenden Positionen, Teilzeitarbeit nach Maßgabe des Teilzeit- und Befristungsgesetzes zu ermöglichen. Ebenfalls anspruchsberechtigt sind Personen, die bereits in Teilzeit tätig sind und befristet Beschäftigte, deren Anstellungsverhältnis länger als sechs Monate besteht.[126] Auszubildende fallen nicht unter den anspruchsberechtigten Personenkreis, da dies nicht mit dem Wesen des Ausbil-

---

[124] *Hanau/Adomeit*, Arbeitsrecht, Rn. 677; BAG Urt. v. 12.9.2006, 9 AZR 686/05, NZA 2007, 253ff.

[125] *Eger*, Der Rechtsanspruch auf Verringerung der Arbeitszeit nach § 8 TzBfG, S. 35; *Kliemt*, NZA 2001, 63 (64); *Schell*, Der Rechtsanspruch auf Teilzeitarbeit, S. 39.

[126] *Feldhoff*, AiB 2003, 84 (84); *Kliemt*, NZA 2001, 63 (64); *Lakies*, DZWIR 2001, 1 (4); *Link/Fink*, AuA 2001, 107 (109); Meinel/Heyn/Herms-*Heyn*, TzBfG, § 8, Rn. 17; *Preis/Gotthardt*, DB 2001, 145 (148).

dungsvertrages vereinbar wäre, wonach die Ausbildung grundsätzlich im Rahmen der vorgesehenen Ausbildungszeit abgeschlossen werden soll.[127]

II.   Kleinunternehmensklausel gemäß § 8 Abs. 7 TzBfG

Gemäß § 8 Abs. 7 TzBfG muss der Arbeitgeber in der Regel mehr als 15 Arbeitnehmer beschäftigen.

Aus dem Wortlaut der Vorschrift ergibt sich explizit, dass diese auf die Anzahl der beim Arbeitgeber Beschäftigten und damit auf das Unternehmen und nicht auf die im Betrieb Beschäftigten abstellt.[128] Arbeitgeber ist jeder, der einen Arbeitnehmer beschäftigt, wobei es auf die konkrete Rechtsform des Arbeitgebers, der sowohl eine natürliche als auch eine juristische Person sein kann, nicht ankommt.[129] Diese Kleinunternehmensklausel war im ersten Gesetzesentwurf zunächst nicht enthalten, was besonders kritisiert wurde.[130] Im Laufe des Gesetzgebungsverfahrens wurde diese Bestimmung der Vorschrift als Korrektiv hinzugefügt.

Die Anzahl der regelmäßig Beschäftigten ermittelt sich, wie auch im Fall des § 23 Abs. 1 KSchG[131], indem man von einem Personalbestand im Zeitpunkt der Antragstellung des Arbeitnehmers ausgeht und einen Referenzzeitraum von einem Jahr mit in die Betrachtung einbezieht.[132] Im Gegensatz zum Kündigungsschutzgesetz werden Teilzeitbeschäftigte jedoch nicht etwa anteilig, sondern nach „Köpfen" gezählt.[133] Ausdrücklich von der Ermittlung der Beschäftigtenzahl im Sinne des § 8 Abs. 7 TzBfG ausgenommen sind die Personen, die sich in der Ausbildung befinden. Reduziert der Arbeitgeber das Personal nur vorü-

---

[127] *Eger*, Der Rechtsanspruch auf Verringerung der Arbeitszeit nach § 8 TzBfG, S. 35; *Lorenz*, Die Verringerung der Arbeitszeit auf Wunsch des Arbeitnehmers, S. 70; *Preis/Gotthardt*, DB 2001, 145 (148); *Hamann*, BB-Special 6/2005, 2 (2); *Schell*, Der Rechtsanspruch auf Teilzeitarbeit, S. 39; a.A. Kittner/Däubler/Zwanziger-*Zwanziger*, KSchR, § 8, Rn. 4; Meinel/Heyn/Herms-*Heyn*, TzBfG, § 8, Rn. 18.

[128] *Däubler*, ZIP 2000, 1961 (1962); *Fischer*, BB 2001, 94 (95); *Kleinsorge*, MDR 1001, 181 (182); *Rolfs*, RdA 2001, 129 (134); Annuß/Thüsing-*Mengel,* TzBfG, § 8, Rn. 5 ff.

[129] *Fischer*, BB 2001, 94 (95).

[130] *Bauer*, NZA 2000, 1039 (1040); *Fischer,* BB 2002, 94 (94).

[131] Küttner-*Eisemann*, Kündigungsschutz, Rn. 55; *Preis*, Arbeitsrecht, S.691.

[132] *Hamann*, BB-Special 6/2005, 2 (2); Küttner-*Eisemann*, Kündigungsschutz, Rn. 55.

[133] *Lindemann/Simon*, BB 2001, 146 (148), kritisch hierzu z.B.: *Preis/Gotthardt*, DB 2000, 2065 (2068); *Richardi/Annuß*, BB 2000, 2201 (2202); *Rolfs*, RdA 2001, 129 (134), der von einer Benachteiligung der Arbeitgeber spricht, die bei gleichem Arbeitsvolumen bereits Teilzeitarbeitsplätze eingerichtet haben; *Schiefer*, DB 2000, 2118 (2119).

bergehend, um den Anspruch auf Arbeitszeitverringerung bereits aus formellen Gründen scheitern zu lassen, so bleibt diese Reduzierung unberücksichtigt.[134]

III. Zeitliche Mindestvoraussetzungen

Das Teilzeit- und Befristungsgesetz enthält im Zusammenhang mit dem Teilzeitanspruch verschiedene Regelungen hinsichtlich einzuhaltender Fristen.

1. Sechsmonatiges Bestehen des Arbeitsverhältnisses

Gemäß § 8 Abs. 1 TzBfG muss das Arbeitsverhältnis länger als sechs Monate bestehen.

Entscheidend bei der Berechnung dieser Wartezeit ist der rechtliche Bestand des Arbeitsverhältnisses und nicht, ob der Arbeitnehmer tatsächlich gearbeitet hat.[135] Aus diesem Grund sind Zeiten, in denen das Arbeitsverhältnis ruht, wie z.B. wegen Mutterschutzes oder Elternzeit, ebenfalls bei der Berechnung der Wartezeit zu berücksichtigen.[136] Im Zeitpunkt der Geltendmachung des Teilzeitanspruches muss die sechsmonatige Wartefrist bereits abgelaufen sein.[137]

2. Rechtzeitige Mitteilung des Teilzeitbegehrens gegenüber dem Arbeitgeber

Voraussetzung für eine wirksame Geltendmachung des Teilzeitanspruches durch den Arbeitnehmer ist gemäß § 8 Abs. 2 Satz 1 TzBfG, dass der Arbeitnehmer die Verringerung der Arbeitszeit und deren Verteilung spätestens drei Monate vor deren Beginn geltend macht.

---

[134] *Hamann*, BB-Special 6/2005, 2 (2).

[135] ErfK/*Preis*, § 8 TzBfG, Rn. 8; Meinel/Heyn/Herms-*Heyn*, TzBfG, § 8, Rn. 21; *Rolfs*, RdA 2001, 129 (133); *Preis/Gotthardt*, DB 2001, 145 (149); TZA-*Buschmann*, § 8, Rn. 14.

[136] Annuß/Thüsing-*Mengel*, TzBfG, § 8, Rn. 32; *Boewer*, TzBfG, § 8, Rn. 24; Meinel/Heyn/Herms-*Heyn*, TzBfG, § 8, Rn. 21.

[137] BT-Drs. 14/4374, S. 17; *Bauer*, NZA 2000, 1039, (1040); *Däubler*, ZIP 2001, 217 (218); ErfK-*Preis*, § 8 TzBfG Rn. 9; Hansen/Kelber/Zeißig-*Hansen*, Neues Arbeitsrecht, Teil II, Rn. 33ff.; *Hromadka*, NJW 2001, 400 (402); *Lakies*, DZWIR 2001, 1 (4); *Lindemann/Simon*, BB 2001, 146 (148); MüKo-*Müller-Glöge*, § 8 TzBfG Rn. 5; Meinel/Heyn/Herms-*Heyn*, TzBfG, § 8 Rn. 20, 24; MünchArbR-*Schüren*, Ergänzungsband, § 162 Rn. 54; *Preis/Gotthardt*, DB 2001, 145 (149); *Rolfs*, RdA 2001, 129 (134); *Schiefer*, DB 2000, 2118 (2119); *Sievers*, TzBfG, § 8, Rn 24; offen gelassen von *Kliemt*, NZA 2001, 63 (64f.).

Beachtet der Arbeitnehmer diese Frist nicht, so kann der Antrag so ausgelegt
werden, dass er sich hilfsweise auf den Zeitpunkt richtet, zu dem der Arbeitnehmer die Verringerung frühestmöglich verlangen kann.[138] Unter Einhaltung
der sechsmonatigen Wartefrist und der dreimonatigen Ankündigungsfrist kann
die erstmalige Verringerung der Arbeitszeit damit frühestens für den Tag, der
neun Monate und einen Tag nach dem Beginn des Beschäftigungsverhältnisses
liegt, umgesetzt werden.[139]

3.   Zweijährige Sperrfrist bei erneuter Geltendmachung des Teilzeitbegehrens

Macht der Arbeitnehmer erneut einen Teilzeitanspruch geltend, so müssen gemäß § 8 Abs. 6 TzBfG mindestens zwei Jahre vergangen sein, seit der Arbeitgeber einer Arbeitszeitverringerung zugestimmt oder diese berechtigt abgelehnt
hat. Eine unberechtigte Ablehnung des Teilzeitverlangens durch den Arbeitgeber löst jedoch keine Sperrfrist aus.[140]

Problematisch ist, ob unter dieser Regelung jegliche berechtigte Ablehnung
durch den Arbeitgeber und damit auch die aus formellen Gründen erfolgte Ablehnung zu verstehen ist oder ob der Anwendungsbereich insoweit der teleologi-
schen Reduktion bedarf. Sinn und Zweck dieser in § 8 Abs. 6 TzBfG verankerten Sperrfrist ist es, den Arbeitgeber vor in kurzen Abständen wiederholten Ver-
ringerungsanträgen und dem damit verbundenen organisatorischen Aufwand zu
schützen sowie dem Arbeitgeber ein gewisses Maß an Planungssicherheit zuzugestehen.[141] Eines solchen Schutzes bedarf es jedoch nicht, wenn vorherige Anträge bereits aus formellen Gründen ohne inhaltliche Prüfung abgelehnt wurden,
wie z.B. wegen Nichteinhaltung der sechsmonatigen Wartezeit oder dem Nicht-
erreichen der erforderlichen Beschäftigtenzahl.[142] Es ist daher naheliegend, beim
Anwendungsbereich der Sperrfrist eine teleologische Reduktion vorzunehmen.
In solchen Fallkonstellationen ist folglich das Vorliegen einer der Geltendmachung des Teilzeitanspruches entgegenstehenden Sperrfrist zu verneinen.

---

[138] BAG Urt. v. 20.7.2004, Az.: 9 AZR 626/03, NZA 2004, 1091 ff.
[139] *Bauer*, NZA 2000, 1039 (1040); *Hromadka*, NJW 2001, 400 (402 f.); *Kliemt*, NZA 2001,
       63 (64 f.); Meinel/Heyn/Herms-*Heyn*, TzBfG, § 8 Rn. 24; *Preis*, Arbeitsrecht, S. 488;
       Rolfs, RdA 2001, 129 (134); *Schiefer*, DB 2000, 2118 (2119); *Sievers*, § 8 TzBfG Rn. 23;
       a.A. –neun Monate-: Annuß/Thüsing-*Mengel*, TzBfG, § 8, Rn. 33; *Schell*, Der Rechtsan-
       spruch auf Teilzeitarbeit, S. 43.
[140] ErfK/*Preis*, § 8 TzBfG, Rn. 49; *Boewer*, TzBfG, § 8, Rn. 315 ff; Meinel/Heyn/Herms-
       Heyn, TzBfG, § 8, Rn. 108; MüKo-*Müller-Glöge*, § 8 TzBfG, Rn. 41.
[141] *Hamann*, BB-Special 6/2005, 2 (3).
[142] Annuß/Thüsing-*Mengel*, TzBfG, § 8, Rn. 84; *Boewer*, TzBfG, § 8, Rn. 316; *Hamann*,
       BB-Special 6/2005, 2 (3); *Lindemann/Simon*, BB 2001, 146 (150).

IV. Geltendmachung des Anspruches auf Teilzeit seitens des Arbeitnehmers gemäß § 8 Abs. 2 TzBfG

Der Arbeitnehmer ist gemäß § 8 Abs. 2 TzBfG verpflichtet, sowohl die Verringerung der Arbeitszeit als auch deren Umfang spätestens drei Monate vor deren Beginn geltend zu machen und die gewünschte Verteilung anzugeben.

Bei diesem Antrag handelt es sich um ein Angebot auf Änderung des Vertrages hinsichtlich der vereinbarten Arbeitszeit, welches auf Abgabe einer entsprechenden Annahmeerklärung des Arbeitgebers gerichtet ist.[143] Der Arbeitgeber unterliegt faktisch einem Kontrahierungszwang, wenn betriebliche Gründe nicht vorliegen.[144] Der Antrag des Arbeitnehmers ist formlos möglich, so dass er diesen gegenüber dem Arbeitgeber auch mündlich formulieren kann.[145] Der Arbeitnehmer kann nicht vertraglich zu einer Einhaltung der Schriftform verpflichtet werden. § 22 TzBfG sieht zwar vor, dass von bestimmten Vorschriften auch zuungunsten des Arbeitnehmers abgewichen werden kann; auf § 8 TzBfG wird hierin jedoch gerade nicht verwiesen.[146]

Pauschale Wochenarbeitszeiten sieht das Teilzeit- und Befristungsgesetz nicht vor, so dass der Arbeitnehmer die Arbeitszeit nach seinen Bedürfnissen verringern kann und damit individuelle Gestaltungsmöglichkeiten gefördert werden können.[147] Die Geltendmachung der Verringerung der Arbeitszeit um nur wenige Stunden ist somit mangels Regelung einer Mindestreduzierung der Arbeitszeit im Teilzeit- und Befristungsgesetz ebenfalls möglich.[148]

Ein eigenständiger Anspruch auf Änderung der Verteilung der Arbeitszeit, ohne dass der Arbeitnehmer die Verringerung der Arbeitszeit begehrt, ist in § 8 TzBfG nicht vorgesehen.[149] Die Änderung der Verteilung der Arbeitszeit ist

---

[143] *Preis/Gotthardt*, DB 2001, 145 (146); Meinel/Heyn/Herms-*Heyn*, TzBfG, § 8, Rn. 32; BAG Urt. v. 20.07.2004, Az.: 9 AZR 626/03, NZA 2004, 1091ff.

[144] *Flatten/Coeppicus*, ZIP 2001, 1477 (1478); *Hromadka*, NJW 2001, 400 (403); Kittner/Zwanziger-*Mayer*, Arbeitsrecht Handbuch, § 140, Rn. 19.

[145] Erfk/*Preis*, § 8 TzBfG, Rn. 12; *Kliemt*, NZA 2001, 63 (66); Meinel/Heyn/Herms-*Heyn*, TzBfG, § 8, Rn. 35; *Preis/Gotthardt*, DB 2001, 145 (145); *Richardi/Annuß*, DB 2001, 145 (145); *Rolfs*, RdA 2001, 129 (134).

[146] Erfk/*Preis*, § 8 TzBfG, Rn. 12; *Hopfner*, DB 2001, 2144 (2144).

[147] BT-Drs. 14/4374, S. 16f; *Bauer*, NZA 2002, 1039 (1040); Erfk/*Preis*, § 8 TzBfG, Rn. 12; *Hromadka*, NJW 2001, 400 (402); *Lindemann/Simon*, BB 2001, 146 (147); *Richardi/Annuß*, BB 2000, 2201 (2202); *Rolfs*, RdA 2001, 129 (134).

[148] ArbG Stuttgart vom 21.11.2001, NZA-RR 2002, 183 (185); *Backfisch*, BC 2001, 83 (83); *Hromadka*, NJW 2001, 400 (402).

[149] Annuß/Thüsing-*Mengel*, TzBfG, § 8 Rn. 78; Erfk-*Preis*, § 8 TzBfG Rn 6; Meinel/Heyn/Herms-*Heyn*, TzBfG § 8 Rn. 30.

nach überwiegender Ansicht lediglich als unselbständiger Annex zum Anspruch auf Verringerung der Arbeitszeit zu qualifizieren.[150] Sinn und Zweck des Gesetzes ist es, Teilzeitarbeit und die Akzeptanz der Arbeitgeber hierzu zu fördern und nicht etwa, jedem Arbeitnehmer hinsichtlich der in der Vergangenheit vereinbarten Lage der Arbeitszeit ein einseitiges Änderungsrecht zu verleihen.[151] Der Arbeitnehmer ist nicht verpflichtet, die gewünschte Verteilung in dem Antrag auf Verringerung der Arbeitszeit anzugeben, so dass es sich nicht um eine Anspruchsvoraussetzung handelt und der Antrag auf Arbeitszeitverringerung mithin nicht als unwirksam zu erachten ist, wenn er keine Angaben zur Verteilung der Arbeitszeit enthält.[152] Verbindet der Arbeitnehmer erkennbar den Antrag auf Verringerung der Arbeitszeit mit einem konkreten Verteilungswunsch in der Weise, dass er sein Änderungsangebot von der Festsetzung der gewünschten Arbeitszeitverteilung abhängig macht, so kann das Änderungsangebot vom Arbeitgeber im Sinne des § 150 Abs. 2 BGB nur einheitlich angenommen oder abgelehnt werden.[153]

V.   Pflichten des Arbeitgebers

Nach § 8 Abs. 3 Satz 1 TzBfG ist der Arbeitgeber verpflichtet, mit dem Arbeitnehmer die gewünschte Verringerung der Arbeitszeit mit dem Ziel zu erörtern, zu einer Vereinbarung zu gelangen. Hierbei handelt es sich um eine Verhandlungsobliegenheit, deren Verletzung nicht sanktioniert wird, so dass ein Verstoß hiergegen auch nicht zur Unbeachtlichkeit einer Ablehnungserklärung des Arbeitgebers führt.[154]

Nach Satz 2 dieses Absatzes hat der Arbeitgeber mit dem Arbeitnehmer Einvernehmen über die von ihm festzulegende Verteilung der Arbeitszeit zu erzielen.

---

[150] Ebenso *Boewer*, TzBfG, § 8 Rn. 66, 118; ErfK-*Preis*, § 8 TzBfG Rn. 6; *Gotthardt*, NZA 2001 1183 (1187); MüKo-*Müller-Glöge*, § 8 TzBfG Rn. 13; Meinel/Heyn/Herms-*Heyn*, TzBfG § 8 Rn. 30; MünchArbR-*Schüren*, Ergänzungsband, § 162 Rn. 64; *Preis/Gotthardt*, DB 2001, 145 (147); *Rieble/Gutzeit*, NZA 2002, 7 (8); *Rolfs*, RdA 2001, 129 (134); *Schell*, Der Rechtsanspruch auf Teilzeitarbeit, S. 69ff.; *Sievers*, TzBfG, § 8 Rn. 9; TZA-*Buschmann*, § 8 TzBfG Rn. 36; a.A. *Straub*, NZA 2001, 919, (919f.).

[151] Meinel/Heyn/Herms-*Heyn*, TzBfG, § 8 Rn. 30.

[152] Arnold/Gräfl-*Lehnen*, TzBfG, § 8, Rn. 41; ErfK-*Preis*, § 8 TzBfG Rn. 14; *Hamman*, BB Spezial 6/2005, 2 (6); *Rolfs*, RdA 2001, 129, (134).

[153] ErfK-*Preis*, § 8 TzBfG Rn 6; *Hamann*, BB-Special 6/2005, 2 (7). Anders: BAG Urt. v. 18.2.2003, Az. 9 AZR 356/02, NZA 2003, 911ff, wonach in der Regel von einer Verknüpfung beider Ansprüche auszugehen sei. Vgl. zu der Problematik, ob eine solche konditionale Verknüpfung zu bejahen ist, die Ausführungen unter Teil II A.VI.2.b).

[154] ErfK/*Preis*, § 8 TzBfG, Rn. 15; *Rolfs*, RdA 2001, 129 (135); *Schell*, Der Rechtsanspruch auf Teilzeitarbeit, S. 255.

Da jedoch nicht nur einer Partei eine Pflicht zur Einigung auferlegt werden kann, dürfte diese Vorschrift lediglich ein Hinweis auf das vom Gesetzgeber gewünschte Konsensprinzip darstellen.[155]

VI. Mögliche Reaktionen des Arbeitgebers

Laut § 8 Abs. 4 Satz 1 TzBfG hat der Arbeitgeber der Verringerung der Arbeitszeit zuzustimmen und die Verteilung entsprechend den Wünschen des Arbeitnehmers festzulegen, soweit *betriebliche Gründe* nicht entgegenstehen. Der Rechtsbegriff *betriebliche Gründe* stellt den Kern der gesetzlichen Neuregelung dar.[156] Auf diese Problematik wird unter Teil II A. VII. näher eingegangen.

Als mögliche Reaktion des Arbeitgebers auf das Teilzeitbegehren des Arbeitnehmers kommt in Betracht, dass er entweder überhaupt nicht auf dieses reagiert, diesem zustimmt oder das Begehren ablehnt. Des Weiteren wäre es auch möglich, dass der Arbeitgeber mit der Verringerung der Arbeitszeit an sich einverstanden ist und lediglich die Verteilung der Arbeitszeit aus betrieblichen Gründen ablehnt, sofern der Arbeitnehmer die beiden Aspekte des Teilzeitantrages nicht miteinander konditional verknüpft hat.[157]

Gemäß § 8 Abs. 5 Satz 1 TzBfG hat der Arbeitgeber die Entscheidung über die Verringerung der Arbeitszeit und ihre Verteilung dem Arbeitnehmer spätestens einen Monat vor dem gewünschten Beginn der Vereinbarung schriftlich mitzuteilen, wobei es einer Begründung seiner Entscheidung nicht bedarf.[158] Einigen sich die Arbeitsvertragsparteien nicht und wird die Monatsfrist des Satzes 1 für eine schriftliche Ablehnung durch den Arbeitgeber nicht gewahrt, so verringert sich die Arbeitszeit automatisch in dem von dem Arbeitnehmer gewünschten Umfang.

1.   Fehlende Reaktion des Arbeitgebers

Äußert sich der Arbeitgeber bis einen Monat vor dem vom Arbeitnehmer gewünschten Beginn der Arbeitszeitverringerung überhaupt nicht oder nicht form-

---

[155] Meinel/Heyn/Herms-*Heyn*, TzBfG, § 8 Rn. 43; *Preis/Gotthardt*, DB 2000, 2065 (2068); *Rolfs*, RdA 2001, 129 (135).

[156] *Richardi/Annuß*, BB 2000, 2201 (2202).

[157] Annuß/Thüsing-*Mengel*, TzBfG, § 8, Rn. 132; *ErfK/Preis*, § 8 TzBfG, Rn. 14; *Grobys/Bram*, NZA 2001, 1175 (1178); *Hamann*, BB-Special 6/2005, 2 (3).

[158] *Beckschulze*, DB 2000, 2598 (2603); *ErfK/Preis*, § 8 TzBfG, Rn. 16; *Kliemt*, NZA 2001, 63 (67); *Lindemann/Simon*, DB 2001, 146 (149); *Lorenz*, NZA-RR 2002, 281 (283); *Schiefer*, DB 2000, 2118 (2120).

gerecht zu dem Teilzeitbegehren des Arbeitnehmers, so tritt gemäß § 8 Abs. 5 Satz 2 TzBfG die Zustimmungsfiktion ein. Die Änderung des Arbeitsvertrages wird damit fingiert, so dass die Zustimmung des Arbeitgebers zu der ihm angetragenen Vertragsänderung durch die gesetzliche Rechtsfolge ersetzt wird.[159] Diese Fiktionswirkung führt dazu, dass sich die Rechtsbeziehung der Arbeitsvertragsparteien hinsichtlich der Dauer der Arbeitszeit und deren Verteilung automatisch umgestaltet.[160] Die Fiktionswirkung bezüglich der Arbeitszeitverteilung tritt jedoch nur ein, wenn die Zustimmung oder Zustimmungsfiktion nach § 8 Abs. 5 Satz 2 TzBfG zur Arbeitszeitverringerung an sich vorliegt, da die Neuverteilung der Arbeitszeit voraussetzt, dass die Arbeitszeit überhaupt verringert wird.[161] Leistung und Gegenleistung, die in einem synallagmatischen Austauschverhältnis zueinander stehen, reduzieren sich entsprechend der eingetretenen Fiktion.[162] Dies hat zur Folge, dass der Arbeitnehmer ohne vorherige Klage zu dem von ihm gewünschten Termin die Arbeit nach den neuen Bedingungen aufnehmen kann.[163]

Hat der Arbeitnehmer seinen Teilzeitantrag nicht unter Einhaltung der erforderlichen Anspruchsvoraussetzungen eingereicht, so scheidet der Eintritt einer Zustimmungsfiktion aus.[164]

2.   Zustimmung des Arbeitgebers

Stimmt der Arbeitgeber der Verringerung der Arbeitszeit zu, so kommen zwei Fallkonstellationen in Betracht. Eine mögliche Konstellation ist, dass der Arbeitgeber dem Antrag des Arbeitnehmers vollumfänglich und damit auch im Hinblick auf den Verteilungswunsch zustimmt. Die andere mögliche Fallkonstellation ist, dass der Arbeitgeber lediglich der vom Arbeitnehmer gewünschten Verringerung, nicht jedoch dem Verteilungswunsch des Arbeitnehmers entspricht.

---

[159] *Preis/Gotthardt*, DB 2001, 145 (146).
[160] ErfK/*Preis*, § 8 TzBfG, Rn. 19; *Pauly/Osnabrügge*, Teilzeitarbeit und geringfügige Beschäftigung, § 12, Rn. 115.
[161] Meinel/Heyn/Herms-*Heyn*, TzBfG, § 8, Rn. 94; *Preis/Gotthardt*, DB 2001, 145 (146); a.A. *Straub*, NZA 2001, 919 (920).
[162] *Kelber/Zeißig*, NZA 2001, 577 (578).
[163] Annuß/Thüsing-*Mengel*, TzBfG, § 8, Rn. 180.
[164] Annuß/Thüsing-*Mengel*, TzBfG, § 8, Rn. 174; BAG Urt. v. 20.07.2004, Az.: 9 AZR 626/03, NZA 2003, 1091ff; ErfK/*Preis*, § 8 TzBfG, Rn. 19; *Hamann*, BB-Special 6/2005, 2 (8); *Lorenz*, NZA-RR 2006, 281 (284); Meinel/Heyn/Herms-*Heyn*, TzBfG, § 8 Rn. 91.

a)   Zustimmung des Arbeitgebers zu der vom Arbeitnehmer gewünschten Verringerung und Verteilung der Arbeitszeit

Stimmt der Arbeitgeber dem Antrag des Arbeitnehmers auf Verringerung seiner Arbeitszeit zu, so handelt es sich bei dieser Willenserklärung um die Annahme des Vertragsänderungsangebotes des Arbeitnehmers durch den Arbeitgeber.[165] Gemäß § 8 Abs. 5 Satz 1 TzBfG bedarf die Zustimmung des Arbeitgebers, im Gegensatz zum Antrag des Arbeitnehmers, der Schriftform. Dieses Formerfordernis erfasst die *Entscheidung* des Arbeitgebers und damit sowohl die Ablehnung als auch die Zustimmung durch den Arbeitgeber.[166] Mit der Zustimmung entsteht ein zwischen Arbeitgeber und Arbeitnehmer einvernehmlich geschlossener Änderungsvertrag.[167]

Wird die Arbeitszeit des Arbeitnehmers durch diesen Änderungsvertrag reduziert, so hat der Arbeitnehmer dann auch nur noch einen Anspruch auf die anteilig reduzierte Gegenleistung in Form des Gehaltes durch den Arbeitgeber.[168] Im Hinblick auf den dem Arbeitnehmer zustehenden Urlaubsanspruch sind die Arbeitstage nach der Arbeitszeitreduzierung rechnerisch in Beziehung zur Urlaubswoche und Urlaubsdauer vor der Arbeitszeitreduzierung zu setzen.[169]

b)   Zustimmung des Arbeitgebers zu der vom Arbeitnehmer gewünschten Verringerung der Arbeitszeit bei gleichzeitiger Ablehnung des Verteilungswunsches des Arbeitnehmers

Stimmt der Arbeitgeber dem Antrag des Arbeitnehmers auf Verringerung der Arbeitszeit zu und lehnt er gleichzeitig das Begehren des Arbeitnehmers im Hinblick auf die Verteilung der Arbeitszeit ab, so ist die Rechtsfolge dieser Konstellation umstritten.

Gemäß § 8 Abs. 4 Satz 1 TzBfG ist eine solche Entscheidung des Arbeitgebers nur dann denkbar, wenn betriebliche Gründe vorliegen, die eine Ablehnung der Verteilungswünsche des Arbeitnehmers rechtfertigen.[170] Durch diese Vorschrift

---

[165] *Däubler,* ZIP 2001, 217 (221); *Hromadka,* NJW 2001, 400 (403); *Lorenz,* Die Verringerung der Arbeitszeit auf Wunsch des Arbeitnehmers, S. 155.

[166] Meinel/Heyn/Herms-*Heyn,* TzBfG, § 8, Rn. 88; MüKo-*Müller-Glöge,* § 8 TzBfG, Rn. 21; *Preis/Gotthardt,* DB 2001, 145 (145).

[167] *Däubler,* ZIP 2001, 217 (221); *Lakies,* DZWIR 2001, 1 (4).

[168] *Kelber/Zeißig,* NZA 2001, 577 (578).

[169] *Grobys,* DB 2001, 758 (760).

[170] Annuß/Thüsing-*Mengel,* TzBfG, § 8, Rn. 168; *Kleinsorge,* MDR 2001, 181 (183); *Kliemt,* NZA 2001, 63 (66); *Schiefer,* DB 2000, 2118 (2120); *Schunder,* FS Arbeitsgemeinschaft Arbeitsrecht, 171 (175).

wird das dem Arbeitgeber gemäß § 315 BGB zustehende Weisungsrecht, welches dieser im Normalfall nach billigem Ermessen und damit unter Abwägung der Interessen beider Teile auszuüben hat, eingeschränkt.[171]

aa)   Keine Änderung des Arbeitsvertrages

Zum einen wird die Ansicht vertreten, dass in einer solchen Fallkonstellation, in der der Arbeitgeber der Arbeitszeitverringerung unter Ablehnung des Verteilungswunsches zustimme, keine Änderung des Arbeitsvertrages erfolge.[172] Die gewünschte Verteilung sei wesentlicher Bestandteil des Teilzeitverlangens des Arbeitnehmers, ohne die die Änderung des Vertrages nicht wirksam werden könne.[173] Grund hierfür sei, dass regelmäßig davon auszugehen sei, dass bei gleichzeitiger Geltendmachung des Verringerungs- und des Verteilungswunsches durch den Arbeitnehmer, beide voneinander abhingen.[174] Nach Auffassung des Bundesarbeitsgerichts ist es eher die Ausnahme, dass eine solche konditionale Verknüpfung vom Arbeitnehmer nicht gewollt sei.[175] Es bedürfe deshalb besonderer Anhaltspunkte, um das Bestehen einer solchen Abhängigkeit verneinen zu können.[176] Im Zweifel sei daher von einer Verknüpfung des Verringerungs- und des Verteilungswunsches auszugehen.[177]

Geht man von einer solchen Verknüpfung aus, so kann folgerichtig das Änderungsangebot vom Arbeitgeber gemäß § 150 Abs. 2 BGB nur einheitlich angenommen oder abgelehnt werden, so dass eine Verringerung der Arbeitszeit nicht in Betracht käme, obgleich der Arbeitgeber mit dieser an sich einverstanden wäre. Gemäß § 150 Abs. 2 BGB gilt eine Annahme unter Erweiterungen, Einschränkungen oder sonstigen Änderungen als Ablehnung verbunden mit einem neuen Antrag. Hierbei ist es unerheblich, ob sich der Erklärende der Wirkung seiner Äußerung gemäß § 150 Abs. 2 BGB bewusst ist, da diese Rechtswirkung bei Vorlage der Voraussetzungen automatisch eintritt.[178] Hiernach stellte mithin die Äußerung des Arbeitgebers, er akzeptiere das Teilzeitverlangen an sich, aber nur unter der Voraussetzung einer anderen Arbeitszeitverteilung, ein neues An-

---

[171]   Annuß/Thüsing-*Mengel*, TzBfG, § 8, Rn. 137; *Hromadka*, NJW 2001, 400 (403).

[172]   *Hanau*, NZA 2001, 1168 (1169); Kittner/Zwanziger-*Mayer*, Arbeitsrecht Handbuch, § 140, Rn. 29a.; Kittner/Däubler/Zwanziger-*Zwanziger*, KSchR, § 8, Rn. 44; Meinel/Heyn/Herms-*Heyn*, TzBfG, § 8, Rn. 55.

[173]   Meinel/Heyn/Herms-*Heyn*, TzBfG, § 8, Rn. 87.

[174]   Meinel/Heyn/Herms-*Heyn*, TzBfG, § 8, Rn. 41.

[175]   BAG Urt. v. 18.2.2003, Az.: 9 AZR 164/02, NZA 2003, 1392ff.

[176]   BAG Urt. v. 18.2.2003, Az.: 9 AZR 164/02, NZA 2003, 1392ff.

[177]   BAG Urt. v. 18.2.2003, Az.: 9 AZR 164/02, NZA 2003, 1392ff.

[178]   Palandt/*Heinrichs*, § 150 BGB, Rn. 2.

gebot des Arbeitgebers gegenüber dem Arbeitnehmer dar, welches dieser dann annehmen oder ablehnen kann.

bb)   Änderung des Arbeitsvertrages

Zum anderen wird die Auffassung vertreten, die Annahme, dass der Arbeitnehmer im Regelfall eine Verknüpfung von Verringerungs- und Verteilungswunsch wolle und dass es der Klarstellung bedürfe, wenn dies ausnahmsweise nicht gelten solle, sei nicht haltbar.[179]

Diese Vermutung könne auf den Gesetzestext nicht gestützt werden; vielmehr unterscheide § 8 TzBfG an zahlreichen Stellen zwischen der Verringerung und der Verteilung der Arbeitszeit.[180] Von Gesetzes wegen habe der Arbeitgeber explizit die Möglichkeit, der Verringerung der Arbeitszeit zuzustimmen und ihre gewünschte Verteilung aus betrieblichen Gründen abzulehnen.[181] Angesichts der Konzeption des § 8 TzBfG sei für die Annahme einer konditionalen Verbindung beider Anträge das Vorliegen von Anknüpfungspunkten notwendig.[182] Der Verringerungswunsch solle mithin gerade nicht mit dem Verteilungswunsch „stehen und fallen".[183] Für die Annahme einer konditionalen Verknüpfung zwischen Verringerungs- und Verteilungswunsch sei daher, abweichend von der Auffassung des Bundesarbeitsgerichtes, zu fordern, dass diese eindeutig und damit ausdrücklich vorliegen müsse.[184] Andernfalls bürde das Bundesarbeitsgericht dem Arbeitnehmer das Risiko auf, seinen Teilzeitanspruch nur deshalb nicht realisieren zu können, weil der gewünschten Verteilung betriebliche Gründe entgegenstünden.[185]

Stimmt der Arbeitgeber der Arbeitszeitverringerung zu und lehnt er gleichzeitig den Verteilungswunsch wirksam ab, so würde dieser Ansicht zufolge die Zustimmung des Arbeitgebers zur Arbeitszeitverringerung zu einer Änderung des

---

[179] *Lorenz*, Die Verringerung der Arbeitszeit auf Wunsch des Arbeitnehmers, S. 66.

[180] *Lorenz*, Die Verringerung der Arbeitszeit auf Wunsch des Arbeitnehmers, S. 66.

[181] *Hamann*, BB-Special 6/2005, 2 (7); *Lorenz*, Die Verringerung der Arbeitszeit auf Wunsch des Arbeitnehmers, S.133; *Lindemann/Simon*, BB 2001, 146 (148).

[182] ErfK-*Preis*, § 8 TzBfG, Rn. 14; *Hamann*, BB-Special 6/2005, 2 (8); MüKo-*Müller-Glöge*, § 8 TzBfG, Rn. 19.

[183] *Lorenz*, Die Verringerung der Arbeitszeit auf Wunsch des Arbeitnehmers, S. 133; *Rieble/Gutzeit*, NZA 2002, 7 (12).

[184] *Mengel*, BB 2003, 1847, (1848).

[185] *Lorenz*, Die Verringerung der Arbeitszeit auf Wunsch des Arbeitnehmers, S. 67.

Arbeitsvertrages führen und der Arbeitgeber kraft des ihm zustehenden Direktionsrechtes nach billigem Ermessen die Arbeitszeitlage festlegen können.[186]

cc) Eigene Stellungnahme

Der zuletzt dargestellten Auffassung ist zu folgen, da diese eher der Intention des Gesetzes entspricht.

Durch die Regelungen des § 8 TzBfG soll dem Arbeitnehmer in erster Linie ein Anspruch auf Teilzeitarbeit an sich zustehen, sofern die erforderlichen Voraussetzungen hierfür vorliegen. Im Vergleich dazu ist die Position des Arbeitnehmers bezüglich seiner Verteilungswünsche durch die gesetzlichen Regelungen schwächer ausgestaltet. Dies ergibt sich insbesondere aus § 8 Abs. 5 Satz 4 TzBfG, wonach der Arbeitgeber die Verteilung der Arbeitszeit wieder ändern kann, wenn das betriebliche Interesse daran das Interesse des Arbeitnehmers an der Beibehaltung erheblich überwiegt. Eine vergleichbare Regelung im Hinblick auf die Arbeitszeitverringerung an sich sieht das Gesetz jedoch nicht vor.

In der Regel dürfte das Interesse des Arbeitnehmers, überhaupt in Teilzeit arbeiten zu können, das Interesse an einer konkreten Verteilung überwiegen, sofern nicht besondere Gründe vorliegen, die die Arbeitszeitverteilung nach den Wünschen des Arbeitnehmers zwingend notwendig machen. In letzterem Fall könnte diese konditionale Verknüpfung jedoch explizit vom Arbeitnehmer formuliert werden. Tut er dies, so hätte diese konditionale Verbindung dann zur Folge, dass eine Trennung des Verringerungs- und des Verteilungswunsches aufgrund der lediglich die Arbeitszeitverringerung betreffenden Zustimmung bei gleichzeitiger Ablehnung des Verteilungswunsches durch den Arbeitgeber nicht möglich wäre. Stattdessen kann der Arbeitgeber in einem solchen Fall das Begehren des Arbeitnehmers sowohl im Hinblick auf die Verringerung als auch auf die Verteilung nur ganz oder gar nicht akzeptieren.

3. Ablehnung des Antrags durch den Arbeitgeber

Eine Ablehnung des Antrags des Arbeitnehmers auf Arbeitszeitverringerung durch den Arbeitgeber ist gemäß § 8 Abs. 4 Satz 1 TzBfG nur dann möglich, wenn *betriebliche Gründe* entgegenstehen. Lehnt der Arbeitgeber den Antrag des Arbeitnehmers ab, so bleibt der Arbeitsvertrag unverändert bestehen. Einer

---

[186] *Lorenz*, Die Verringerung der Arbeitszeit auf Wunsch des Arbeitnehmers, S. 148; *Rolfs*, RdA 2001, 129 (135).

zusätzlichen Entscheidung über den Verteilungswunsch bedarf es aufgrund dessen Annexcharakters dann nicht mehr.[187]

VII. Entgegenstehen betrieblicher Gründe gemäß § 8 Abs. 4 TzBfG als möglicher Ablehnungsgrund

Gemäß § 8 Abs. 4 Satz 1 TzBfG hat der Arbeitgeber dem vom Arbeitnehmer geltend gemachten Anspruch auf Arbeitszeitverringerung zuzustimmen und die Arbeitszeitverteilung entsprechend den Wünschen des Arbeitnehmers festzulegen, soweit *betriebliche Gründe* nicht entgegenstehen. Dieser erzwingbare Teilzeitanspruch, der in der dem Teilzeit- und Befristungsgesetz zugrunde liegenden Richtlinie 97/81/EG nicht in dieser Form vorgesehen war, war Mittelpunkt der öffentlichen Auseinandersetzung.[188]

Viele Stimmen in der Literatur kritisierten diese über die Brüsseler Vorgabe deutlich hinausgehende Regelung, die den Arbeitgeber nicht nur zur Verwirklichung von Teilzeitarbeit anhält, soweit dies *möglich* ist, sondern diesen hierzu sogar verpflichtet, es sei denn, *betriebliche Gründe* lassen dies nicht zu.[189] So wurde bemängelt, das Teilzeit- und Befristungsgesetz schränke die Vertragsfreiheit in unnötiger und bedenklicher Weise ein und der Gesetzestext enthalte Unklarheiten und Widersprüchlichkeiten.[190] Durch den Anspruch auf Teilzeitarbeit werde der Grundsatz „pacta sunt servanda" einseitig zugunsten des Arbeitnehmers durchbrochen[191] und damit in bedenklicher Art und Weise in die unternehmerische Freiheit eingegriffen.[192] Es wurde sogar gefordert, den Anspruch

---

[187] Meinel/Heyn/Herms-*Heyn*, TzBfG, § 8, Rn. 86; *Preis/Gotthardt*, DB 2001, 145 (147).

[188] Annuß/Thüsing-*Mengel*, TzBfG § 8, Rn. 1; Arbeitsrechtsausschuss des Deutschen Anwaltvereins, Berichterstatter *Willemsen/Bauer*, DB 2000, 2223ff.; *Bauer*, NZA 2000, 1039ff.; *Bauer*, NZA 2002, 1001ff.; *Beckschulze*, DB 2000, 2598ff.; *Däubler*, ZIP 2000, 1961ff.; *Däubler*, ZIP 2001, 217ff.; *Flatten/Coepicus*, ZIP 2001, 1477ff.; *Hromadka*, NJW 2001, 400ff.; *Kleinsorge*, MDR 2001, 181ff.; *Kliemt*, NZA 2001, 63ff.; *Lakies*, DZWIR 2001, 1ff.; *Lindemann*, BB 2001, 146ff.; *Link/Fink*, AuA 2001, 107ff.; *Preis/Gotthardt*, DB 2000, 2065ff.; *Preis/Gotthardt*, DB 2001, 145ff.; *Richardi/Annuß*, BB 2000, 2201ff; *Rieble/Gutzeit*, NZA 2002, 7ff; *Schiefer*, DB 2000, 2118ff.; *Schiefer*, BB 2001, Heft 22, Die erste Seite; *Straub*, NZA 2001, 919ff.; *Viethen*, Sonderbeilage zu NZA Heft 24/2001, 3 (3).

[189] *Bauer*, NZA 2000, 1039 (1039); *Flatten/Coeppicus*, ZIP 2001, 1477 (1477); Meinel/Heyn/Herms-*Heyn*, TzBfG, § 8, Rn. 1; *Thüsing*, ZfA 22004, 67 (68).

[190] *Hromadka*, NJW 2001, 400 (401).

[191] *Beckschulze*, DB 2000, 2598 (2598); *Brox/Rüthers/Henssler*, Arbeitsrecht, Rn. 86; hierzu ausführlich *Ballering*, Die einseitige Änderung von Arbeitsbedingungen, S. 179ff.

[192] *Schiefer*, DB 2000, 2118 (2118).

auf Verringerung der Arbeitszeit ersatzlos zu streichen oder zumindest an persönliche Voraussetzungen zu knüpfen.[193]

Andere wiederum teilten diese Bedenken nicht, sondern hielten eine unzumutbare Belastung des Arbeitgebers aufgrund der im Gesetz verankerten Korrelation zwischen arbeitnehmerseitigem Anspruch auf Teilzeitarbeit und betrieblicher Organisationsfreiheit des Arbeitgebers für ausgeschlossen.[194]

1.   Rechtsnatur des Tatbestandsmerkmales „betriebliche Gründe" im Sinne des § 8 Abs. 4 TzBfG

Bei dem Tatbestandsmerkmal *betriebliche Gründe* handelt es sich um einen unbestimmten Rechtsbegriff, welcher für jeden Einzelfall der Konkretisierung bedarf.[195]

In § 8 Abs. 4 Satz 2 TzBfG versucht der Gesetzgeber den unbestimmten Rechtsbegriff *betriebliche Gründe* durch Regelbeispiele zu konkretisieren.[196] Hiernach liegt ein die Verweigerung der Zustimmung rechtfertigender betrieblicher Grund insbesondere dann vor, *wenn die Verringerung der Arbeitszeit die Organisation, den Arbeitsablauf oder die Sicherheit im Betrieb wesentlich beeinträchtigt oder unverhältnismäßige Kosten verursacht.* Bei dieser Aufzählung handelt es sich um eine nicht abschließende und nur beispielhafte Aufzählung.[197] Trotz der gesetzlich vorgenommenen Konkretisierung des unbestimmten Rechtsbegriffes *betriebliche Gründe* wird diese Regelung insoweit kritisiert, als es schwierig sei, konkret handhabbare Maßstäbe für betriebliche Gegeninteressen zu benennen.[198]

Wie sich aus dem Wortlaut des § 8 Abs. 4 Satz 1 TzBfG ergibt, können die entgegenstehenden betrieblichen Gründe sowohl die Ablehnung der Verringerung der Arbeitszeit als solche als auch die Ablehnung der vom Arbeitnehmer be-

---

[193] *Bauer*, NZA 2002, 1001 (1003).

[194] *Preis/Gotthardt*, DB 2000, 2065 (2068).

[195] Annuß/Thüsing-*Mengel*, TzBfG, § 8, Rn. 134; *Beckschulze*, DB 2000, 2598 (2598); *Kliemt*, NZA 2001, 63 (65); *Rolfs*, RdA 2001, 129 (136).

[196] Annuß/Thüsing-*Mengel*, TzBfG, § 8, Rn. 135; *Hromadka*, NJW 2001, 400 (402); *Preis/Gotthardt*, DB 2065 (2068).

[197] *Hromadka*, NJW 2001, 400 (402); *Kleinsorge*, MDR 2001, 181 (183); *Lakies*, DZWIR 2001, 1 (4); *Lindemann/Simon*, BB 2001, 146 (148); *Ostermaier*, AE 2003, III (III); *Rolfs*, RdA 2001, 129 (136); ArbG Mönchengladbach Urt. v. 30.5.2001, Az.: 5 Ca 1157/01.

[198] *Bauer*, NZA 2000, 1039 (1041); *Beckschulze*, DB 2000, 2598 (2598); *Däubler*, ZIP 2000, 1961 (1962); *Flatten/Coepicus*, ZIP 2001, 1477 *(1478)*; *Richardi/Annuß*, BB 2000, 2201 (2201).

gehrten Verteilung der Arbeitszeit rechtfertigen.[199] Nach Auffassung des Bundesarbeitsgerichtes ist es unerheblich, dass sich nach dem Wortlaut des § 8 Abs. 4 Satz 2 TzBfG die dort aufgeführten Regelbeispiele ausdrücklich nur auf die Verringerung der Arbeitszeit und nicht auf deren Verteilung beziehen.[200] Der Gesetzgeber verlange nach Satz 1 dieses Absatzes für die Ablehnung durch den Arbeitgeber in beiden Fällen *betriebliche Gründe* und lege daher einheitliche Maßstäbe fest.[201] Demzufolge ist es möglich, dass der Arbeitgeber etwa der Verringerung der Arbeitszeit an sich zustimmt, die Verteilung jedoch aus betrieblichen Gründen im Sinne des § 8 Abs. 4 Satz 2 TzBfG ablehnt.[202]

Nach wohl überwiegender Ansicht sind weder die persönlichen noch die sozialen Umstände des Arbeitnehmers, wie beispielsweise dessen Gründe für den Teilzeitantrag, etwa die Verpflichtung zur Übernahme der Kinderbetreuung, bei der Frage der Ablehnung des Teilzeitanspruches zu berücksichtigen.[203] Das Gesetz stellt lediglich auf die entgegenstehenden betrieblichen Belange ab, die dem Anspruch des Arbeitnehmers entgegengehalten werden können.[204] Eine Interessenabwägung ist in § 8 Abs. 5 Satz 4 TzBfG bei der Änderung der Arbeitszeitverteilung durch den Arbeitgeber explizit vorgesehen und damit gerade nicht auf den Fall der Ablehnung der Arbeitszeitverringerung anwendbar.[205] So entschied auch der 9. Senat des Bundesarbeitsgerichts, dass es nach der Konzeption des gesetzlichen Verringerungsanspruches nach § 8 TzBfG nicht auf das Gewicht der vom Arbeitnehmer für seinen Verringerungsanspruch geltend gemachten Gründe ankomme.[206] Der Anspruch bestehe auch dann nicht, wenn der Arbeitnehmer auf die Herabsetzung seiner vertraglich vereinbarten Arbeitszeit drin-

[199] Kittner/Däubler/Zwanziger-*Zwanziger*, KSchR, § 8, Rn. 17; *Lindemann/Simon*, BB 2001, 146 (148); *Rolfs*, RdA 2001, 129 (136); *Schiefer*, DB 2000, 2118 (2120).
[200] BAG Urt. v. 18.2.2003, Az.: 9 AZR 164/02, NZA 2003, 1392ff.
[201] BAG Urt. v. 18.2.2003, Az.: 9 AZR 164/02, NZA 2003, 1392ff.
[202] *Hamann*, BB-Special 6/2005, 2 (7); *Lindemann/Simon*, BB 2001, 146 (148); *Schiefer*, DB 2000, 2118 (2120); *Schiefer*, NZA-RR 2002, 393 (394). Wie bereits unter Teil II A.IV. dargelegt, ist eine solche Trennung der vom Arbeitnehmer geltend gemachten Ansprüche auf Verringerung und Verteilung der Arbeitszeit jedoch ausgeschlossen, wenn der Arbeitnehmer das Änderungsangebot von der Festsetzung der gewünschten Arbeitszeitverteilung abhängig macht.
[203] Annuß/Thüsing-*Mengel*, TzBfG, § 8, Rn. 149; ErfK/*Preis*, § 8 TzBfG, Rn. 25; *Hunold*, NZA-RR 2001, 225 (231); Kittner/Zwanziger-*Mayer*, Arbeitsrecht Handbuch, § 140, Rn. 10; *Lindemann/Simon*, BB 2001, 146 (149); *Lorenz*, NZA-RR 2006, 281 (284); a.A. *Däubler*, ZIP 2001, 217 (219f.), der eine Berücksichtigung der Interessen des Arbeitnehmers für wünschenswert erachtet.
[204] BAG Urt. v. 9.12.2003, Az.: 9 AZR 16/03, NZA 2004, 921ff.; *Thüsing*, ZfA 2004, 67 (79).
[205] ErfK/*Preis*, § 8 TzBfG, Rn. 25; *Hanau*, NZA 2001, 1168 (1171).
[206] BAG Urt. v. 15.8.2006, Az.: 9 AZR 30/06, NZA 2007, 259ff.

gend angewiesen sei.[207] In dem zu entscheidenden Fall war nach Ansicht des Bundesarbeitsgerichts das Anliegen der Klägerin, ihr Kind zu betreuen und gleichwohl den Kontakt zum Beruf nicht zu verlieren, nicht zu berücksichtigen.[208] Insoweit unterscheide sich der Teilzeitanspruch nach § 8 TzBfG vom Anspruch auf Teilzeitarbeit während der Elternzeit nach § 15 BEEG.[209] Dort habe der Gesetzgeber spezialgesetzlich zum Ausdruck gebracht, dass die arbeitnehmerseitigen Interessen stärker als die arbeitgeberseitigen Interessen zu gewichten seien.[210]

Rechtsdogmatisch ist die Geltendmachung betrieblicher Gründe als eine Einwendung des Arbeitgebers gegen das Teilzeitverlangen des Arbeitnehmers anzusehen und nicht etwa als eine negative Anspruchsvoraussetzung.[211] Für diese Einwendung trägt der Arbeitgeber die Darlegungs- und Beweislast.[212]

2. „Betriebliche Gründe" im Sinne des § 8 Abs. 4 Satz 2 TzBfG im Einzelnen

Sowohl in der Literatur als auch in der Rechtsprechung wird besonders problematisiert, welche Anforderungen an die vom Arbeitgeber dem Teilzeitbegehren des Arbeitnehmers entgegenzuhaltenden betrieblichen Gründe zu stellen sind. Jedenfalls ist es erforderlich, dass die betrieblichen Gründe vom Arbeitgeber im Rahmen eines gerichtlichen Verfahrens umfassend und substantiiert vorgetragen werden, da pauschale Behauptungen nicht den Anforderungen an die Ablehnung rechtfertigende Gründe nach den Vorschriften des Teilzeit- und Befristungsgesetzes genügen.[213] Im Folgenden soll auf diese Diskussion im Einzelnen eingegangen werden.

---

[207] BAG Urt. v. 15.8.2006, Az.: 9 AZR 30/06, NZA 2007, 259 (262).

[208] BAG Urt. v. 15.8.2006, Az.: 9 AZR 30/06, NZA 2007, 259 (262).

[209] ErfK/*Preis*, § 8 TzBfG, Rn. 25; BAG Urt. v. 15.8.2006, Az.: 9 AZR 30/06, NZA 2007, 259 (262).

[210] ErfK/*Preis*, § 8 TzBfG, Rn. 25; BAG Urt. v. 15.8.2006, Az.: 9 AZR 30/06, NZA 2007, 259 (262).

[211] *Kliemt*, NZA 2001, 63 (65); *Lorenz*, Die Verringerung der Arbeitszeit auf Wunsch des Arbeitnehmers, S. 158.

[212] Annuß/Thüsing-*Mengel*, TzBfG, § 8, Rn. 133; ErfK/*Preis*, § 8 TzBfG, Rn. 55; *Rolfs*, RdA 2001, 129 (136).

[213] *Ballering*, Die einseitige Änderung von Arbeitsbedingungen, s. 189f.; *Wisskirchen*, DB 2003, 277 (281).

a) Auslegung des Begriffs „betriebliche Gründe" im Sinne des § 8 Abs. 4 Satz 2 TzBfG

Umstritten ist, wie gravierend die vom Arbeitgeber vorgebrachten betrieblichen Gründe sein müssen, die zur Ablehnung des vom Arbeitnehmer geltend gemachten Teilzeitanspruches dienen sollen. Bei der Auslegung dieses unbestimmten Rechtsbegriffes sind die Historie des Gesetzgebungsverfahrens und damit insbesondere der vor der Verabschiedung des Teilzeit- und Befristungsgesetzes ergangene Referentenentwurf[214] sowie die Gesetzesbegründung[215] mit zu berücksichtigen.

Der ursprüngliche Entwurf eines Gesetzes über Teilzeitarbeit und befristete Arbeitsverträge und zur Änderung und Aufhebung arbeitsrechtlicher Bestimmungen[216] enthielt in dessen § 8 die Regelung, dass die Ablehnung des Teilzeitbegehrens eines Arbeitnehmers nur möglich sein sollte, wenn *dringende* betriebliche Gründe den Wünschen des Arbeitnehmers entgegenstehen.[217] Dieser Entwurf wurde dahingehend entschärft, dass in dem vom Gesetzgeber verabschiedeten Teilzeit- und Befristungsgesetz auf den Zusatz *dringende* verzichtet wurde und nunmehr bereits *betriebliche Gründe* für eine Ablehnung ausreichen sollen.[218] Nach dem Willen des Gesetzgebers sind damit unzumutbare Anforderungen an die Ablehnung durch den Arbeitgeber ausgeschlossen und rational nachvollziehbare Gründe für eine Ablehnung des Teilzeitbegehrens ausreichend.[219]

Gleichzeitig mit dem Verzicht auf das Erfordernis des Vorliegens *dringender* betrieblicher Gründe wurden Regelbeispiele zur Konkretisierung des Begriffes der betrieblichen Gründe in das Gesetz aufgenommen. Nach § 8 Abs. 4 Satz 2 TzBfG soll das Vorliegen eines betrieblichen Grundes insbesondere dann angenommen werden, *wenn der Arbeitszeitwunsch die Organisation, den Arbeitsablauf oder die Sicherheit des Betriebes wesentlich beeinträchtigt oder unverhältnismäßige Kosten verursacht.* In der Gesetzesbegründung heißt es hierzu, dass durch diese Regelung den berechtigten Interessen der Arbeitgeber Rechnung getragen werde.[220] Der Einwand des Arbeitgebers, keine geeignete Ersatzkraft finden zu können, sei nur dann beachtlich, wenn eine dem Berufsbild des Arbeitnehmers, der seine Arbeitszeit reduzieren wolle, entspre-

---

[214] Abgedruckt in NZA 2000, 1045 ff.
[215] BT-Drs. 14/4374.
[216] Abgedruckt in NZA 2000, 1045 ff.
[217] Abgedruckt in NZA 2000, 1045 ff.
[218] Kittner/Zwanziger-*Mayer*, Arbeitsrecht Handbuch, § 140, Rn. 21; Meinel/Heyn/Herms-*Heyn*, TzBfG, § 8, Rn. 48.
[219] BT-Drs. 14/4374, S. 17; ErfK/*Preis*, § 8 TzBfG, Rn. 25.
[220] BT-Drs. 14/4374, S. 17.

chende Arbeitskraft auf dem für ihn maßgeblichen Arbeitsmarkt nicht zur Verfügung stehe.[221]

aa) Restriktive Auslegung

Zum Teil wird die Auffassung vertreten, der Wortlaut des Gesetzes und die Gesetzesbegründung erforderten eine restriktive Auslegung des unbestimmten Rechtsbegriffes *betriebliche Gründe*. Es sei vom Gesetzgeber nicht intendiert, unzumutbar hohe und damit vom Arbeitgeber kaum erfüllbare Anforderungen an diesen Versagungsgrund zu stellen.[222] Die Abschwächung des Wortlautes des Gesetzes im Verhältnis zum ursprünglichen Referentenentwurf durch den Verzicht auf den Zusatz *dringende* müsse so verstanden werden, dass der Gesetzgeber den Anforderungsmaßstab an diesen unbestimmten Rechtsbegriff habe senken wollen.[223]

Dass ein niedrigerer Maßstab an die Voraussetzungen für die Bejahung der die Ablehnung des Teilzeitbegehrens rechtfertigenden Gründe gelegt werden müsse, ergebe sich auch aus einer vergleichenden Betrachtung mit anderen Vorschriften.[224] So setze beispielsweise die Regelung des § 15 Abs. 7 Satz 1 Nr. 4 BEEG voraus, dass dem Anspruch auf Teilzeitarbeit keine *dringenden* betrieblichen Gründe entgegenstünden.[225] Aufgrund der verfassungsrechtlich besonders geschützten Position des Arbeitnehmers sei es im Hinblick auf die Kindeserziehung aus Art. 6 GG auch gerechtfertigt und konsequent, in dieser Konstellation höhere Anforderungen zu stellen.[226] Im Fall der Arbeitszeitverringerung nach § 8 TzBfG sei die Position des Arbeitgebers, die vereinbarte Arbeitszeit aufrechtzuerhalten, gemäß Art. 2, 12 Abs. 1 GG verfassungsrechtlich schützenswert, während auf der anderen Seite kein besonders schützenswertes verfas-

---

[221] BT-Drs. 14/4374, S. 17.

[222] Annuß/Thüsing-*Mengel*, TzBfG, § 8 Rn. 137; *Ballering*, Die einseitige Änderung von Arbeitsbedingungen, S. 186f.; ErfK/*Preis*, § 8 TzBfG, Rn. 23; *Kliemt*, NZA 2001, 63 (65); *Rolfs*, RdA 2001, 129 (136); *Schulte*, DB 2001, 2715 (2715).

[223] Annuß/Thüsing-*Mengel*, TzBfG, § 8 Rn. 137; *Boewer*, TzBfG, § 8, Rn. 170; ErfK/*Preis*, § 8 TzBfG, Rn. 23; Meinel/Heyn/Herms-*Heyn*, TzBfG, § 8 Rn.54; *Preis/Gotthardt*, DB 2000, 2065 (2068); *Rolfs*, RdA 2001, 129 (136); *Schiefer*, DB 2000, 2118 (2129); *Schulte*, DB 2001, 2715 (2715).

[224] *Boewer*, TzBfG, § 8, Rn. 170; ErfK/*Preis*, § 8 TzBfG, Rn. 24; MüKo-*Müller-Glöge*, § 8 TzBfG, Rn. 26; *Hohenhaus*, DB 2003, 1954 (1959); *Preis/Gotthardt*, DB 2001, 147 (147); *Schulte*, DB 2001, 2715 (2715).

[225] *Boewer*, TzBfG, § 8, Rn. 170; ErfK/*Preis*, § 8 TzBfG, Rn. 24; MüKo-*Müller-Glöge*, § 8 TzBfG, Rn. 26; *Hohenhaus*, DB 2003, 1954 (1959); *Preis/Gotthardt*, DB 2001, 147 (147); *Schulte*, DB 2001, 2715 (2715).

[226] ErfK/*Preis*, § 8 TzBfG, Rn. 24; MüKo-*Müller-Glöge*, § 8 TzBfG, Rn. 27.

sungsrechtliches Gut des Arbeitnehmers stehe.[227] Eine verfassungsrechtlich geschützte Position des Arbeitnehmers aus Art. 12 GG scheide bereits deshalb aus,
weil dem Arbeitnehmer schon grundsätzlich kein Rechtsanspruch auf Bereitstel-
lung eines Arbeitsplatzes nach seiner Wahl zustehe.[228] Der Arbeitnehmer habe
mit dem Vertragsabschluß die ursprüngliche Arbeitszeit akzeptiert und damit
seine Berufsfreiheit genau dahingehend ausgeübt.[229] Diese Intention des Gesetzgebers werde auch durch die Gesetzesbegründung deutlich, da nach dem Willen
des Gesetzgebers unzumutbare Anforderungen an die Ablehnung durch den Arbeitgeber ausgeschlossen seien und somit rational nachvollziehbare Gründe für
eine Ablehnung des Teilzeitbegehrens ausreichen sollten.[230]

Die im Vergleich zum ursprünglichen Referentenentwurf vorgenommene Ent-
schärfung werde zwar dadurch wiederum relativiert, dass nach
§ 8 Abs. 4 Satz 2 TzBfG insbesondere dann ein betrieblicher Grund vorliegen
solle, wenn die sich durch Teilzeit ergebende Beeinträchtigung *wesentlich* sei
oder *unverhältnismäßige* Kosten verursache.[231] In diesem Zusammenhang wird
vereinzelt kritisiert, dass die Beispiele die gesetzlich vorgesehene Regel praktisch konterkarierten.[232] Als Konsequenz hieraus wird teilweise die Ansicht vertreten, bei diesen Beispielen handele es sich um ein Redaktionsversehen, da die
Regelbeispiele noch auf den ursprünglichen Referentenentwurf, wonach *dringende* betriebliche Gründe erforderlich waren, zugeschnitten und aus diesem
auch übernommen worden seien.[233] Jedenfalls sei es nicht angezeigt, die Anforderungen zu hoch zu schrauben, da an anderen Stellen des Gesetzes
(§§ 9, 10 TzBfG) weiterhin von *dringenden* betrieblichen Gründen die Rede sei
und dies eine unterschiedliche Auslegung erfordere.[234] Die gewollte Herabsetzung der an geeignete betriebliche Gründe zu stellenden Anforderungen dürfe
daher auch nicht dadurch relativiert werden, dass den in § 8 Abs. 4 Satz 2 TzBfG
genannten Beispielen betrieblicher Gründe die Bedeutung eines Mindestmaßes
beigemessen werde.[235] Dennoch sei es erforderlich, dass der Arbeitgeber ein
nachvollziehbares, mit betriebswirtschaftlichen, unternehmenspolitischen und

[227] ErfK/*Preis*, § 8 TzBfG, Rn. 24.
[228] BVerfG, Beschluss v. 27.1.1998 - BvL 15/87, NJW 1998, 1475ff.
[229] *Bayreuther*, DB 2004, 1726 (1728); ErfK/*Preis*, § 8 TzBfG, Rn. 24.
[230] ErfK/*Preis*, § 8 TzBfG, Rn. 24; *Hromadka*, NJW 2001, 400 (402); *Rolfs*, RdA 2001, 129
    (136); *Schulte*, DB 2001, 2715 (2715); BT-Drs. 14/4374, S. 17.
[231] *Link/Fink*, AuA 2001, 107 (110).
[232] *Däubler*, ZIP 2001, 217 (219); *Richardi/Annuß*, BB 2000, 2201 (2202).
[233] *Hromadka*, NJW 2001, 400 (402).
[234] *Ballering*, Die einseitige Änderung von Arbeitsbedingungen, S. 194; *Beckschulze*, DB
    2000, 2598 (2598); ErfK/*Preis*, § 8 TzBfG, Rn. 23.
[235] ErfK/*Preis*, § 8 TzBfG, Rn. 24; MüKo-*Müller-Glöge*, § 8 TzBfG, Rn. 27; *Rolfs*, RdA
    2001, 129 (136).

betriebsorganisatorischen Gründen untermauertes und schlüssiges Konzept darlegen müsse, welches mit dem Teilzeitwunsch des Arbeitnehmers unvereinbar
sei.[236] Andernfalls würde das Ziel des Gesetzes, Teilzeitarbeit im Beschäfti-
gungsinteresse fördern zu wollen, verfehlt werden.[237]

bb)   Extensive Auslegung

Anderen Auffassungen zufolge bedarf der in § 8 Abs. 4 TzBfG enthaltene
Rechtsbegriff *betriebliche Gründe* einer extensiven Auslegung.

So wird beispielsweise vertreten, der Gesetzgeber habe im Laufe des Gesetzgebungsverfahrens zwar bewusst darauf verzichtet, dass es *dringender* betrieblicher Gründe zur Ablehnung des Teilzeitanspruches bedürfe, dennoch würden
durch die in § 8 Abs. 4 Satz 2 TzBfG genannten Regelbeispiele derart hohe Anforderungen an die vorzuliegenden Gründe gestellt, dass sie faktisch an dringende betriebliche Gründe heranreichen dürften.[238] Die Übernahme der ursprünglich
nur in der Begründung vorgesehenen Beispiele mache deutlich, dass Gründe von
erheblichem Gewicht vorliegen müssten, um sich gegen den Teilzeitwunsch des
Arbeitnehmers durchsetzen zu können.[239] Diese beispielhaften Gründe seien im
Rahmen der systematischen Auslegung bei der Frage zu berücksichtigen, welche
sonstigen Gründe der Arbeitszeitverringerung entgegenstehen könnten.[240]

cc)   Eigene Stellungnahme

Bei der Beurteilung, welches Gewicht den betrieblichen Gründen im Sinne des
§ 8 Abs. 4 TzBfG zukommen sollte, ist neben dem zunächst vorgeschlagenen
Referentenentwurf[241] und dem Wortlaut des § 8 TzBfG auch die Intention des
Gesetzgebers für die Schaffung des Teilzeit- und Befristungsgesetzes von ent-
scheidender Bedeutung. So regelt der Gesetzgeber in §§ 1,6 TzBfG, dass die
Teilzeitarbeit nach Maßgabe des Teilzeit- und Befristungsgesetzes zu fördern
sei. In der Gesetzesbegründung hierzu heißt es, dass der Arbeitgeber aufgefor-

---

[236] ErfK/*Preis*, § 8 TzBfG, Rn. 26; *Hromadka*, NJW 2001, 400 (402); *Straub*, NZA 2001,
919 (923f.).

[237] *Boewer*, TzBfG, § 8, Rn. 170.

[238] *Däubler*, ZIP 2000, 1961 (1963); *Rudolf/Rudolf*, NZA 2002, 602 (603).

[239] *Däubler*, ZIP 2000, 1961 (1963); *Richardi/Annuß*, BB 2000, 2201 (2202); *Mayer*, AiB
2002, 502 (504).

[240] Kittner/Däubler/Zwanziger-*Zwanziger*, KSchR, § 8, Rn. 27; ArbG Mönchengladbach,
Urt. v. 30.5.2001, NZA 2001, 970 (972); BAG Urt. v. 18.2.2003, Az.: 9 AZR 164/02,
NZA 2003, 1392ff.

[241] Abgedruckt in NZA 2000, 1045 ff.

dert werden solle, Teilzeitarbeit auf allen Unternehmensebenen zu fördern.[242] Der Gesetzgeber will jedoch ausdrücklich keine unzumutbaren Anforderungen an den Arbeitgeber stellen, sondern rational nachvollziehbare Gründe für eine Ablehnung des Teilzeitbegehrens des Arbeitnehmers ausreichen lassen.[243]

Es kann nicht dem Zweck des Gesetzes entsprechen, wenn der Arbeitgeber ohne größere Begründungsbemühungen den Anspruch des Arbeitnehmers abwehren könnte. Aufgrund des Wegfalls des Erfordernisses der *dringenden* betrieblichen Gründe ist es zwar naheliegend, dass die Anforderungen an die Gründe nicht zu hoch sein sollten. Dennoch sollte im Wege der systematischen Auslegung auf die Regelbeispiele zur Konkretisierung zurückgegriffen werden, wobei es keine Anhaltspunkte dafür gibt, dass diese die zu erfüllenden Mindestvoraussetzungen darstellen. Aus der Berücksichtigung der Regelbeispiele wird lediglich deutlich, dass der Arbeitgeber nicht dazu berechtigt sein soll, das Teilzeitbegehren aus lapidaren, nicht fundierten Gründen abweisen zu dürfen. Dass die Einrichtung von Teilzeitarbeitsplätzen Kosten und Mühe verursacht, hat der Gesetzgeber erkannt, sonst hätte er nicht die Formulierung der *unverhältnismäßigen* Kosten gewählt. Die Ablehnung des Anspruchs des Arbeitnehmers auf Teilzeitarbeit sollte daher nur statthaft sein, sofern der Arbeitgeber nicht andere organisatorische Anpassungen vornehmen und damit dem Begehren nicht mit milderen Mitteln begegnen kann.[244] Denn trotz seiner unternehmerischen Freiheit sollten dem Arbeitgeber zumutbare Anstrengungen bezüglich seiner betrieblichen Organisation aufzuerlegen sein, um dem mit dem Teilzeit- und Befristungsgesetz intendierten Zweck gerecht zu werden.[245]

In Anlehnung an den Wortlaut der Vorschrift bedarf es daher also gerade keiner dringenden betrieblichen Gründe, um das Teilzeitbegehren abzulehnen. Um zu verhindern, dass das Teilzeit- und Befristungsgesetz und insbesondere dessen § 8 TzBfG ins Leere laufen, ist jedoch das Vorliegen einer nicht unerheblichen Beeinträchtigung der betrieblichen Belange des Arbeitgebers, die zu beseitigen dieser nicht ohne unzumutbare Bemühungen in der Lage ist, erforderlich.

b) Regelbeispiele des § 8 Abs. 4 Satz 2 TzBfG im Einzelnen

Zwecks Konkretisierung des unbestimmten Rechtsbegriffes *betriebliche Gründe*, ist es erforderlich, näher auf die in § 8 Abs. 4 Satz 2 TzBfG aufgeführten Regelbeispiele einzugehen. Bei diesen Regelbeispielen handelt es sich um eine

---

[242] BT-Drs. 14/4374, S. 16.
[243] BT-Drs. 14/4374, S. 16.
[244] *Reiserer/Penner*, BB 2002, 1694 (1696).
[245] So auch: ArbG Stuttgart Urt. v. 5.7.2001, NZA 2002, 968 (969).

beispielhafte und damit nicht abschließende Aufzählung möglicher Gründe, die geeignet sein können, um das Teilzeitbegehren des Arbeitnehmers abzulehnen.[246]

aa)   Wesentliche Beeinträchtigung von Organisation und Arbeitsabläufen im Betrieb

Nach § 8 Abs. 4 Satz 2 TzBfG liegt ein dem Teilzeitbegehren des Arbeitnehmers entgegenstehender Grund vor, *wenn die Verringerung der Arbeitszeit die Organisation oder den Arbeitsablauf im Betrieb wesentlich beeinträchtigt.* Problematisch ist die Trennung der einzelnen Begriffe voneinander, da eine Beeinträchtigung des Arbeitsablaufs regelmäßig auch eine Beeinträchtigung der Organisation mit sich bringen wird.[247] Bei diesem Regelbeispiel ist zu überprüfen, ob der Teilzeitwunsch mit der Organisation und den Arbeitsabläufen des jeweiligen Betriebes zu vereinbaren ist und inwieweit die betriebliche Organisationsfreiheit des Arbeitgebers durch Teilzeitwünsche der Arbeitnehmer eingeschränkt wird.[248] Liegt ein Spannungsfeld zwischen der Organisationsfreiheit des Arbeitgebers und dem Teilzeitverlangen des Arbeitnehmers vor, so besteht in der Literatur überwiegend Einigkeit, dass die Organisationsfreiheit des Arbeitgebers vorgeht und eine relevante Beeinträchtigung betrieblicher Belange zu bejahen ist, wenn das Teilzeitverlangen mit dem Organisationskonzept des Arbeitgebers nicht vereinbar ist.[249] Der Arbeitgeber muss daher ein nachvollziehbares, auf betriebswirtschaftliche, unternehmenspolitische oder betriebsorganisatorische Gründe gestütztes Konzept darlegen, welches der Verringerung der Arbeitszeit widerspricht.[250] Nicht ausreichend ist die einfache Aussage des Arbeitgebers, dass er bestimmte Arbeiten nur mit Teilzeit- oder Vollzeitbeschäftigten durchführen wolle.[251]

---

[246] *Hromadka*, NJW 2001, 400 (402); *Kleinsorge*, MDR 2001, 181 (183); *Lakies*, DZWIR 2001, 1 (4); *Lindemann/Simon*, BB 2001, 146 (148); *Ostermaier*, AE 2003, III (III); *Rolfs*, RdA 2001, 129 (136); ArbG Mönchengladbach Urt. v. 30.5.2001, Az.: 5 Ca 1157/01, NZA 2001, 970f.

[247] *Beckschulze*, DB 2000, 2598 (2602); *Lorenz*, Die Verringerung der Arbeitszeit auf Wunsch des Arbeitnehmers, S 189; Meinel/Heyn/Herms-*Heyn*, TzBfG, § 8 Rn. 60.

[248] Annuß/Thüsing-*Mengel*, TzBfG, § 8, Rn. 151; *Hromadka*, NJW 2001, 400, 402; *Preis/Gotthardt*, DB 2000, 2065 (2068).

[249] *Flatten/Coeppicus*, ZIP 2001, 1477 (1478f.); *Hromadka*, NJW 2001, 400 (402); *Kliemt*, NZA 2001, 63 (65); *Lindemann/Simon*, BB 2001, 146 (149) *Preis/Gotthardt*, DB 2001, 145 (148); *Straub*, NZA 2001, 919 (923f.); *Däubler*, ZIP 2000, 1961 (1964); *Mayer*, AiB 2002, 502 (504f.); strenger: BAG Urt. v. 18.2.2003, Az.: 9 AZR 164/02, NZA 2003, 1392ff.

[250] *Hunold*, NZA-RR 2004, 225 (226).

[251] ErfK/*Preis*, § 8 TzBfG, Rn. 26.

Strengere Anforderungen stellt der für Teilzeitfragen zuständige 9. Senat des Bundesarbeitsgerichts, der seit seiner ersten Entscheidung zu den an die betrieblichen Gründe zu stellenden Voraussetzungen ein dreistufiges Prüfungsschema entwickelt hat.[252] Dieses Prüfungsschema hat sich inzwischen zur ständigen Rechtsprechung des Bundesarbeitsgerichts entwickelt.[253]

(1) Dreistufige gerichtliche Überprüfung des Vorliegens die Ablehnung des Teilzeitbegehrens rechtfertigender betrieblicher Gründe

Das vom 9. Senat des Bundesarbeitsgerichts in seiner ersten Entscheidung zu der Problematik der entgegenstehenden betrieblichen Gründe entwickelte dreistufige Prüfungsschema dient der Untersuchung, ob ein dem Teilzeitwunsch des Arbeitnehmers widersprechendes Organisationskonzept des Arbeitgebers vorliegt.[254] Ist dies der Fall, so muss dieses Konzept geeignet sein, eine Ablehnung des Teilzeitbegehrens an sich oder der gewünschten Verteilung der Arbeitszeit zu rechtfertigen.[255]

(i) 1. Stufe: Organisationskonzept des Arbeitgebers zur Arbeitszeitregelung

Auf der ersten Stufe haben die Arbeitsgerichte festzustellen, ob überhaupt und wenn ja welches betriebliche Organisationskonzept der vom Arbeitgeber als erforderlich angesehenen Arbeitszeitregelung zugrunde liegt.[256] Dieses Organisationskonzept muss die Arbeitszeitregelung im Sinne einer Ursächlichkeit bedingen.[257] Unter Organisationskonzept ist nach Auffassung des Bundesarbeitsgerichts das Konzept anzusehen, mit dem die unternehmerische Aufgabenstellung im Betrieb verwirklicht werden soll.[258]

Als mögliches Organisationskonzept, welches dem Verringerungswunsch eines Arbeitnehmers entgegenstehen könnte, kommt beispielsweise ein pädagogisches

---

[252] BAG Urt. v. 18.2.2003, Az.: 9 AZR 164/02, NZA 2003, 1392ff.

[253] BAG Urt. v. 30.9.2003, Az.: 9 AZR 665/02, NZA 2004, 382ff.; BAG Urt. v. 14.10.2003, Az.: 9 AZR 636/02, NZA 2004, 975ff.; BAG Urt. v. 9.12.2003, Az.:9 AZR 16/03, NZA 2004, 921ff.; BAG Urt. v. 27.4.2004, Az.:9 AZR 522/03, NZA 2004, 1225; BAG Urt. v. 20.7.2004, Az.: 9 AZR 626/03, NZA 2004, 1091ff.

[254] BAG Urt. v. 18.2.2003, Az.: 9 AZR 164/02, NZA 2003, 1392ff.

[255] BAG Urt. v. 18.2.2003, Az.: 9 AZR 164/02, NZA 2003, 1392ff.

[256] BAG Urt. v. 18.2.2003, Az.: 9 AZR 164/02, NZA 2003, 1392 (1395).

[257] BAG Urt. v. 18.2.2003, Az.: 9 AZR 164/02, NZA 2003, 1392 (1395).

[258] BAG Urt. v. 18.2.2003, Az.: 9 AZR 164/02, NZA 2003, 1392 (1395).

Konzept der umfassenden kontinuierlichen Kinderbetreuung in Betracht.[259] Gerade im Umgang mit Kindern ist es nach Ansicht des Bundesarbeitsgerichts nachvollziehbar, dass eine gewisse Betreuungskontinuität erforderlich ist, um zu viel Unruhe beim täglichen Ablauf zu vermeiden und den Kindern ein Mindestmaß an Sicherheit vermitteln zu können.[260] Ebenso kann eine Ablehnung des Teilzeitbegehrens gerechtfertigt sein, wenn der Arbeitgeber substantiiert begründet, dass ein Arbeitsplatz aufgrund des bei ihm bestehenden Organisationskonzepts nicht auf sinnvolle Weise teilbar ist.[261] Die fehlende Möglichkeit zur Teilung kann daraus resultieren, dass etwa die Kunden des Arbeitgebers die spezifische Erwartung gegenüber dem Arbeitgeber haben, während der betriebsüblichen Arbeitzeiten einen festen Ansprechpartner zu haben, und der Arbeitgeber deshalb sein Organisationskonzept auf die Bedürfnisse seiner Kunden anpasst.[262]

Der Arbeitgeber trägt die Darlegungslast dafür, dass das Organisationskonzept die Arbeitszeitregelung bedingt.[263] Dieser Vortrag ist im Hinblick auf dessen Richtigkeit vom Arbeitsgericht voll überprüfbar, während die dem Organisationskonzept zugrunde liegende unternehmerische Aufgabenstellung und die daraus abgeleiteten organisatorischen Entscheidungen hinzunehmen und lediglich auf Willkür zu überprüfen sind.[264] Ob das vorgetragene Konzept auch tatsächlich im Betrieb durchgeführt wird, ist dagegen voll überprüfbar.[265] Das Gericht prüft, ob dieses Konzept vom Arbeitgeber zur Ablehnung des Teilzeitbegehrens lediglich vorgeschoben wird, wobei vorübergehende Abweichungen, auf die der Arbeitgeber keinen Einfluss hat, wie z.B. aufgrund urlaubs- oder krankheitsbedingter Abweichungen, als unschädlich erachtet werden.[266]

---

[259] BAG Urt. v. 19.8.2003, Az.: 9 AZR 542/02, BAG AP Nr. 4 zu § 8 TzBfG.
[260] BAG Urt. v. 19.8.2003, Az.: 9 AZR 542/02, BAG AP Nr. 4 zu § 8 TzBfG.
[261] *Beckschulze*, DB 2000, 2598 (2602); *Ballering*, Die einseitige Änderung von Arbeitsbedingungen, S. 191f.; *Lindemann/Simon*, BB 2001, 968 (969); MüKo-*Müller-Glöge*, § 8 TzBfG, Rn. 30; ArbG Nienburg Urt. v. 23.1.2002, Az.: 1 Ca 601/01, NZA 2002, 382.
[262] *Beckschulze*, DB 2000, 2598 (2602); *Ballering*, Die einseitige Änderung von Arbeitsbedingungen, s. 191f.; *Lindemann/Simon*, BB 2001, 968 (969); MüKo-*Müller-Glöge*, § 8 TzBfG, Rn. 30; ArbG Nienburg Urt. v. 23.1.2002, Az.: 1 Ca 601/01, NZA 2002, 382.
[263] BAG Urt. v. 18.2.2003, Az.: 9 AZR 164/02, NZA 2003, 1392 (1395).
[264] BAG Urt. v. 18.2.2003, Az.: 9 AZR 164/02, NZA 2003, 1392 (1395).
[265] BAG Urt. v. 18.2.2003, Az.: 9 AZR 164/02, NZA 2003, 1392 (1395); ErfK/*Preis*, § 8 TzBfG, Rn. 27.
[266] *Lorenz*, NZA-RR 2006, 281 (284).

(ii) 2. Stufe: Unvereinbarkeit von Arbeitszeitregelung und Arbeitszeitverlangen

Auf der zweiten Stufe ist zu prüfen, inwieweit die Arbeitszeitregelung dem Arbeitszeitverlangen des Arbeitnehmers tatsächlich entgegensteht.[267] Zu untersuchen ist hierbei auch, ob durch eine dem Arbeitgeber zumutbare Änderung von betrieblichen Abläufen oder des Personaleinsatzes der betrieblich als erforderlich angesehene Arbeitszeitbedarf unter Wahrung des Organisationskonzepts mit dem individuellen Arbeitszeitwunsch des Arbeitnehmers zur Deckung gebracht werden kann.[268]

Besteht die Möglichkeit, die ausfallende Arbeitszeit durch die Einstellung einer Teilzeitkraft auszugleichen, ist das Vorliegen eines dem Teilzeitbegehren entgegenstehenden Grundes zu verneinen.[269] Der Einwand des Arbeitgebers, keine geeignete zusätzliche Arbeitskraft finden zu können, kann dann beachtlich sein, wenn der Arbeitgeber nachweist, dass eine dem Berufsbild des Arbeitnehmers, der seine Arbeitskraft reduzieren will, entsprechende zusätzliche Arbeitskraft auf dem für ihn maßgeblichen Arbeitsmarkt nicht zur Verfügung steht.[270] Der Arbeitgeber ist aufgrund seiner Organisationsfreiheit nicht verpflichtet, das durch Teilzeitarbeitswünsche frei werdende Arbeitsvolumen durch Leistungsverdichtung oder Mehrarbeit anderer Arbeitnehmer, Überstunden oder Leiharbeitnehmer oder Änderungskündigung oder Subunternehmer abzudecken.[271] Ist der Arbeitgeber nicht imstande, eine Ersatzkraft in Teilzeit zu finden, so kann er nicht darauf verwiesen werden, eine zusätzliche Vollzeitkraft einzustellen.[272]

(iii) 3. Stufe: Gewicht der entgegenstehenden betrieblichen Belange

Sofern das Arbeitszeitverlangen des Arbeitnehmers nicht mit dem organisatorischen Konzept und der daraus folgenden Arbeitszeitregelung in Übereinstimmung gebracht werden kann, ist in einer dritten Stufe das Gewicht der entgegenstehenden betrieblichen Gründe zu prüfen.[273] Hierbei stellt sich die Frage, ob durch die vom Arbeitnehmer gewünschte Abweichung die in § 8 Abs. 4 Satz 2 TzBfG genannten betrieblichen Belange oder das Organisationskonzept und die

---

[267] BAG Urt. v. 18.2.2003, Az.: 9 AZR 164/02, NZA 2003, 1392 (1395).
[268] BAG Urt. v. 18.2.2003, Az.: 9 AZR 164/02, NZA 2003, 1392 (1395).
[269] BAG Urt. v. 14.10.2003, Az.: 9 AZR 636/02, NZA 2004, 975ff.
[270] BT-Drs. 14/4474, S. 17.
[271] Annuß/Thüsing-*Mengel*, § 8 TzBfG, Rn. 159; ErfK/*Preis*, § 8 TzBfG, Rn. 25.
[272] BAG Urt. v. 9.12.2003, Az.: 9 AZR 16/03, NZA 2004, 922ff.
[273] BAG Urt. v. 18.2.2003, Az.: 9 AZR 164/02, NZA 2003, 1392 (1395).

ihm zugrunde liegende unternehmerische Aufgabenstellung wesentlich beein-trächtigt werden.[274]

So nahm das Bundesarbeitgericht eine solche wesentliche Beeinträchtigung an, wenn der Kern des Konzepts durch den Teilzeitwunsch betroffen sei.[275] In dem vom Bundesarbeitsgericht zu entscheidenden Fall war der beklagte Arbeitgeber Träger eines heilpädagogischen Kindergartens, in dem das Betreuungskonzept dergestalt konzipiert war, dass eine ständige Anwesenheit der Gruppenleiterin-nen gewährleistet sein sollte.[276] Das Bundesarbeitsgericht qualifizierte die durchgängige tägliche Anwesenheit der Gruppenleitung als Kern des Betreu-ungskonzepts.[277] Die zusätzliche Einstellung einer teilzeitbeschäftigten Grup-penleiterin führe zu Störungen im Kindergartenalltag, die aus den von dem be-klagten Arbeitgeber angeführten pädagogischen Gründen zu verhindern seien.[278] Keine wesentliche Beeinträchtigung liegt nach Ansicht des Bundesarbeitsge-richts jedoch vor, wenn das Organisationskonzept auch bei Einsatz von Voll-zeitkräften nicht zu realisieren sei.[279]

(2)   Rechtfertigung des dreistufigen Prüfungsaufbaus durch das BAG

Der 9. Senat des Bundesarbeitsgerichts hat mittels der entwickelten dreistufigen Prüfungsreihenfolge einen relativ hohen Maßstab an die die Ablehnung des Teilzeitbegehrens rechtfertigenden Gründe gestellt. Die Rechtsprechung wird daher teilweise dahingehend kritisiert, dass die hohen Anforderungen nicht dem gesetzgeberischen Willen entsprächen, da § 8 Abs. 4 Satz 1 TzBfG gerade keine hinreichend gewichtigen Gründe verlange, sondern einfache betriebliche Gründe ausreichen sollten.[280]

Nach Auffassung des Bundesarbeitsgerichts werde durch die Auslegung des Begriffes *betriebliche Gründe* die verfassungsrechtlich geschützte Vertragsfrei-heit nicht unverhältnismäßig eingeschränkt, da der Eingriff in die Berufsaus-

---

[274] BAG Urt. v. 18.2.2003, Az.: 9 AZR 164/02, NZA 2003, 1392 (1395).

[275] BAG Urt. v. 19.8.2003, Az.: 9 AZR 542/02, BAG AP Nr. 4 zu § 8 TzBfG.

[276] BAG Urt. v. 19.8.2003, Az.: 9 AZR 542/02, BAG AP Nr. 4 zu § 8 TzBfG.

[277] BAG Urt. v. 19.8.2003, Az.: 9 AZR 542/02, BAG AP Nr. 4 zu § 8 TzBfG.

[278] BAG Urt. v. 19.8.2003, Az.: 9 AZR 542/02, BAG AP Nr. 4 zu § 8 TzBfG.

[279] BAG Urt. v. 30.9.2003, Az.: 9 AZR 665/02, NZA 2004, 382ff.

[280] *Bayreuther*, DB 2004, 1726 (1726); ErfK/*Preis*, § 8 TzBfG, Rn. 26; 27b; Mei-nel/Heyn/Herms-*Heyn*, TzBfG, § 8 Rn. 54; *Schunder*, NJW-Spezial 2005 Heft 8, 369 (369).

übungsfreiheit durch hinreichende Gründe des Gemeinwohls in Form der gesetzgeberischen Intention, neue Arbeitsplätze zu schaffen, gerechtfertigt sei.[281]

Der 9. Senat des Bundesarbeitsgerichts nimmt in diesem Zusammenhang Bezug auf die ständige Rechtsprechung des 2. Senats des Bundesarbeitsgerichts zur Prüfung dringender betrieblicher Erfordernisse für eine Kündigung nach § 1 Abs. 2, Satz 1, 3. Alt. KSchG und betont, dass es einer Anpassung der Rechtsprechung des 2. Senats an die Rechtsprechung des 9. Senats des Bundesarbeitsgerichts im Hinblick auf Unternehmensentscheidungen bedürfe.[282] Der 2. Senat des Bundesarbeitsgerichts geht davon aus, dass bei der Prüfung der Rechtmäßigkeit von Kündigungen, Unternehmensentscheidungen eines Arbeitgebers von den Arbeitsgerichten nicht auf deren Notwendigkeit und Zweckmäßigkeit hin zu überprüfen seien, da solche Entscheidungen unter den grundrechtlichen Schutz nach Art. 2 Abs. 1, 12 und 14 GG fielen.[283] Weil dieser Grundrechtsschutz jedoch nicht schrankenlos gewährleistet werden könne, sondern auch ein Mindestbestandsschutz der Arbeitnehmer bestehen müsse, hat nach ständiger Rechtsprechung des 2. Senats des Bundesarbeitsgerichts eine Missbrauchskontrolle stattfinden, so dass eine unternehmerische Entscheidung stets daraufhin zu überprüfen sei, ob sie offensichtlich unsachlich, unvernünftig oder willkürlich sei.[284] In Anlehnung an diese Rechtsprechung hat der 2. Senat des Bundesarbeitsgerichts entschieden, dass auch eine Unternehmensentscheidung über das Arbeitszeitmodell für oder gegen Teilzeitarbeit verbindlich sei und nur einer Willkürüberprüfung unterliege.[285] Die Widersprüche zur Rechtsprechung des 2. Senats des Bundesarbeitsgerichts zum Kündigungsschutz, wonach die Entscheidung des Arbeitgebers, nur Vollzeitmitarbeiter zu beschäftigen, als eine verbindliche, nur auf Willkür und offenbare Unsachlichkeit und Unvernunft hin überprüfbare, Unternehmensentscheidung einzuordnen sei[286], sollen nach Willen des 9. Senats des Bundesarbeitsgerichts durch eine entsprechende Anpassung der Rechtsprechung des 2. Senats an die des 9. Senates aufgehoben werden.[287] Grund hierfür sei, dass die Rechtsprechung des 2. Senats vor dem Inkrafttreten des Teilzeit- und Befristungsgesetzes ergangen sei und dies

---

[281] BAG Urt. v. 13.2.2003, Az.: 164/02, NZA 2003, 1392 (1395).
[282] BAG Urt. v. 18.2.2003, Az.: 9 AZR 164/02, NZA 2003, 1392 (1395).
[283] BAG Urt. v. 26.9.2002 Az.: 2 AZR 636/01, NZA 2003, 549 (550).
[284] BAG Urt. v. 30.4.1987, Az.: 2 AZR 184/86, NZA 1987, 776.
[285] BAG Urt. v. 3.12.1998, Az.: 2 AZR 341/98, NZA 1999, 431.
[286] BAG Urt. v. 12.8.1999, Az.: 2 AZR 12/99, NZA 2000, 30 (30); BAG Urt. v. 3.12.1998, Az.: 2 AZR 341/98, NZA 1999, 431 (433).
[287] BAG Urt. v. 13.2.2003, Az.: 164/02, NZA 2003, 1392 (1395).

eine Anpassung an die zwischenzeitlich vorgenommene Gesetzesänderung rechtfertige.[288]

(3)   Eigene Stellungnahme

Durch das vom Bundesarbeitsgericht entwickelte dreistufige Prüfungsschema werden relativ weitgehende und detaillierte Anforderungen an eine den Teilzeitwunsch ablehnende Entscheidung durch den Arbeitgeber gestellt. Dies erscheint auch erforderlich zu sein, um der Intention des Teilzeit- und Befristungsgesetzes ausreichend gerecht zu werden. Wäre es dem Arbeitgeber möglich, den Teilzeitanspruch aufgrund nicht näher darzulegender lapidarer Gründe abzuweisen, so wäre eine Durchsetzbarkeit des Anspruches auf Teilzeitarbeit durch den Arbeitnehmer sehr schwer und im Ergebnis in der Praxis wohl eher die Ausnahme.

Allein aufgrund der Formulierung des Bundesarbeitsgerichts, dass durch die vom Arbeitnehmer gewünschte abweichende Arbeitszeitregelung die in § 8 Abs. 4 TzBfG genannten besonderen betrieblichen Belange oder das betriebliche Organisationskonzept und die ihm zugrunde liegende unternehmerische Aufgabenstellung *wesentlich* beeinträchtigt werden müsse, sollte die Rechtsprechung nicht als zu weitreichend abgelehnt werden. Die Anforderungen sind nicht so hoch, dass diese zu erfüllen nahezu unmöglich erscheint. Vielmehr hat der Arbeitgeber die Möglichkeit, durch ein nachvollziehbares und konsequentes die Arbeitszeitregelung bedingendes Organisationskonzept das Teilzeitbegehren rechtmäßig abzulehnen. In einer solchen Fallkonstellation ist diese Ablehnungsmöglichkeit auch interessengerecht, um den grundrechtlich geschützten Bereich des Arbeitgebers nicht zu tangieren und grundrechtswidrig einzuschränken.

Der Argumentation des 9. Senats des Bundesarbeitsgerichts ist auch im Hinblick auf die Ablehnung der Rechtsprechung des 2. Senats des Bundesarbeitsgerichts zur Unternehmensentscheidung, nur mit Vollzeitarbeitskräften arbeiten zu wollen, beizupflichten. Die Intention des Gesetzgebers bestand darin, durch das Teilzeit- und Befristungsgesetz die Einführung von Teilzeitarbeitsplätzen zu fördern. Könnte der Arbeitgeber dem Teilzeitwunsch eines Arbeitnehmers seine unternehmerische Entscheidung, generell nicht mit Teilzeitkräften arbeiten zu

---

[288] BAG Urt. v. 13.2.2003, Az.: 164/02 , NZA 2003, 1392 (1395). Zustimmend z.B.: *Ballering*, Die einseitige Änderung von Arbeitsbedingungen, S. 187; *Däubler*, ZIP 2001, 217 (219); *Kliemt*, NZA 2001 63 (63), da der gegen den Willen des Arbeitgebers durchsetzbare Teilzeitanspruch andernfalls faktisch auf einen „freiwilligen Anspruch" reduziert würde.

wollen, als einen die Ablehnung des Teilzeitbegehrens rechtfertigenden Grund entgegenhalten, so würde dadurch die Zielsetzung des Teilzeit- und Befristungsgesetzes vollständig unterlaufen werden.

bb) Wesentliche Beeinträchtigung der Sicherheit im Betrieb

Durch das zweite Regelbeispiel, *die wesentliche Beeinträchtigung der Sicherheit im Betrieb*, soll das Sicherheitsinteresse innerhalb des Betriebs und der übrigen Mitarbeiter geschützt werden. So können beispielsweise Gefahren für die Arbeits- oder Datensicherheit sowie Gefahren durch die Nichteinhaltung von Unfallverhütungsvorschriften einer Verringerung der Arbeitszeit entgegenstehen.[289] Die Sicherheitsgefahr kann etwa daraus resultieren, dass die Fachkraft für Arbeitssicherheit Teilzeit begehrt, wobei diese Gefahr oft durch die Einstellung einer Ersatzkraft kompensiert werden kann.[290] Eine Beeinträchtigung der Sicherheit im Betrieb kann auch durch Eingriffe in den technischen Arbeitslauf hervorgerufen werden, wie beispielsweise durch lange Übergabezeiten oder Reisetätigkeit.[291]

cc) Unverhältnismäßige Kosten

Unverhältnismäßige Kosten im Sinne des dritten Regelbeispieles sind nicht die Kosten, die mit jeder Teilzeitarbeit einhergehen.[292] Eine solche Auslegung wäre nicht mit dem Wortlaut, der von *unverhältnismäßigen* Kosten ausgeht, und der Intention des Gesetzes, neue Teilzeitarbeitsplätze zu schaffen, in Einklang zu bringen.[293] Voraussetzung für das Vorliegen dieses Regelbeispieles ist, dass durch die Verwirklichung des Anspruchs auf Teilzeit Kosten in einer Höhe entstünden, die im Verhältnis zu dem Teilzeitverlangen des einzelnen Arbeitnehmers und zu seinem Arbeitsplatz außer Verhältnis stünden.[294] Nicht erforderlich

---

[289] *Eger*, Der Rechtsanspruch auf Verringerung der Arbeitszeit nach § 8 TzBfG, S. 62; Kittner/Däubler/Zwanziger-*Zwanziger*, KSchR, § 8, Rn. 24; Schaub-*Schaub*, Arbeitsrechts-Handbuch, § 44 Rn. 22.

[290] *Eger*, Der Rechtsanspruch auf Verringerung der Arbeitszeit nach § 8 TzBfG, S. 62;*Lorenz*, Die Verringerung der Arbeitszeit auf Wunsch des Arbeitnehmers, S. 197.

[291] ErfK-*Preis*, § 8 TzBfG, Rn. 29.

[292] ErfK-*Preis*, § 8 TzBfG, Rn. 31; Kittner/Däubler/Zwanziger-*Zwanziger*, KSchR, § 8, Rn. 25; *Lorenz*, Die Verringerung der Arbeitszeit auf Wunsch des Arbeitnehmers, S. 165; ArbG Mönchengladbach Urt. v. 30.5.2001, Az: 5 Ca 1157/01; NZA 2001, 970 (972).

[293] ErfK-*Preis*, § 8 TzBfG, Rn. 31; Kittner/Däubler/Zwanziger-*Zwanziger*, KSchR, § 8, Rn. 25; *Lorenz*, Die Verringerung der Arbeitszeit auf Wunsch des Arbeitnehmers, S. 165; ArbG Mönchengladbach Urt. v. 30.5.2001, Az: 5 Ca 1157/01; NZA 2001, 970 (972).

[294] Annuß/Thüsing - *Mengel*, TzBfG, § 8, Rn. 156.

ist, dass es zu einer unzumutbaren Belastung oder Gefährdung anderer Arbeitsplätze kommt und der Arbeitgeber in eine wirtschaftliche Zwangslage geraten würde.[295] So kommt eine unverhältnismäßige Kostenbelastung beispielsweise in Betracht, wenn die Einrichtung eines weiteren Teilzeitarbeitsplatzes sehr kostspielig oder eine sehr lange Einarbeitungszeit erforderlich wäre.[296] Eine unverhältnismäßige Kostenbelastung des Arbeitgebers kann auch dann bejaht werden, wenn ein bisher Gewinn erwirtschaftendes Arbeitsverhältnis für den Arbeitgeber bei Reduzierung der Arbeitszeit defizitär wird, weil dann zwei Teilzeitkräfte an sehr kostenintensiven Fortbildungsveranstaltungen teilnehmen müssten.[297]

B. Der Anspruch des Arbeitnehmers auf Teilzeitarbeit gemäß § 15 Abs. 7 BEEG

Der im Rahmen der Novellierung des Bundeserziehungsgeldgesetzes mit Wirkung zum 1. Januar 2001 neu geschaffene Anspruch auf Verringerung der Arbeitszeit gemäß § 15 Abs. 7 BErzGG, der seit Inkrafttreten des Bundeselterngeld- und Elternzeitgesetzes[298] am 1. Januar 2007 in § 15 Abs. 7 BEEG normiert ist, stellt wohl die bedeutendste Regelung der Reform des Bundeserziehungsgeldgesetzes dar.[299] Bis zu dieser Reform sah das Bundeserziehungsgeldgesetz keinen derartigen Anspruch, sondern nur einen Anspruch auf vollständige Freistellung von der Arbeitspflicht während der Elternzeit vor. In diesem Zeitraum konnte der Arbeitnehmer selbst dann keine Beschäftigung in Teilzeit verlangen und gegenüber seinem Arbeitgeber durchsetzen, wenn ein Teilzeitarbeitsplatz zur Verfügung stand.[300] Im Gegensatz zu der Inanspruchnahme von Elternzeit, die auf eine vollständige Befreiung von der Arbeitspflicht gerichtet ist, kann der Arbeitnehmer, der während der Elternzeit bei seinem Arbeitgeber arbeiten möchte, dies nicht durch eine einseitige Erklärung erreichen.[301] Vielmehr muss er stattdessen im Wege eines gegebenenfalls mehrstufigen Verfahrens nach den Absätzen 5 bis 7 des § 15 BEEG versuchen, eine Reduzierung seiner Arbeitspflicht zu bewirken.[302]

---

[295] ErfK-*Preis*, § 8 TzBfG, Rn. 31.

[296] *Beckschulze*, DB 2000, 2598, 2601; Meinel/Heyn/Herms-*Heyn*, TzBfG, § 8, Rn. 71.

[297] ErfK-*Preis*, § 8 TzBfG, Rn. 31.

[298] BGBl. I 2006, 2748ff.

[299] *Gaul/Wisskirchen*, BB 2000, 2466 (2466); *Leßmann*, DB 2001, 94 (94); *Lindemann/Simon*, NJW 2001, 258 (260).

[300] Buchner/Becker, MuSchG BErzGG, § 15 BErzGG, Rn. 41.

[301] ErfK/*Dörner*, § 16 BErzGG, Rn. 36; *Joussen*, NZA 2005, 336 (337).

[302] ErfK/*Dörner*, § 16 BErzGG, Rn. 36; *Joussen*, NZA 2005, 336 (337); *Leßmann*, DB 2001, 94 (95); *Sowka*, NZA 2004, 82 (83).

Durch diesen neuen Teilzeitanspruch während der Elternzeit werden die rechtlichen Voraussetzungen dafür geschaffen, dass der Berechtigte, ohne Verlust seines Arbeitsplatzes entweder eine Arbeitspause einlegen oder die Arbeitsmenge reduzieren kann.[303]

Unberührt von den Neuregelungen zum Teilzeitanspruch bleibt gemäß § 15 Abs. 5 Satz 4 BEEG das Recht des Arbeitnehmers, sowohl seine vor der Elternzeit bestehende Teilzeitarbeit von maximal 30 Stunden wöchentlich unverändert während der Elternzeit fortzusetzen, als auch nach der Elternzeit zu der Arbeitszeit zurückzukehren, die er vor Beginn der Elternzeit hatte.

I.   Anspruchsberechtigter Personenkreis

Die Geltendmachung eines Anspruches auf Verringerung der Arbeitszeit setzt gemäß § 15 Abs. 6 BEEG voraus, dass sich der Arbeitnehmer überhaupt in der Elternzeit befindet.[304] Denn nach dieser Vorschrift kann der Arbeitnehmer gegenüber dem Arbeitgeber unter den Voraussetzungen des § 15 Abs. 7 BEEG *während der Gesamtdauer der Elternzeit* zweimal eine Verringerung seiner Arbeitszeit beanspruchen. Der Anspruch auf Verringerung der Arbeitszeit ist auch auf Arbeitnehmer anwendbar, die bereits vor der Elternzeit in Teilzeit tätig waren, da das Gesetz insoweit keinerlei Einschränkungen vorsieht.[305]

1.   Geltendmachung des Anspruches auf Elternzeit

Um überhaupt einen Teilzeitanspruch gegenüber dem Arbeitgeber durchsetzen zu können, muss der Arbeitnehmer demzufolge zunächst einen Anspruch auf Elternzeit haben und diesen Anspruch auch gegenüber dem Arbeitgeber geltend gemacht haben.[306] Der Anspruch auf Elternzeit entsteht nicht automatisch oder kraft Gesetzes.[307] Hierzu bedarf es einer dem § 16 Abs. 1 BEEG genügenden schriftlichen Erklärung des Arbeitnehmers gegenüber dem Arbeitgeber, die keine Einverständniserklärung des Arbeitgebers erfordert und die dazu führt, dass der Arbeitnehmer zum vorgesehenen Beginn der Elternzeit und für die begehrte

---

[303] ErfK/*Dörner*, § 15 BErzGG, Rn. 2.
[304] *Sowka*, NZA 2000, 1185 (1189).
[305] *Sowka*, NZA 2000, 1185 (1189).
[306] *Leßmann*, DB 2001, 94 (96); so auch LAG Baden Württemberg, Urt. v. 23.11.06, Az.: 7 Sa 95/06, AuA 2007, 176.; a.A. MünchArbR/*Heenen*, Ergänzungsband, § 229, Rn. 3, der die Ansicht vertritt, der Anspruch auf Verringerung der Arbeitszeit könne auch schon vor Beginn der Elternzeit gestellt werden und sei bis zur rechtswirksamen Inanspruchnahme schwebend unwirksam.
[307] *Schell*, Der Rechtsanspruch auf Teilzeitarbeit, S. 187f.

Dauer der Arbeit fernbleiben darf.[308] Folge der Elternzeit ist, dass es zu einem Ruhen der Hauptleistungspflichten kommt, so dass seitens des Arbeitnehmers keine Arbeitspflicht und seitens des Arbeitgebers keine Entgeltzahlungspflicht besteht.[309]

2. Voraussetzungen für das Bestehen eines Anspruches auf Elternzeit

Der Anspruch eines Arbeitnehmers auf Elternzeit besteht unter den Voraussetzungen des § 15 Abs. 1, 2 BEEG. Hiernach ist im Wesentlichen erforderlich, dass der die Elternzeit beanspruchende Arbeitnehmer mit einem Kind in einem Haushalt lebt und er dieses Kind selbst betreut und erzieht.

a)   Dauer und Lage der Elternzeit

Nach § 15 Abs. 2 BEEG besteht der Anspruch auf Elternzeit bis zur Vollendung des dritten Lebensjahres eines Kindes, wobei die Zeit der Mutterschutzfrist angerechnet wird. Die Mutter ist aufgrund ihres Beschäftigungsverbotes nach § 6 MuSchG nicht berechtigt, in dieser Zeit in Elternzeit zu gehen, da für diesen Zeitraum eine weitere Suspendierung einer Arbeitspflicht nicht mehr möglich ist.[310] Nimmt der Vater die Elternzeit in Anspruch, kann er dies gemäß § 16 Abs. 1 Satz 1 BEEG auch unmittelbar nach der Geburt tun.[311] Vor der Novellierung des Bundeserziehungsgeldgesetzes gab es eine solche Regelung nicht, sondern es bestand nach § 15 Abs. 2 Nr.1 BErzGG a.F. kein Anspruch auf Elternzeit (damals noch *Erziehungsurlaub*), solange die Mutter sich in der Mutterschutzfrist befand. Ausschlaggebend für diese Regelung war laut Gesetzesbegründung, dass die Betreuung des Kindes während der Dauer des Beschäftigungsverbotes der Mutter ohnehin sichergestellt und damit der Sinn und Zweck des Gesetzes bereits erreicht sei.[312] Durch diese Novellierung ist die Position der Väter gestärkt worden.[313]

2001 wurde in das Bundeserziehungsgeldgesetz die Regelung aufgenommen, dass ein Anteil der Elternzeit von bis zu zwölf Monaten mit Zustimmung des Arbeitgebers auf die Zeit vom dritten bis zur Vollendung des achten Lebensjah-

---

[308] BAG AP Nr. 4 zu § 15 BErzGG.
[309] ErfK/*Dörner*, § 16 BErzGG, Rn. 36; *Preis*, Arbeitsrecht, S. 591; Staudacher/Hellmann/ Hartmann/Wenk, Teilzeitarbeit, Rn. 666.
[310] *Preis*, Arbeitsrecht, S. 592; *Sowka*, NZA 2000, 1185 (1186).
[311] *Gaul/Wisskirchen*, BB 2000, 2466 (2467); *Reiserer/Lemke*, MDR 2001, 241 (243); *Schell*, Der Rechtsanspruch auf Teilzeitarbeit, S. 185f.
[312] BT-Drs. 10/3792, S. 19.
[313] *Reiserer/Lemke*, MDR 2001, 241 (243).

res des Kindes übertragen werden kann. Nach Ansicht des Gesetzgebers könne durch eine solche flexiblere Aufteilung der Elternzeit eine bessere Vereinbarkeit von Familie und Beruf erreicht werden, weil sich die Elternzeitberechtigten in dieser Zeit beispielsweise intensiv um das Kind im 1. Schuljahr kümmern können.[314] Nach § 15 Abs. 2 Satz 3 BEEG besteht der Anspruch auf Elternzeit bei mehreren Kindern für jedes Kind, auch wenn sich die Zeiträume überschneiden.

b) Gemeinsame Elternzeit

Eine weitere Neuerung des Anspruchs auf Elternzeit befindet sich in § 15 Abs. 3 BEEG, wonach die Elternzeit auch anteilig, von jedem Elternteil allein oder von beiden gemeinsam genommen werden kann.[315] Noch in der Fassung des Bundeserziehungsgeldgesetzes von 2001 hieß es, dass die gemeinsame Elternzeit auf bis zu drei Jahre für jedes Kind begrenzt sei. Dieser Nebensatz wurde durch das Haushaltsbegleitgesetz 2004 gestrichen. Bis zu diesem Zeitpunkt war es umstritten, wie lange die Elternzeit von dem jeweiligen Elternteil in Anspruch genommen werden konnte.

Teilweise wurde die Meinung vertreten, die Dauer der Elternzeit dürfe bei Addition der von den jeweiligen Elternteilen genommenen Elternzeit maximal drei Jahre und damit pro Person bei gemeinsamer Inanspruchnahme lediglich einneinhalb Jahre betragen.[316] Nach der überwiegenden Ansicht sollten beide Eltern berechtigt sein, die maximale dreijährige Elternzeit voll auszuschöpfen, so dass beide jeweils drei Jahre Elternzeit beanspruchen konnten.[317] Die Vertreter dieser Auffassung bemängelten, dass andernfalls der Sinn der Novellierung des Bundeserziehungsgeldgesetzes, wonach eine bessere Vereinbarkeit von Familie und Beruf erreicht werden sollte, nicht erreicht werde, da die Eltern dann nach einneinhalb Jahren entweder ihre Erwerbstätigkeit aufgeben oder hätten fortsetzen müssen und damit die umfassende Betreuung des Kindes nicht mehr aufrechtzuerhalten gewesen sei.[318] Dieses Argument wird noch dadurch verstärkt, dass Kinder gemäß § 24 SGB VIII erst im Alter von drei Jahren einen Anspruch auf den Besuch einer öffentlichen Tageseinrichtung haben, so dass die Möglichkeiten der Kinderbetreuung für unter dreijährige Kinder in der Bundesrepublik

---

[314] BT-Drs. 14/3553, S. 21.

[315] *Preis*, Arbeitsrecht, S. 591.

[316] *Peters-Lange/Rolfs*, NZA 2000, 682 (685); *Reiserer/Lemke*, MDR 241 (243).

[317] *Gaul/Wisskirchen*, BB 2000, 2466 (2467); *Leßmann*, DB 2001, 94 (94); *Lindemann/Simon*, NJW 2001, 258 (259); *Sowka*, NZA 2000, 1185 (1186f.); *Sowka*, BB 2001, 935 (936).

[318] *Lindemann/Simon*, NJW 2001, 258 (259).

Deutschland entweder gar nicht oder nur verbunden mit hohen Kosten zur Verfügung stehen.

Aufgrund des Wegfalls des inzwischen gestrichenen Nebensatzes dürfte sich dieser Streit jedoch erledigt haben, da sich im Gesetzeswortlaut nunmehr keine Anhaltspunkte mehr dafür befinden, dass die Eltern nicht beide gleichzeitig die drei Jahre Elternzeit unter den Voraussetzungen des § 15 BEEG voll ausschöpfen könnten.

3. Verhältnis von Elternzeit und Teilzeit

Fraglich ist, ob der Arbeitnehmer auch dann einen Anspruch auf Rückkehr an seinen alten Arbeitsplatz bei verringerter Arbeitszeit nach dem Bundeselterngeld- und Elternzeitgesetz geltend machen kann, wenn er zuvor gegenüber seinem Arbeitgeber Elternzeit bei vollständiger Freistellung von seiner Arbeitspflicht verlangt hat.

a) Bindungswirkung an die Inanspruchnahme der Elternzeit bei vollständiger Freistellung von der Arbeitspflicht

Zum einen wird zu dieser Fallkonstellation die Auffassung vertreten, der Arbeitnehmer sei an seine Erklärung, ob eine völlige oder eine teilweise Freistellung von der Arbeitspflicht während der Elternzeit erfolgen solle, gebunden.[319] Gemäß § 16 Abs. 1 BEEG sei der Arbeitnehmer verpflichtet, in seinem Antrag anzugeben, für welchen Zeitraum er innerhalb von zwei Jahren Elternzeit nehme. Er müsse sich daher auch hinsichtlich der Ausgestaltung seiner Elternzeit und damit auch, ob er während dieser Zeit in Teilzeit tätig sein wolle oder nicht, verbindlich festlegen, um dem Arbeitgeber dadurch Planungssicherheit zu verschaffen.[320] Mangels anderslautender Regelungen habe der Gesetzgeber die bewusste Entscheidung getroffen, dass dem Dispositionsinteresse des Arbeitgebers in aller Regel der Vorrang gebühre.[321] Könne die Bindungswirkung des Elternzeitverlangens jederzeit durch ein Verlangen nach Teilzeit durchbrochen werden, würde hierdurch dieses Regel-Ausnahme-Prinzip faktisch ins Gegenteil verkehrt werden.[322]

---

[319] *Rolfs/Leder,* Anmerkung zum BAG Urt. v. 27.4.2004, Az.: 9 AZR 21/04, AP § 15 BErzGG, Nr. 39; *Sowka,* NZA 2000, 1185, (1190).

[320] *Rolfs/Leder,* Anmerkung zum BAG Urt. v. 27.4.2004, Az.: 9 AZR 21/04, AP § 15 BErzGG, Nr. 39; *Sowka,* NZA 2000, 1185, (1190).

[321] *Sowka,* SAE 2006, 125 (125).

[322] *Sowka,* SAE 2006, 125 (125).

b)   Keine Bindungswirkung an die Inanspruchnahme der Elternzeit bei vollständiger Freistellung von der Arbeitspflicht

Zum anderen wird die Ansicht vertreten, der Anspruch auf Arbeitszeitverringerung werde durch die Inanspruchnahme der Elternzeit nicht ausgeschlossen, da ein solches Gesetzesverständnis dem Ziel des Gesetzes zuwiderliefe, die Vereinbarkeit von Familie und Beruf zu fördern und die wirtschaftliche Absicherung junger Familien zu ermöglichen.[323] Wäre dies der Fall, wäre in der Erklärung, für eine bestimmte Zeit Elternzeit nehmen zu wollen, die konkludente Erklärung enthalten, in dieser Zeit völlig von der Arbeit freigestellt zu werden und auf Teilzeitansprüche zu verzichten.[324] Der Anspruch auf Teilzeit und der Anspruch auf Elternzeit seien jedoch zwei eigenständige Ansprüche, die getrennt voneinander zu betrachten seien und unabhängig nebeneinander stünden.[325] Es handele sich gerade nicht um einen einheitlichen, durch das Teilzeitbegehren modifizierten Elternzeitanspruch.[326] Die Verpflichtung des Arbeitnehmers aus § 16 Abs. 1 BEEG, sich über die von ihm zu nehmen beabsichtigte Elternzeit zu erklären, erstrecke sich nicht auf eine gewünschte Verringerung der vereinbarten Arbeitszeit während der Elternzeit, da eine solche Verringerung in § 15 Abs. 4 BEEG gerade für zulässig erklärt worden sei und es daher für eine Anwendbarkeit des § 16 Abs. 1 BEEG einer ausdrücklichen Regelung bedurft hätte.[327] Viele junge Eltern seien ansonsten nicht zur Inanspruchnahme der Elternzeit imstande, da sie überfordert wären, bereits kurz nach der Geburt überschauen zu können, ob und wann ihre neue Erziehungsaufgabe eine Teilzeittätigkeit zulasse.[328] Der Arbeitgeber müsse auch nicht durch die Konstruierung einer Bindungswirkung geschützt werden, da dessen Interessen bereits durch die Möglichkeit, das Teilzeitbegehren aus dringenden betrieblichen Gründen ablehnen zu können, ausreichend Rechnung getragen werde.[329] In Betracht komme in einem solchen Fall die Verletzung der berechtigten Planungsinteressen des Arbeitgebers.[330] Das Vorliegen eines dem Teilzeitbegehren des Arbeitnehmers entgegenstehenden dringenden betrieblichen Grundes könne beispielsweise bejaht werden, wenn der Arbeitgeber aufgrund der Aussage des Arbeitnehmers Dispo-

---

[323] ErfK/*Dörner*, § 15 BErzGG, Rn. 17; *Joussen*, NZA 2005, 336 (340); BAG Urt. v. 9.5.2006, Az.: 9 AZR 278/05, NJW 2006, 3595 (3597).

[324] *Schell*, Der Rechtsanspruch auf Teilzeitarbeit, S. 211.

[325] *Leßmann*, DB 2001, 94 (96); *Rudolf/Rudolf*, NZA 2002, 602 (604); *Schell*, Der Rechtsanspruch auf Teilzeitarbeit, S. 211.

[326] *Rudolf/Rudolf*, NZA 2002, 602 (604).

[327] BAG Urt. v. 19.4.2005, Az.: 9 AZR 233/04, NZA 2005, 1354ff; BAG Urt. v. 9.5.2006, Az.: 9 AZR 278/05, NZA 2006, 1413 (1415).

[328] BAG Urt. v. 19.4.2005, Az.: 9 AZR 233/04, NZA 2005, 1354ff.

[329] *Joussen*, NZA 2005, 336 (340).

[330] *Joussen*, NZA 2005, 336 (340); *Rudolf/Rudolf*, NZA 2002, 602 (604).

sitionen treffe und eine Ersatzkraft befristet eingestellt habe.[331] Es stehe dem Arbeitnehmer frei, hiergegen den Gegenbeweis anzutreten.[332]

c)   Eigene Stellungnahme

Der zuletzt dargestellten Auffassung ist beizupflichten.

Zum einen findet die zuerst dargestellte Auffassung keine Bestätigung durch den Wortlaut des Gesetzes. Zum anderen würde bei der Annahme einer Bindungswirkung dem besonderen verfassungsrechtlich gewährleisteten Schutz der Familie nicht entsprochen. Nur wenn den Eltern, die sich ursprünglich dafür entschieden haben, sich der Erziehung ihrer Kinder vollständig zu widmen, eine gewisse Flexibilität für eventuell während der Elternzeit auftretende Veränderungen verbleibt, wird die Geltendmachung des Elternzeitanspruches überhaupt attraktiv und erfüllt damit auch den Sinn und Zweck des Gesetzes.

Im Übrigen hat der Gesetzgeber auch an anderer Stelle, wie beispielsweise in § 15 Abs. 5 Satz 4 BEEG, dem Arbeitgeber das Risiko aufgebürdet, dass der Arbeitnehmer von seinem Recht Gebrauch macht, seine vor der Elternzeit bestehende Teilzeitarbeit unverändert während der Elternzeit fortzusetzen. So bestätigte das Bundesarbeitsgericht, dass unter diese Vorschrift auch die Wiederaufnahme einer Teilzeittätigkeit im Laufe der Elternzeit zu subsumieren sei, sofern sie den Arbeitgeber nicht zusätzlich belaste.[333] Es sei daher erforderlich, dass in einem solchen Fall die Voraussetzungen für den gesetzlichen Anspruch auf Verringerung der Arbeitszeit vorlägen.[334] Hierdurch wird die Auffassung bestätigt, dass der Arbeitgeber auch während der von einem Arbeitnehmer in Anspruch genommenen Elternzeit mit dem arbeitnehmerseitigen Teilzeitbegehren konfrontiert werden darf und seiner Dispositions- und Planungssicherheit ausreichend durch die Möglichkeit Rechnung getragen wird, dass er das Begehren aufgrund dringender betrieblicher Gründe abzuwehren vermag.

II.   Kleinunternehmensklausel gemäß § 15 Abs. 7 Satz 1 Nr. 1 BEEG

Der Anwendungsbereich des Bundeselterngeld- und Elternzeitgesetzes im Hinblick auf den Teilzeitanspruch ist nur dann eröffnet, wenn der Arbeitgeber gemäß § 15 Abs. 7 Satz 1 Nr. 1 BEEG, unabhängig von der Anzahl der Personen in Berufsbildung, in der Regel mehr als 15 Arbeitnehmer beschäftigt. Hierbei

---

[331] *Joussen*, NZA 2005, 336 (340); *Rudolf/Rudolf*, NZA 2002, 602 (604).
[332] *Rudolf/Rudolf*, NZA 2002, 602 (604).
[333] BAG Urt. v. 27.4.2004, Az.: 9 AZR 21/04, NZA 2004, 1039ff.
[334] BAG Urt. v. 27.4.2004, Az.: 9 AZR 21/04, NZA 2004, 1039ff.

kommt es nicht auf die Beschäftigtenzahl im Betrieb, sondern auf die Beschäftigtenzahl im gesamten Unternehmen an.[335] Dies ergibt sich zum einen aus dem Wortlaut der Vorschrift und zum anderen aus der ausdrücklichen Richtigstellung in der Beschlussempfehlung und dem Bericht des Ausschusses für Familie, Senioren, Frauen und Jugend, worin es heißt, der maßgebliche Ansatz sei unverändert die Funktion des Arbeitgebers und nicht des Betriebes.[336]

Ebenso wie bei § 8 TzBfG gilt auch bei § 15 BEEG das Pro-Kopf-Prinzip, so dass keine anteilige Berücksichtigung von Teilzeitbeschäftigten, wie dies bei § 23 Abs. 1 Satz 4 KSchG der Fall ist, erfolgt.[337] Ein Verweis auf diese Regelung war noch im Gesetzesentwurf der Bundesregierung vorgesehen.[338] Auf diese Einschränkung wurde jedoch in der Beschlussempfehlung und dem Bericht des Ausschusses für Familie, Senioren, Frauen und Jugend mit der Begründung verzichtet, dass der grundsätzliche Anspruch auf Verringerung der Arbeitszeit während der Elternzeit bereits durch eine Reihe von Faktoren, wie die „Kleinbetriebsklausel" oder die Beachtung von entgegenstehenden dringenden betrieblichen Gründen, begrenzt sei. Der Verzicht auf eine weitere Einschränkung durch einen solchen Verweis führe dazu, dass deutlich mehr Beschäftigte in den Genuss dieses Teilzeitanspruches kämen.[339]

Während einige den Wegfall dieser Einschränkung als problematisch ansehen[340], begrüßen andere wiederum diese Regelung mit der Begründung, dass der Staat mittels § 15 Abs. 7 BEEG seiner Fürsorgepflicht nach Art. 6 GG nachkomme und die Vereinbarkeit von Familie und Beruf in der besonderen Lebenslage nach der Geburt eines Kindes möglichst vielen Betroffenen zu erleichtern versuche.[341]

III. Zeitliche Mindestvoraussetzungen

Ebenso wie beim Anspruch auf Teilzeit nach dem Teilzeit- und Befristungsgesetz müssen auch bei der Geltendmachung des Teilzeitanspruches nach den Vorschriften des Bundeselterngeld- und Elternzeitgesetzes verschiedene zeitliche Mindestvoraussetzungen erfüllt sein.

---

[335] ErfK/Dörner, § 15 BErzGG, Rn. 20; Lindemann/Simon, NJW 2001, 258 (261).
[336] BT-Drs. 14/3808.
[337] Gaul/Wisskirchen, BB 2000, 2466 (2467); Lindemann/Simon, NJW 2001, 258 (261); Reiserer/Lemke, MDR 2001, 241 (244).
[338] BT-Drs. 14/3553.
[339] BT-Drs. 14/3808.
[340] Gaul/Wisskirchen, BB 2000, 2466 (2467).
[341] Schell, Der Rechtsanspruch auf Teilzeitarbeit, S. 189.

1.   Sechsmonatiges Bestehen des Arbeitsverhältnisses

Gemäß § 15 Abs. 7 Satz 1 Nr. 2 BEEG muss das Arbeitsverhältnis des Arbeitnehmers in demselben Betrieb oder Unternehmen länger als sechs Monate ohne
Unterbrechung bestehen. Diese Vorschrift entspricht der Regelung des
§ 8 Abs. 1 TzBfG.[342] Es kommt daher auf den Bestand des Arbeitsverhältnisses
und nicht die tatsächlich geleistete Arbeit an.[343] Zu welchem Zeitpunkt diese
Voraussetzung für die Geltendmachung des Anspruches auf Verringerung der
Arbeitszeit vorliegen müssen, ist mangels gesetzlicher ausdrücklicher Regelungen umstritten.

a)   Maßgeblicher Zeitpunkt für das Vorliegen der Voraussetzung: Tag der Realisierung des Teilzeitbegehrens

Einerseits wird die Auffassung vertreten, es sei naheliegend, dass diese Voraussetzungen an dem Tag erfüllt sein müssten, an dem die Reduzierung der Arbeitszeit erstmals realisiert werden solle.[344] Dadurch seien dann auch Arbeitnehmer, die die Wartefrist erst zu einem späteren Zeitpunkt als direkt nach der
Geburt des Kindes oder nach Ablauf der Mutterschutzfrist erfüllten, berechtigt,
ihren Anspruch auf Teilzeitbeschäftigung für den Zeitpunkt des Fristablaufs der
Mindestbeschäftigungszeit geltend zu machen.[345] Dies werde auch durch die
Rechtsprechung des Bundesarbeitsgerichts untermauert, wonach der Anspruch
auf Elternzeit auch in einem erst nach der Geburt des Kindes begründeten Arbeitsverhältnis bejaht werde.[346]

b)   Maßgeblicher Zeitpunkt für das Vorliegen der Voraussetzung: Tag der Geltendmachung des Teilzeitbegehrens

Andererseits wird die Meinung vertreten, der maßgebliche Zeitpunkt für das
Vorliegen der sechsmonatigen Wartezeit und des Schwellenwertes sei der Zeitpunkt der Antragstellung durch den Arbeitnehmer und nicht etwa der vorgesehene Beginn der Arbeitszeitverringerung.[347] Dies ergäbe sich auch aus der Paral-

---

[342] *Gaul/Wisskirchen*, BB 2000, 2466 (2467); *Lindemann/Simon*, NJW 2001, 258 (261); *Rei-
       serer/Lemke*, MDR 2001, 241 (244).
[343] ErfK/*Dörner*, § 15 BErzGG, Rn. 21.
[344] *Peters-Lange/Rolfs*, NZA 682, 686; *Schell*, Der Rechtsanspruch auf Teilzeitarbeit, S. 190.
[345] *Peters-Lange/Rolfs*, NZA 682, 686.
[346] *Peters-Lange/Rolfs*, NZA 682, 686; BAG Urt. v. 11.3.1999, Az.: 2 AZR 19/98, NZA
       1999, 1047ff.
[347] *Lindemann/Simon*, NJW 2001, 258 (261).

lele zu der Wartezeit nach § 1 KSchG, bei der auf den Zeitpunkt des Kündigungszuganges und nicht etwa auf den Beendigungstermin abgestellt werde.[348]

c) Eigene Stellungnahme

Der zuletzt dargestellten Auffassung ist zu folgen.

In der Regel haben die Anspruchsvoraussetzungen im Zeitpunkt der Geltendmachung eines Anspruches und nicht erst im Zeitpunkt der Verwirklichung des Anspruches vorzuliegen. Auch die Bezugnahme auf die Rechtsprechung des Bundesarbeitsgerichts, wonach auch in einem erst nach der Geburt des Kindes begründeten Arbeitsverhältnis ein Anspruch auf Elternzeit bejaht werden könne, überzeugt nicht. Da die Inanspruchnahme der Elternzeit nicht von einer Wartefrist abhängig gemacht wird, können aus dieser Entscheidung des Bundesarbeitsgerichts keine Schlüsse auf den von einer Frist abhängigen Anspruch auf Verringerung der Arbeitszeit gezogen werden. Des Weiteren wird im Rahmen der Gesetzesbegründung ausdrücklich auf die Vorschrift des § 1 Abs. 1 KSchG verwiesen.[349] Bei dieser wird vorausgesetzt, dass für das Bestehen des Kündigungsschutzes das Arbeitsverhältnis im Zeitpunkt des Zugangs der Kündigung und nicht etwa erst zum Beendigungstermin länger als sechs Monate bestanden hat.[350]

Es ist daher bei § 15 Abs. 7 Satz 1 Nr. 2 BEEG ebenso wie bei § 8 Abs. 1 TzBfG darauf abzustellen, dass das Arbeitsverhältnis im Zeitpunkt der Antragsstellung bereits sechs Monate bestanden hat.[351]

2. Rechtzeitige Mitteilung des Teilzeitbegehrens gegenüber dem Arbeitgeber

Voraussetzung für eine wirksame Geltendmachung des Teilzeitanspruches durch den Arbeitnehmer ist gemäß § 15 Abs. 7 Satz 1 Nr. 5 BEEG ferner, dass der Arbeitnehmer die Verringerung der Arbeitszeit spätestens sieben Wochen vor Be-

---

[348] Küttner-*Eisemann*, Kündigungsschutz, Rn. 57; *Lindemann/Simon*, NJW 2001, 258 (261).
[349] BT-Drs. 14/3553, S. 22.
[350] KR-*Etzel*, § 1 KSchG, Rn. 102; Küttner-*Eisemann*, Kündigungsschutz, Rn. 57; Schaub-*Linck*, Arbeitsrechts-Handbuch, § 128, Rn. 16.
[351] Vgl. hierzu die Ausführungen unter Teil II A. III.

ginn der gewünschten Teilzeittätigkeit schriftlich mitteilt.[352] Versäumt der Arbeitnehmer die Einhaltung der Frist, so muss dieser die Mitteilung erneut vornehmen und der Beginn der veränderten Arbeitszeit verschoben werden.[353]

Problematisch könnten hierbei die Fälle sein, in denen die Elternzeit direkt nach der Geburt beginnen soll. Wie bereits zuvor diskutiert, ist nur der Vater befugt, die Verringerung der Arbeitszeit direkt nach der Geburt zu verlangen.[354] § 15 Abs. 1 BEEG setzt für einen Anspruch auf Elternzeit, dessen Bestehen wiederum für einen Anspruch auf Verringerung der Arbeitszeit erforderlich ist, voraus, dass der Arbeitnehmer *mit einem Kind in einem Haushalt lebt*. Sowohl die Elternzeit gemäß § 16 Abs. 1 Satz 1 BEEG als auch der Anspruch auf Verringerung der Arbeitszeit gemäß § 15 Abs. 7 Satz 1 Nr.5 BEEG sind jedoch in dieser Fallkonstellation dem Arbeitgeber sieben Wochen vor der Geburt, also wenn der Arbeitnehmer, streng genommen, noch gar nicht mit dem Kind in einem Haushalt lebt, mitzuteilen. Die Vorschriften über die einzuhaltenden Fristen für die Mitteilung der Elternzeit und der Arbeitszeitverringerung würden jedoch keinerlei Sinn ergeben, wenn darauf bestanden würde, dass die förmlichen Voraussetzungen für die Elternzeit, nämlich die Geburt des Kindes, bereits vorliegen müssten. Die Fristen sollen dazu dienen, dem Arbeitgeber eine gewisse Vorlaufzeit zuzugestehen, in der er sich auf die neue Situation einstellen kann. Es würde ferner dem Gesetzeszweck, der Förderung der Vereinbarkeit von Familie und Beruf, widersprechen, wenn zu strenge Voraussetzungen an den Wortlaut gestellt würden. Sowohl § 16 Abs. 1 Satz 1 BEEG als auch § 15 Abs. 7 Satz 1 Nr.5 BEEG sind daher klarstellende Funktionen zuzusprechen, indem diese den Arbeitnehmer berechtigen sollen, einen Anspruch auf Elternzeit sowie auf Arbeitszeitverringerung bereits geltend zu machen, obgleich der Grund für das Bestehen des Anspruches, die Geburt eines Kindes, noch nicht vorliegt.

---

[352] Bis zum Inkrafttreten des BEEG am 1.1.2007 war der Arbeitnehmer gemäß § 15 Abs. 7 Satz 1 Nr. 5 BEEG verpflichtet, seinem Arbeitgeber den Teilzeitanspruch acht Wochen oder, wenn die Verringerung unmittelbar nach der Geburt des Kindes oder nach der Mutterschutzfrist beginnen soll, sechs Wochen vor Beginn der gewünschten Teilzeittätigkeit schriftlich mitzuteilen.

[353] BT-Drs. 14/3553, S. 22; *Gaul/Wisskirchen*, BB 2000, 2466 (2468); *Lindemann/Simon*, NJW 2001, 258 (261).

[354] Vgl. hierzu die Ausführungen unter Teil II B. I.2.a). *Gaul/Wisskirchen*, BB 2000, 2466 (2467); *Reiserer/Lemke*, MDR 2001, 241 (243); *Schell*, Der Rechtsanspruch auf Teilzeitarbeit, S. 185f.

3. Mindestdauer und Umfang der Verringerung der Arbeitszeit

Beansprucht der Arbeitnehmer die Verringerung seiner Arbeitszeit, so soll diese gemäß § 15 Abs. 7 Satz 1 Nr. 3 BEEG für mindestens zwei Monate auf einen Umfang von 15 bis 30 Stunden verringert werden.[355] Diese Obergrenze von 30 Stunden wöchentlich ergibt sich aus der Regelung in § 15 Abs. 4 BEEG, wonach während der Elternzeit eine Erwerbstätigkeit zulässig ist, wenn die wöchentliche Arbeitszeit für jeden Elternteil, der eine Elternzeit nimmt, nicht 30 Stunden übersteigt. Die Untergrenze orientiert sich an den Vorschriften zur geringfügigen Beschäftigung im Sinne des § 8 SGB IV.[356] Insoweit unterscheidet sich die Vorschrift im Bundeselterngeld- und Elternzeitgesetz von § 8 Abs. 2 TzBfG, der jedwede Gestaltungsmöglichkeit zulässt.[357]

Während der Gesamtdauer der Elternzeit kann der Arbeitnehmer gemäß § 15 Abs. 6 BEEG insgesamt zweimal eine Verringerung der Arbeitszeit beanspruchen.

IV. Geltendmachung des Anspruches auf Teilzeit seitens des Arbeitnehmers gemäß § 15 Abs. 7 Satz 1 Nr. 5 BEEG

Arbeitnehmer und Arbeitgeber sollen sich nach § 15 Abs. 5 Satz 2 BEEG auf eine Verringerung der Arbeitszeit und ihre Ausgestaltung innerhalb von vier Wochen einigen. Problematisch ist, in welchem Verhältnis diese Regelung zu der Vorschrift über die Geltendmachung des Teilzeitanspruches nach § 15 Abs. 7 Satz 1 BEEG steht und welche Voraussetzungen an die einzelnen Willenserklärungen des Arbeitnehmers zu stellen sind.

1. Verhältnis der einvernehmlichen Einigung nach § 15 Abs. 5 Satz 2 BEEG und der Mitteilung des Anspruches nach § 15 Abs. 7 Satz 1 Nr. 5 BEEG zueinander

Fraglich ist, ob der Einigungsversuch über die Verringerung der Teilzeit und deren Ausgestaltung nach § 15 Abs. 5 BEEG vor der Geltendmachung des Anspruches aus § 15 Abs. 7 Satz 1 Nr. 5 BEEG zu unternehmen ist und diese Reihenfolge auch zwingend einzuhalten ist.

---

[355] Bis zum Inkrafttreten des BEEG am 1.1.2007 sollte die vertraglich vereinbarte regelmäßige Arbeitszeit für mindestens *drei* Monate auf einen Umfang zwischen 15 und 30 Wochenstunden verringert werden.

[356] *Lindemann/Simon*, NJW 2001, 258 (261).

[357] *Gaul/Wisskirchen*, BB 2000, 2466 (2467); *Hanau*, NZA 2001, 1168 (1173); *Rudolf/Rudolf*, NZA 2002, 602 (605).

a)   Einigungsversuch als Anspruchsvoraussetzung

Nach der Intention des Gesetzgebers soll das vorrangige Ziel sein, dass die Arbeitsvertragsparteien zu einer einvernehmlichen Einigung über die Verringerung
der Arbeitszeit gelangen und es möglichst nicht der förmlichen Geltendmachung
des Anspruches durch den Arbeitnehmer gegenüber dem Arbeitgeber bedürfen
soll.[358] Dieses gesetzgeberische Ziel ergibt sich auch aus dem Gesetzestext, namentlich aus § 15 Abs. 6 BEEG, wonach der Arbeitnehmer gegenüber dem Arbeitgeber, *soweit eine Einigung nach Absatz 5 nicht möglich ist*, unter den Voraussetzungen des Absatzes 7 während der Gesamtdauer der Elternzeit zweimal
eine Verringerung der Arbeitszeit beanspruchen kann.

Sowohl die Gesetzesbegründung als auch der Gesetzeswortlaut sprechen daher
dafür, dass die Regelungen dahingehend auszulegen sind, dass der Anspruch auf
Verringerung der Arbeitszeit erst dann entsteht, wenn der Versuch zu einer Einigung gescheitert oder die vierwöchige Frist aus § 15 Abs. 5 BEEG ergebnislos
verstrichen ist.[359] Es handelt sich demzufolge um ein zweistufig aufgebautes
Verfahren.[360]

b)   Verbindung beider Anträge auf Verringerung der Arbeitszeit wäh-
rend der Elternzeit

Bis zur Änderung des Bundeserziehungsgeldgesetzes durch das Haushaltbe-
gleitgesetz 2004[361] war aus dem Wortlaut des Gesetzes nicht klar ersichtlich, ob
der   Antrag   nach   § 15 Abs. 5 Satz 1 BEEG   mit   dem   Antrag   nach
§ 15 Abs. 7 Satz 1 Nr. 5 BEEG verbunden werden durfte. Problematisiert wurde
in diesem Zusammenhang insbesondere, dass im Falle einer Verbindung der
beiden Anträge der Anspruch nach § 15 Abs. 7 Satz 1 Nr. 5 BEEG eigentlich
noch nicht entstanden sei, während sich im umgekehrten Fall das Verfahren dadurch um bis zu vier Wochen verzögern könne, da der Arbeitnehmer dann den
Fristablauf oder das Scheitern des Einigungsversuches gemäß § 15 Abs. 5
Satz 1 BEEG abwarten müsse.[362]

---

[358] BT-Drs. 14/3553, S. 22.
[359] *Gaul/Bonanni*, ArbRB 2003, 144 (145); *Joussen*, NZA 2005, 336 (337); *Leßmann*, DB
2001, 94 (95); *Lindemann/Simon*, NJW 2001, 258 (260); *Rudolf/Rudolf*, NZA 2002, 602
(603); *Sowka*, NZA 2004, 82 (83).
[360] *Joussen*, NZA 2005, 336 (337); *Rudolf/Rudolf*, NZA 2002, 602 (603); *Sowka*, NZA 2004,
82 (83).
[361] BGBl. I 2003, 3076.
[362] *Leßmann*, DB 2001, 94 (95).

Aufgrund der Änderung des Bundeserziehungsgeldgesetzes mit Wirkung zum
1. Januar 2004 hat sich diese Problematik jedoch aufgelöst. Gemäß § 15 Abs. 5
Satz 2 BErzGG[363] wurde explizit geregelt, dass nunmehr beide Anträge miteinander verbunden werden dürfen. Diese Klarstellung wäre nicht notwendig gewesen, wenn aus der Sicht des Gesetzgebers das versuchte Einigungsverfahren gemäß § 15 Abs. 5 Satz 1 BEEG nicht zwingend vor der Geltendmachung des Anspruches nach § 15 Abs. 7 Satz 1 Nr. 5 BEEG durchgeführt werden müsste. Der
Gesetzgeber billigt durch die Ermächtigung, beide Anträge miteinander zu verbinden, dass der Arbeitnehmer den Anspruch auf Teilzeitarbeit bereits geltend
machen kann, ohne dass auch diese Anspruchsvoraussetzung bereits vorliegt.

**2. Antrag auf Verringerung der Arbeitszeit im Wege der Einigung ge-
mäß § 15 Abs. 5 Satz 1 BEEG**

Bei dem Antrag des Arbeitnehmers auf Verringerung der Arbeitszeit und ihre
Ausgestaltung nach § 15 Abs. 5 Satz 1 BEEG handelt es sich um ein Angebot
des Arbeitnehmers gemäß § 145 BGB auf Zustimmung zur befristeten Teilzeit
während der Elternzeit, welches weder an Form- noch an Fristvorschriften gebunden ist.[364] Wird die Elternzeit beendet, leben die Hauptpflichten aus dem Arbeitsverhältnis automatisch ohne weitere Erklärung wieder auf, so dass im Falle
einer Arbeitszeitverringerung während der Elternzeit diese durch die ursprüngliche, vor dieser Zeit bestehende Arbeitsverpflichtung ersetzt wird.[365] Dies ergibt
sich auch aus § 15 Abs. 5 Satz 4 BEEG, wonach der Arbeitnehmer nach der Elternzeit zu der Arbeitszeit zurückkehren kann, die er vor Beginn der Elternzeit
hatte sowie aus § 15 Abs. 6 BEEG, wonach der Anspruch auf Arbeitszeitverringerung nur während der Gesamtdauer der Elternzeit besteht. Da nach dem Ende
der Elternzeit wieder die vor ihrem Beginn vereinbarte Arbeitszeit gilt, steht es
dem Arbeitnehmer auch nicht frei, alternativ in der während der Elternzeit zuletzt ausgeübten vereinbarten Arbeitszeit zu verbleiben.[366] Der Arbeitnehmer hat
jedoch die Möglichkeit, diese zuletzt vereinbarte Arbeitszeitverringerung unter
den Voraussetzungen des § 8 TzBfG gegenüber dem Arbeitgeber durchzusetzen.[367]

---

[363] Seit Inkrafttreten des BEEG am 1.1.2007 befindet sich diese Regelung in
§ 15 Abs. 5 Satz 3 BEEG.

[364] *Leßmann*, DB 2001, 94 (95); *Schell*, Der Rechtsanspruch auf Teilzeitarbeit, S.191; *Sowka*, NZA 2004 82 (83).

[365] ErfK/*Dörner*, § 15 BErzGG, Rn. 36; *Gaul/Wisskirchen*, BB 2000, 2455 (2469); *Preis*,
Arbeitsrecht, S. 591; *Rudolf/Rudolf*, NZA 2002, 602 (604).

[366] MünchArbR/*Heenen*, Ergänzungsband, § 229, Rn. 25.

[367] *Gaul/Wisskirchen*, BB 2000, 2455 (2469).

3. Voraussetzungen der Mitteilung des Anspruches nach § 15 Abs. 7 Satz 1 Nr. 5 BEEG

Die Mitteilung des Anspruches auf Verringerung der Arbeitszeit gegenüber dem Arbeitgeber bedarf zu ihrer Wirksamkeit der Einhaltung verschiedener Voraussetzungen.

a) Schriftformerfordernis

Ein wesentlicher Unterschied zwischen der Mitteilung des Anspruches nach § 15 Abs. 7 Satz 1 Nr. 5 BEEG zu dem Antrag gemäß § 15 Abs. 5 Satz 1 BEEG ist das Schriftformerfordernis. Während der Antrag nach Absatz 5 auch mündlich erfolgen kann, bedarf der Antrag nach Absatz 7 der Schriftform.[368] Beachtet der Arbeitnehmer bei der Geltendmachung des Anspruches auf Teilzeitarbeit nach § 15 Abs. 7 Satz 1 Nr. 5 BEEG dieses Schriftformerfordernis nicht, führt diese automatisch zur Nichtigkeit seiner Erklärung gemäß § 125 BGB.[369]

Es ist nachvollziehbar, dass der Gesetzgeber beim Antrag nach § 15 Abs. 5 Satz 1 BEEG nicht die Einhaltung des Schriftformerfordernisses verlangt, da dieses Verfahren, im Gegensatz zum Verfahren nach § 15 Abs. 7 BEEG, auch sonst nicht an starre Voraussetzungen geknüpft ist.

b) Konkretisierung der Anspruchsmitteilung nach § 15 Abs. 7 Satz 1 Nr. 5 BEEG

Hinsichtlich des Inhalts der Mitteilung wurde das ursprüngliche Bundeserziehungsgeldgesetz durch die Änderungen mit Wirkung zum Jahr 2004 ebenfalls konkretisiert. Während die Fassung des Bundeserziehungsgeldgesetzes aus dem Jahr 2001 keine detaillierten Regelungen hierüber enthielt, sind diese nunmehr in § 15 Abs. 7 Satz 2 BEEG enthalten.[370]

Hiernach muss der Antrag den Beginn und den Umfang der verringerten Arbeitszeit beinhalten.[371] Außerdem muss der Arbeitnehmer die zugunsten des Ar-

---

[368] *Leßmann*, DB 2001, 94 (95); *Rudolf/Rudolf*, NZA 2002, 602 (603).

[369] Palandt/*Heinrichs*, vor § 104, Rn. 27; *Schell*, Der Rechtsanspruch auf Teilzeitarbeit, S.191.

[370] Bis zum Inkrafttreten des BEEG am 1.1.2007 war diese Regelung in § 15 Abs. 7 Satz 2 BErzGG enthalten.

[371] Diese Notwendigkeit wurde bereits vor der expliziten Aufnahme in das Gesetz vereinzelt gefordert (*Sowka*, NZA 2000, 1185 (1187)), während andere dieses Erfordernis ablehnten (*Schell*, Der Rechtsanspruch auf Teilzeitarbeit, S. 193).

beitgebers eingerichtete Vorlaufzeit aus § 15 Abs. 7 Satz 1 Nr. 5 BEEG beachten. Versäumt der Arbeitnehmer diese siebenwöchige Frist, so muss er die Mitteilung wiederholen und der Beginn der veränderten Arbeitszeit verschoben werden.[372]

c) Verteilung der Arbeitszeit

Nach § 15 Abs. 7 Satz 3 BEEG soll auch die gewünschte Verteilung der Arbeitszeit im Antrag angegeben werden. Auf diese Verteilung der Arbeitszeit nach seinen Wünschen hat der Arbeitnehmer jedoch keinen Anspruch, da ein Anspruch nur in Bezug auf die Verringerung an sich besteht.[373]

Das Fehlen dieser Vorschrift wurde bereits bei der Novellierung des Bundeserziehungsgeldgesetzes aus dem Jahr 2001 kritisiert.[374] So enthielt die damaligen Fassung des § 15 Abs. 5 BErzGG lediglich eine Aufforderung, dass sich die Arbeitsvertragsparteien über die Verringerung und ihre Ausgestaltung einigen sollen, während Absatz 7 keinerlei die Verteilung betreffenden Regelungen enthielt. Diese Vorschrift wurde durch die Änderung des Bundeserziehungsgeldgesetzes mit Wirkung zum Jahr 2004 teilweise an die in § 8 Abs. 2 TzBfG befindliche Regelung angepasst. In § 15 Abs. 7 Satz 3 BErzGG wurde mit aufgenommen, dass der Antrag des Arbeitnehmers auf Arbeitszeitverringerung die gewünschte Verteilung der Arbeitszeit enthalten soll. Bei dieser Regelung, die sich nunmehr in § 15 Abs. 7 Satz 3 BEEG befindet, handelt es sich jedoch lediglich um eine sogenannte „Soll-Vorschrift", die nach ihrem Wortlaut keinen Anspruch auf eine bestimmte vertragliche Festlegung der verringerten Arbeitszeit begründet.[375]

Im Bundeselterngeld- und Elternzeitgesetz besteht demnach auch weiterhin gerade kein Anspruch auf Verteilung der Arbeitszeit, wie dies in § 8 Abs. 4 Satz 1 TzBfG der Fall ist, wonach der Arbeitgeber die Verteilung der Arbeitszeit

---

[372] *Gaul/Wisskirchen*, BB 2000, 2466 (2468); *Lindemann/Simon*, NJW 2001, 258 (261); BT-Drs. 14/3553, S. 22; a.A. ErfK/*Dörner*, § 15 BErzGG, Rn. 23, nach dessen Ansicht die Nichtbeachtung der Frist nicht zur Unwirksamkeit des Antrages insgesamt führe, da es ausreiche, wenn sich der Arbeitgeber zum gesetzlich vorgesehenen Zeitpunkt mit der Reduzierung der Arbeitspflicht einverstanden erkläre.

[373] ErfK/*Dörner*, § 15 BErzGG Rn. 19; *Hanau/Adomeit*, Arbeitsrecht, Rn. 679, 683; Leßmann, DB 2001, 94 (96f.); *Reiserer/Lemke*, MDR 2001, 241 (245); *Rudolf/Rudolf*, NZA 2002, 602 (605); *Schell*, Der Rechtsanspruch auf Teilzeitarbeit, S. 193.

[374] Leßmann, DB 2001, 94 (96f.).

[375] BAG Urt. v. 9.5.2006, Az.: 9 AZR 278/05, NZA 2006, 1413.

entsprechend den Wünschen des Arbeitnehmers festzulegen hat, sofern betriebliche Gründe nicht entgegenstehen.[376]

V. Mögliche Reaktionen des Arbeitgebers

Bei der Reaktion des Arbeitgebers auf das Teilzeitbegehren des Arbeitnehmers ist zwischen dessen Antrag auf Verringerung der Arbeitszeit im Wege der einvernehmlichen Einigung gemäß § 15 Abs. 5 BEEG und dessen Antrag auf Verringerung der Arbeitszeit gemäß § 15 Abs. 7 Satz 1 Nr. 5 BEEG zu differenzieren.

1. Antrag auf einvernehmliche Einigung über die Arbeitszeitverringerung gemäß § 15 Abs. 5 BEEG

Wie bereits dargestellt[377], setzt der Anspruch auf Verringerung der Arbeitszeit gemäß § 15 Abs. 7 Satz 1 Nr. 5 BEEG voraus, dass der Arbeitnehmer zunächst versucht hat, mit dem Arbeitgeber eine einvernehmliche Einigung über die gewünschte Arbeitszeitverringerung und deren Ausgestaltung herbeizuführen. Im Unterschied zu einem Antrag nach § 15 Abs. 7 Satz 1 Nr. 5 BEEG, dessen Erfolg die Erfüllung der Voraussetzungen des § 15 Abs. 7 BEEG erfordert, kann der Arbeitgeber einem Antrag nach § 15 Abs. 5 Satz 1 BEEG auch entsprechen, wenn eine oder mehrere der in Absatz 7 genannten Voraussetzungen nicht gegeben sind, oder diesen ohne Begründung ablehnen.[378]

Als mögliche Reaktion des Arbeitgebers kommt bei diesem Antrag demzufolge in Betracht, dass der Arbeitgeber dem Antrag des Arbeitnehmers vollumfänglich entspricht oder diesen vollumfänglich oder teilweise ablehnt.

---

[376] Vgl. hierzu *Gaul/Wisskirchen*, BB 2000, 2466 (2468); *Reiserer/Lemke*, MDR 2001, 241 (245); *Rudolf/Rudolf*, NZA 2002, 602 (604), die der Ansicht sind, dass es dem Arbeitgeber obliege, die Verteilung der verringerten Arbeitszeit während der Elternzeit eigenverantwortlich festzulegen; a.A. *Sowka*, NZA 2000, 1185 (1189); *Sowka*, NZA 2004, 82 (83). Während *Hansen* die Meinung vertritt, es seien für eine Ablehnung des vom Arbeitnehmer geäußerten Verteilungswunsches in Bezug auf die während der Elternzeit durchzuführende Teilzeit bereits sachliche Gründe ausreichend (Hansen/Kelber/Zeißig-Hansen, Neues Arbeitsrecht, A. III. Rn. 325), entschied das Bundesarbeitsgericht mit Urteil vom 9.5.2006, dass trotz fehlender expliziter Regelung, welche Gründe zur Abwehr des Verteilungswunsches erforderlich seien, das Vorliegen dringender betrieblicher Gründe notwendig sei (BAG Urt. v. 9.5.2006, Az.: 9 AZR 278/05, NZA 2006, 1413ff.). Vgl. hierzu im Einzelnen die Ausführungen unter Teil II B. V. 2. b).
[377] Vgl. hierzu Teil II B. IV.1.
[378] ErfK/*Dörner*, § 15 BErzGG, Rn. 18.; *Rudolf/Rudolf*, NZA 2002, 602 (603).

a) Einigung der beiden Arbeitsvertragsparteien

Einigen sich Arbeitnehmer und Arbeitgeber innerhalb von vier Wochen über die vom Arbeitnehmer beantragte Arbeitszeitverringerung und ihre Ausgestaltung, ist die Geltendmachung des Anspruches nach § 15 Abs. 7 Satz 1 Nr. 5 BEEG nicht mehr notwendig. Da in der Vorschrift explizit von der Ausgestaltung der verringerten Arbeitszeit die Rede ist, sollten die Parteien möglichst auch eine Einigung über diesen Aspekt treffen.

Obgleich der Arbeitgeber bei seiner Entscheidung nach § 15 Abs. 5 Satz 1 BEEG nicht daran gebunden ist, dass die in Absatz 7 genannten Voraussetzungen vorliegen, darf dennoch kein Verstoß gegen andere Vorschriften des Bundeselterngeld- und Elternzeitgesetzes, wie beispielsweise § 15 Abs. 4 BEEG, wonach die wöchentliche Arbeitszeit maximal 30 Stunden betragen darf, durch die Vereinbarung der Arbeitsvertragsparteien hervorgerufen werden.[379]

Haben sich die Arbeitsvertragsparteien über eine Teilzeitvereinbarung geeinigt, handelt es sich nicht um ein anderes, neues Arbeitsverhältnis, sondern um das eine einheitliche Arbeitsverhältnis mit einer neuen, vorübergehend geltenden anderen Arbeitsbedingung.[380] Das Bestehen eines neuen zusätzlichen Arbeitsverhältnisses wäre nur dann zu bejahen, wenn die Rechtsbeziehung der Parteien völlig neu geordnet würde.[381] Dies ist jedoch nicht der Fall, wenn die Grundlagen der Entgeltzahlung und der Arbeitsleistung vorübergehend lediglich vermindert und ansonsten im Ergebnis unverändert bestehen bleiben.[382]

Als Folge dieser Einigung über die vorübergehende Änderung der Arbeitsbedingungen sind beide Arbeitsvertragsparteien nach dem Grundsatz pacta sunt servanda an die Vereinbarung für die Dauer des übereingekommenen Zeitraumes gebunden und können demzufolge Änderungen nur einvernehmlich, nicht jedoch einseitig, vornehmen.[383] Es steht dem Arbeitnehmer aber frei, zunächst nur für einen begrenzten Zeitraum eine Teilzeitbeschäftigung zu verlangen und nach Ablauf dieses Zeitraums in einem zweiten Schritt um eine erneute Teilzeitbeschäftigung nachzusuchen, nicht aber, eine einmal getroffene Entscheidung während der laufenden Teilzeitbeschäftigung zu revidieren.[384] Diese Fallkonstel-

---

[379] *Rudolf/Rudolf,* NZA 2002, 602 (603).
[380] ErfK/*Dörner,* § 15 BErzGG, Rn. 37; *Rudolf/Rudolf,* NZA 2002, 602 (603).
[381] BAG Urt. v. 23.4.1996, AP BErzGG § 17 Nr. 7.
[382] BAG Urt. v. 23.4.1996, AP BErzGG § 17 Nr. 7.
[383] *Lindemann/Simon,* NJW 2001, 258 (261); *Peters-Lange/Rolfs,* NZA 2000, 682 (686); *Schell,* Der Rechtsanspruch auf Teilzeitarbeit, S. 212.
[384] *Peters-Lange/Rolfs,* NZA 2000, 682 (686).

lation unterscheidet sich insoweit von der zuvor dargestellten Situation[385], in der der Teilzeitanspruch während der Elternzeit geltend gemacht wird, obgleich der Arbeitgeber nicht mit der Geltendmachung gerechnet hat. Denn beim Elternzeitanspruch hat der Arbeitnehmer mit dem Arbeitgeber gerade keine einvernehmliche Einigung dahingehend getroffen, ob und wie viel er arbeiten wird. Dies ist bei der Einigung über die Verringerung der Arbeitszeit jedoch der Fall und an diese Vereinbarung sind damit beide nach den Grundsätzen des Vertragsrechtes gebunden.[386]

b)   Fehlende Einigung der beiden Arbeitsvertragsparteien

Einigen sich Arbeitnehmer und Arbeitgeber innerhalb von vier Wochen nicht über die vom Arbeitnehmer beantragte Arbeitszeitverringerung und deren Ausgestaltung nach § 15 Abs. 5 BEEG, so hat der Arbeitnehmer die Möglichkeit, dem Arbeitgeber seinen Anspruch auf Verringerung der Arbeitszeit gemäß § 15 Abs. 7 Satz 1 Nr. 5 BEEG mitzuteilen.[387]

Als Ursache für die fehlende Einigung kommt sowohl in Betracht, dass die Parteien nur über einzelne Aspekte, wie beispielsweise die Ausgestaltung der verbleibenden Arbeitszeit oder die Stundenzahl, oder insgesamt keinen Konsens über die Arbeitszeitverringerung erreichen können. Einer Begründung durch den Arbeitgeber bedarf es, wie oben dargestellt[388], nicht.[389]

§ 15 Abs. 5 BEEG enthält keine Sanktionen für den Fall, dass eine tatsächliche Verhandlung über das Teilzeitbegehren des Arbeitnehmers nicht zustande kommt.[390] Der fehlende Sanktionscharakter wird auch durch die Ausgestaltung der Vorschrift als sog. „Soll-Vorschrift" bestätigt. Folge der fehlenden Einigung mangels übereinstimmender Willenserklärungen ist, dass es zu keiner Teilzeitvereinbarung kommt und dem Arbeitnehmer der Weg freisteht, seinen Anspruch gemäß § 15 Abs. 7 Satz 1 Nr. 5 BEEG auf Verringerung der Arbeitszeit durchzusetzen.[391]

---

[385] Vgl. zu dieser Problematik die Ausführungen unter Teil II B. I.3.
[386] *Lindemann/Simon*, NJW 2001, 258 (261); *Peters-Lange/Rolfs*, NZA 2000, 682 (686); *Schell*, Der Rechtsanspruch auf Teilzeitarbeit, S. 212.
[387] Zur Verbindung der beiden Anträge vgl. die Ausführungen unter Teil II B. IV; ErfK/*Dörner*, § 15 BErzGG, Rn. 18.
[388] Vgl. hierzu die Ausführungen unter Teil II B. V.1.
[389] ErfK/*Dörner*, § 15 BErzGG, Rn. 18.
[390] *Gaul/Bonanni*, ArbRB 2003, 144 (145).
[391] ErfK/*Dörner*, § 15 BErzGG, Rn. 19.

2. Mitteilung des Anspruches auf Arbeitszeitverringerung gemäß § 15 Abs. 7 Satz 1 Nr. 5 BEEG

Im Falle der fehlenden Einigung der Arbeitsvertragsparteien über den Antrag auf Verringerung der Arbeitszeit und ihre Ausgestaltung nach § 15 Abs. 5 BEEG, kann der Arbeitnehmer sein Teilzeitbegehren durchsetzen, indem er gemäß § 15 Abs. 7 Satz 1 Nr. 5 BEEG seinen Anspruch auf Verringerung der Arbeitszeit schriftlich gegenüber dem Arbeitgeber geltend macht.

Als mögliche Reaktion des Arbeitgebers auf die Geltendmachung des Anspruches durch den Arbeitnehmer kommt in Betracht, dass der Arbeitgeber dem Antrag des Arbeitnehmers vollumfänglich entspricht oder diesen vollumfänglich oder teilweise ablehnt.

a) Arbeitgeber akzeptiert das vom Arbeitnehmer beanspruchte Teilzeitbegehren

Der Arbeitgeber kann gemäß § 15 Abs. 7 Satz 4 BEEG innerhalb einer Frist von vier Wochen die vom Arbeitnehmer beanspruchte Arbeitszeitverringerung akzeptieren. Hält er diese Frist nicht ein, indem er sich nicht rechtzeitig zu dem Begehren des Arbeitnehmers äußert, so besteht die Gefahr, dass der Arbeitnehmer gemäß § 15 Abs. 7 Satz 5 BEEG Klage auf Zustimmung vor den Gerichten für Arbeitssachen erhebt. Im Gegensatz zu § 8 Abs. 5 Satz 2 TzBfG, der im Fall der fehlenden rechtzeitigen Entscheidung des Arbeitgebers eine automatische Verringerung der Arbeitszeit im Wege der gesetzlichen Fiktion vorsieht, ist dies beim Bundeselterngeld- und Elternzeitgesetz nicht der Fall.

Der Arbeitgeber kann das Teilzeitbegehren mündlich annehmen.[392] In § 15 Abs. 7 Satz 4 BEEG heißt es, dass der Arbeitgeber im Falle einer *Ablehnung* des Teilzeitbegehrens diese schriftlich zu begründen hat. Da sich in dieser Vorschrift lediglich eine Regelung für die Ablehnung durch den Arbeitgeber befindet, ist davon auszugehen, dass die Annahmeerklärung formlos gegenüber dem Arbeitnehmer erfolgen kann.[393] Insoweit unterscheidet sich diese Regelung von der Formvorschrift des § 8 Abs. 5 TzBfG, die für die *Entscheidung* über die Verringerung der Arbeitszeit, und damit auch für die positive Entscheidung des Arbeitgebers, die Schriftform festlegt.

Ist der Arbeitgeber mit der vom Arbeitnehmer gemäß § 15 Abs. 7 Satz 3 BEEG möglichst angegebenen Verteilung der reduzierten Arbeitszeit einverstanden, so

---

[392] ErfK-*Dörner*, § 15 BErzGG, Rn. 36; *Gaul/Bonanni*, ArbRB 2003, 144 (146).
[393] ErfK-*Dörner*, § 15 BErzGG, Rn. 36; *Gaul/Bonanni*, ArbRB 2003, 144 (146).

verringert sich diese entsprechend den vom Arbeitnehmer mitgeteilten Wünschen für den von ihm nach § 15 Abs. 7 Satz 2 BEEG beantragten Zeitraum, längstens jedoch bis zur Beendigung der Elternzeit.[394]

b)   Arbeitgeber akzeptiert das vom Arbeitnehmer beanspruchte Teilzeitbegehren unter Ablehnung des Verteilungswunsches

Akzeptiert der Arbeitgeber das Teilzeitbegehren unter Ablehnung der Verteilungswünsche des Arbeitgebers, so ist fraglich, wie sich diese Entscheidung auf den Anspruch des Arbeitnehmers auf Verringerung der Arbeitszeit und deren Verteilung auswirkt.

Im Gegensatz zu § 8 Abs. 4 Satz 1 TzBfG sieht das Bundeselterngeld- und Elternzeitgesetz explizit keinen Anspruch des Arbeitnehmers auf Verteilung der Arbeitszeit nach seinen Wünschen vor.[395] Es ist umstritten, welche Konsequenzen dieser Umstand im Hinblick auf die Verteilung der verringerten Arbeitszeit hat.[396]

aa)   Verteilung der Arbeitszeit durch den Arbeitgeber

Zum einen wird die Auffassung vertreten, die Festlegung der Verteilung der Arbeitszeit erfolge während der Elternzeit durch den Arbeitgeber.[397] § 15 Abs. 7 BEEG enthalte im Gegensatz zu § 8 Abs. 4 TzBfG nur einen An-

---

[394] ErfK-*Dörner*, § 15 BErzGG, Rn. 36; *Gaul/Wisskirchen*, BB 2000, 2466 (2468); *Hanau*, NZA 2001, 1168 (1172).

[395] Vgl. hierzu die Ausführungen unter Teil II B. IV.3.c) sowie: *Gaul/Wisskirchen*, BB 2000, 2466 (2468); *Gaul/Bonanni*, ArbRB 2003, 144 (146); *Hanau*, NZA 2001, 1168 (1172); *Hanau/Adomeit*, Arbeitsrecht, Rn. 679; 683; *Reiserer/Lemke*, MDR 2001, 241 (245); a.A. *Sowka*, NZA 2000, 1185 (1189), der davon ausgeht, dass der Arbeitnehmer nicht nur die Dauer seiner Arbeitszeit, sondern auch die Lage innerhalb der Woche oder eines Zeitraumes bestimmen könne.

[396] Zum Meinungsstreit: *Gaul/Wisskirchen*, BB 2000, 2466ff.; *Gaul/Bonanni*, ArbRB 2003, 144ff.; *Hanau*, NZA 2001, 1168ff.; *Leßmann*, DB 2001, 94ff.; *Lindemann/Simon*, NJW 2001, 258ff.; *Reiserer/Lemke*, MDR 2001, 241ff.; *Sowka*, NZA 2000, 1185 (1189); BAG Urt. v. 9.5.2006, Az.: 9 AZR 278/05, NZA 2006, 1413ff.

[397] So beispielsweise: *Gaul/Wisskirchen*, BB 2000, 2466 (2468); *Gaul/Bonanni*, ArbRB 2003, 144 (146); *Hanau*, NZA 2001, 1168 (1172); *Reiserer/Lemke*, MDR 2001, 241 (245); a.A. *Sowka*, NZA 2000, 1185 (1189), nach dessen Auffassung der Arbeitnehmer im Wesentlichen nicht nur die Dauer seiner Arbeitszeit, sondern auch die Arbeitszeitlage innerhalb einer Woche oder eines anderen Zeitraumes bestimmen könne.

spruch auf Verringerung und gerade nicht auf Verteilung der Arbeitszeit.[398] Es obliege daher dem Arbeitgeber, nach Vorgabe der Dauer der wöchentlichen Arbeitszeit durch den Arbeitnehmer die konkrete Ausgestaltung der Arbeitszeit, also insbesondere die Verteilung auf bestimmte Wochentage, eigenverantwortlich festzulegen.[399] Dieser größere Gestaltungsspielraum des Arbeitgebers sei auch deshalb gerechtfertigt, da dies ein Ausgleich für die strengeren Voraussetzungen sei, die an eine Ablehnung des Teilzeitgesuchs gestellt würden.[400] Entgegenstehende dringende betriebliche Gründe seien vom Arbeitgeber hinsichtlich der Verteilung laut Gesetzestext gerade nicht vorzubringen.[401] Der Arbeitgeber müsse lediglich abweichende Wünsche des Arbeitnehmers in den Grenzen des § 315 BGB berücksichtigen.[402] Dieses arbeitgeberseitige Direktionsrecht dürfe vom Arbeitgeber nur im Rahmen des billigen Ermessens ausgeübt werden.[403]

bb) Verteilung der Arbeitszeit nach Wunsch des Arbeitnehmers in Analogie zu § 8 Abs. 4 TzBfG

Leßmann vertritt die Ansicht, dass ein Anspruch auf Verringerung der Arbeitszeit nicht von der Frage ihrer Verteilung getrennt werden könne.[404] Dies habe der Gesetzgeber im Falle des Anspruches auf Verringerung der Arbeitszeit während der Elternzeit offenbar im Gegensatz zum Verringerungsanspruch nach den Vorschriften des Teilzeit- und Befristungsgesetzes übersehen.[405] Hätte der Arbeitnehmer bei erfolgreicher Durchsetzung seines Teilzeitanspruches keinerlei Einfluss mehr auf die Verteilung der verkürzten Arbeitszeit, so ginge der aus familiären Gründen geschaffene Anspruch auf Arbeitszeitverringerung vielfach ins Leere, da der Arbeitgeber aufgrund seines Rechts zur Verteilung der verkürzten Arbeitszeit eine Verteilung vornehmen könnte, die den Zielen des Elternteils widerspräche.[406]

---

[398] *Gaul/Wisskirchen*, BB 2000, 2466 (2468); *Gaul/Bonanni*, ArbRB 2003, 144 (146); *Hanau*, NZA 2001, 1168 (1172); *Reiserer/Lemke*, MDR 2001, 241 (245); BAG Urt. v. 9.5.2006, Az.: 9 AZR 278/05, NZA 2006, 1413 (1416); a.A. *Sowka*, NZA 2000, 1185 (1189).

[399] *Gaul/Wisskirchen*, BB 2000, 2466 (2468); *Reiserer/Lemke*, MDR 2001, 241 (245).

[400] *Gaul/Bonanni*, ArbRB 2003, 144 (146).

[401] *Lindemann/Simon*, NJW 2001, 258 (262).

[402] *Gaul/Wisskirchen*, BB 2000, 2466 (2468); *Lindemann/Simon*, NJW 2001, 258 (262).

[403] Palandt/*Grüneberg*, § 315 BGB, Rn. 2; BAG Urt. v. 9.5.2006, Az.: 9 AZR 278/05, NZA 2006, 1413.

[404] *Leßmann*, DB 2001, 94 (97).

[405] *Leßmann*, DB 2001, 94 (97).

[406] *Leßmann*, DB 2001, 94 (97).

Aus *Leßmanns* Sicht biete es sich daher an, diese planwidrige Lücke in
§ 15 Abs. 7 BEEG durch analoge Anwendung der Regelungen des Teilzeit- und
Befristungsgesetzes zu schließen.[407]

cc)   Verteilung der Arbeitszeit nach Wunsch des Arbeitnehmers bei Nichtvorliegen entgegenstehender dringender betrieblicher Gründe

Inzwischen entschied der 9. Senat des Bundesarbeitsgerichts in diesem Zusammenhang mit Urteil vom 9. Mai 2006, dass § 15 Abs. 7 Satz 1 Nr. 4 BErzGG
(heute BEEG) zwar keine Regelung enthalte, welche Gründe zur Abwehr des
Verteilungswunsches geltend zu machen seien; es liege jedoch auf der Hand,
dass das Vorliegen dringender betrieblicher Gründe notwendig sei.[408] Andernfalls sei die Durchsetzung des Teilzeitanspruches während der Elternzeit in der
Praxis oft gefährdet.[409] Sofern der Arbeitnehmer wegen seiner familiären Ein-
bindung auf eine bestimmte Lage seiner Arbeitszeit angewiesen sei, gebühre
seinen Interessen regelmäßig der Vorrang gegenüber den arbeitgeberseitigen
Interessen.[410] Könne der Arbeitgeber verlangen, dass sich der Arbeitnehmer in
Elternteilzeit wie jeder andere Arbeitnehmer in das vorgegebene Arbeitszeitmodell einzufügen habe, so würde den gesetzlich anerkannten Interessen des während der Elternzeit in Teilzeit tätigen Arbeitnehmers nicht hinreichend Rechnung getragen.[411]

dd)   Eigene Stellungnahme

Der Auffassung des Bundesarbeitsgerichtes ist zu folgen.

Das Bundeselterngeld- und Elternzeitgesetz verleiht den in Elternzeit befindli-
chen Arbeitnehmern explizit lediglich einen Anspruch auf Verringerung und
nicht auf eine bestimmte Verteilung der Arbeitszeit. Diese Lücke wurde von
Leßmann zwar erkannt und für nicht interessengerecht und damit änderungsbe-
dürftig eingeschätzt[412], eine Analogie zu § 8 TzBfG kommt dennoch nicht in
Betracht. Begehrt der Arbeitnehmer nach § 15 BEEG während der Elternzeit in
Teilzeit zu arbeiten, so beurteilt sich dieser Anspruch ausschließlich nach den
Vorschriften des Bundeselterngeld- und Elternzeitgesetzes. Ein Rückgriff auf

---

[407] *Leßmann*, DB 2001, 94 (97).
[408] BAG Urt. v. 9.5.2006, Az.: 9 AZR 278/05, NZA 2006, 1413 (1416).
[409] BAG Urt. v. 9.5.2006, Az.: 9 AZR 278/05, NZA 2006, 1413 (1416).
[410] BAG Urt. v. 9.5.2006, Az.: 9 AZR 278/05, NZA 2006, 1413 (1417).
[411] BAG Urt. v. 9.5.2006, Az.: 9 AZR 278/05, NZA 2006, 1413 (1417).
[412] *Leßmann*, DB 2001, 94 (97).

die Vorschriften des Teilzeit- und Befristungsgesetzes ist innerhalb dieses Anspruches nicht statthaft.[413]

Das Risiko, welches der fehlende gesetzlich geregelte Anspruch auf Verteilung der Arbeitszeit für den in Elternzeit befindlichen Arbeitnehmer in sich birgt, hat der 9. Senat des Bundesarbeitsgerichts erkannt.[414] Durch den mangelnden Einfluss des Arbeitnehmers auf die Verteilung der Arbeitszeit besteht die Gefahr, dass dem Arbeitnehmer die Vereinbarkeit von Familie und Beruf trotz der erfolgreichen Durchsetzung des Teilzeitbegehrens nicht gelingt.[415] So ist es denkbar, dass die vom Arbeitgeber festgelegte Arbeitszeit nicht mit den familiären Verpflichtungen – insbesondere der Kinderbetreuung – in Einklang zu bringen und die Arbeit für den Arbeitnehmer auch in Teilzeit dadurch nicht realisierbar ist. Dies wäre insbesondere zu befürchten, wenn die Verteilung der Arbeitszeit durch den Arbeitgeber im Wege des arbeitgeberseitigen Direktionsrechtes im Rahmen des billigen Ermessens vorgenommen werden könnte.

Sinn und Zweck des Bundeselterngeld- und Elternzeitgesetzes ist es, die Vereinbarkeit von Familie und Beruf zu fördern. Es entspricht daher der Intention des Gesetzes, dass das Bundesarbeitsgericht im Wege der Überprüfung des arbeitgeberseitigen Weisungsrechtes relativ strenge Maßstäbe anlegt und nur das Vorliegen *dringender betrieblicher Gründe* ausreichen lässt. Dies ist notwendig, um dem mit dem Bundeselterngeld- und Elternzeitgesetz bezweckten Schutz der Familie gemäß Art. 6 GG und den besonders schützenswerten arbeitnehmerseitigen Interessen während der Elternzeit gerecht zu werden.

c)   Ablehnung des Teilzeitbegehrens durch den Arbeitgeber

Der Arbeitgeber darf den Anspruch des Arbeitnehmers auf Verringerung seiner Arbeitszeit nur dann ablehnen, wenn dem Anspruch entsprechend § 15 Abs. 7 Satz 1 Nr.4 BEEG dringende betriebliche Gründe entgegenstehen. Der Gesetzgeber stellt hier strengere Anforderungen an den Ablehnungsgrund als dies bei § 8 TzBfG der Fall ist, wo bereits betriebliche Gründe die Ableh-

---

[413] *Schell*, Der Rechtsanspruch auf Teilzeitarbeit, S. 210.
[414] BAG Urt. v. 9.5.2006, Az.: 9 AZR 278/05, NZA 2006, 1413 (1417).
[415] Diesen Umstand kritisieren auch *Hanau/Adomeit*, Arbeitsrecht, Rn. 679, 683, die einen solchen Anspruch während der Elternzeit als viel nötiger erachten als beim Anspruch auf Teilzeit nach dem TzBfG. Sie führen dazu Folgendes aus: *"Im Vergleich zur Elternzeit ist die Regelung verfehlt, bei allem Respekt sei dies nicht verhehlt. Hier bestimmt der Arbeitgeber die Lage der verkürzten Arbeitszeit, auch wenn das Baby noch so schreit. Hoffen wir, dass der Gesetzgeber das bald kapiert und sich selbst korrigiert. Die Babys werden es ihm danken, die Eltern wieder Kräfte tanken."*

nung des Anspruches rechtfertigen. Auf die *dringenden betrieblichen Gründe* soll im folgenden Abschnitt unter Teil II B. VI. näher eingegangen werden.

Gemäß § 15 Abs. 7 Satz 4 BEEG bedarf die Ablehnung des Antrags des Arbeitnehmers auf Verringerung der Arbeitszeit der schriftlichen Begründung des Arbeitgebers.

Liegt eine form- und fristgerechte Ablehnung des Teilzeitverlangens durch den Arbeitgeber vor, so hat der Arbeitnehmer die Möglichkeit, sein Teilzeitbegehren klageweise durchzusetzen.[416] In Betracht kommt hierbei eine Leistungsklage, gerichtet auf die Abgabe einer Willenserklärung des Arbeitgebers in Form der Zustimmung zu einer Vertragsänderung, nämlich der Verringerung der Arbeitszeit.[417] Auch wenn der Arbeitgeber die Ablehnungsfrist versäumt oder deren Form missachtet, tritt eine Fiktion hinsichtlich der Abgabe einer Willenserklärung, so wie dies beim Teilzeitanspruch gemäß § 8 TzBfG der Fall ist, nicht ein.[418]

VI.   Dringende betriebliche Gründe gemäß § 15 Abs. 7 Satz 1 Nr. 4 BEEG als möglicher Ablehnungsgrund

Der Arbeitnehmer hat gegenüber dem Arbeitgeber nur dann einen Anspruch auf Verringerung seiner vertraglich vereinbarten Arbeitszeit während der Elternzeit, wenn diesem Anspruch keine dringenden betrieblichen Gründe gemäß § 15 Abs. 7 Satz 1 Nr. 4 BEEG entgegenstehen. Das Tatbestandsmerkmal *dringende betriebliche Gründe* stellt die bedeutendste Regelung des Verringerungsrechtes nach den Vorschriften des Bundeselterngeld- und Elternzeitgesetzes dar.[419]

---

[416] ErfK/*Dörner*, § 15 BErzGG, Rn. 26; *Gaul/Wisskirchen*, BB 2000, 2466 (2468); *Gaul/Bonanni*, ArbRB 2003, 144 (146); *Gotthardt*, NZA 2001, 1183 (1183); *Grobys/Bram*, NZA 2001, 1175 (1175); *Reiserer/Lemke*, MDR 2001, 241 (244); *Rudolf/Rudolf*, NZA 2002, 602 (603).

[417] *Gotthardt*, NZA 2001, 1183 (1183).

[418] ErfK/*Dörner*, § 15 BErzGG, Rn. 26; *Gaul/Wisskirchen*, BB 2000, 2466 (2468); *Gaul/Bonanni*, ArbRB 2003, 144 (146); *Grobys/Bram*, NZA 2001, 1175 (1175); *Leßmann*, DB 2001, 94 (96); *Reiserer/Lemke*, MDR 2001, 241 (244); *Rudolf/Rudolf*, NZA 2002, 602 (603).

[419] ErfK/*Dörner*, § 15 BErzGG, Rn. 24; *Joussen*, NZA 2005, 336 (337).

1. Rechtsnatur des Tatbestandsmerkmales „dringende betriebliche Gründe" im Sinne des § 15 Abs. 7 Satz 1 Nr. 4 BEEG

Bei dem Tatbestandsmerkmal *dringende betriebliche Gründe* handelt es sich um einen unbestimmten Rechtsbegriff, welcher der Konkretisierung bedarf.[420] Die Gesetzesbegründung zum Bundeserziehungsgeldgesetz in der Fassung von 2001 enthält im Hinblick auf die Bedeutung dieses Tatbestandsmerkmales lediglich einen Verweis auf § 7 Abs. 2 Satz 1 Bundesurlaubsgesetz (BUrlG).[421] Weitere Ausführungen werden in der Gesetzesbegründung nicht gemacht.[422]

Die Auslegung des unbestimmten Rechtsbegriffes *dringende betriebliche Gründe* im Sinne des § 15 Abs. 7 Satz 1 Nr. 4 BEEG wurde während des Gesetzgebungsverfahrens und nach Inkrafttreten des Bundeserziehungsgeldgesetzes umfassend diskutiert.[423] Im Gegensatz zu der Problematik des unbestimmten Rechtsbegriffes der *betrieblichen Gründe* in § 8 TzBfG gibt es zu den Anforderungen, die an § 15 Abs. 7 Satz 1 Nr. 4 BEEG zu stellen sind, bis zum jetzigen Zeitpunkt jedoch nicht eine solche Vielzahl gerichtlicher Entscheidungen.[424]

Rechtsdogmatisch ist die Geltendmachung der dringenden betrieblichen Gründe durch den Arbeitgeber als Einwendung gegen das Teilzeitbegehren des Arbeitnehmers einzuordnen, für deren Vorliegen den Arbeitgeber die Darlegungsverpflichtung trifft.[425]

2. Anforderungen an das Entgegenstehen dringender betrieblicher Gründe im Sinne des § 15 Abs. 7 Satz 1 Nr. 4 BEEG

Überwiegend wird der unbestimmte Rechtsbegriff *dringende betriebliche Gründe* im Sinne des § 15 Abs. 7 Satz 1 Nr. 4 BEEG so ausgelegt, dass an diesen strengere Anforderungen als an die Auslegung des Rechtsbegriffes *betriebliche*

---

[420] MünchArbR/*Heenen*, Ergänzungsband, § 229, Rn. 15.
[421] BT-Drs. 14/3553, S. 22; *Lindemann/Simon*, NJW 2001, 258 (261).
[422] BT-Drs. 14/3553, S. 22.
[423] ErfK/*Dörner*, § 15 BErzGG, Rn. 24f.; *Gaul/Wisskirchen*, BB 2000, 2466 (2467f.); *Gaul/Bonanni*, ArbRB 2003, 144 (145); MünchArbR/*Heenen*, Ergänzungsband, § 229, Rn. 15; *Joussen*, NZA 2005, 336ff.; *Lindemann/Simon*, NJW 2001, 258 (261); *Peters-Lange/Rolfs*, NZA 2000, 682 (686); *Reiserer/Lemke*, MDR 2001, 241 (244); *Reiserer/Penner*, BB 2002, 1962 (1963); *Sowka*, NZA 2000, 1185 (1189).
[424] *Joussen*, NZA 2005, 336 (337).
[425] ErfK/*Dörner*, § 15 BErzGG, Rn. 24.

Gründe im Sinne des § 8 TzBfG zu stellen sind.[426] Im Gegensatz zum Anspruch nach § 8 TzBfG, den der Arbeitnehmer unabhängig von dessen familiärer Situation geltend machen kann, kann sich der Arbeitnehmer bei der Geltendmachung seines Teilzeitanspruches nach § 15 Abs. 7 Satz 1 Nr. 4 BEEG auf das Grundrecht aus Art. 6 GG berufen, so dass der verfassungsrechtlich gewährten Unternehmensfreiheit bei diesem Teilzeitanspruch gewichtige Gründe entgegenstehen und damit tiefere Eingriffe in die unternehmerische Freiheit des Arbeitgebers verfassungsrechtlich gedeckt sind.[427] Die Abwägung dieser beiden kollidierenden verfassungsrechtlich geschützten Güter, der besondere Schutz der Familie und die Unternehmensfreiheit, geht daher häufig zu Lasten des Arbeitgebers.[428] Um das mit dem Teilzeitanspruch während der Elternzeit intendierte Ziel, die Vereinfachung der Vereinbarkeit von Familie und Beruf, tatsächlich zu erreichen, ist der unbestimmte Rechtsbegriff deshalb so eng auszulegen, dass dem grundsätzlich bestehenden Anspruch auf Teilzeitarbeit betriebliche Gründe nur ausnahmsweise entgegenstehen sollen.[429]

Aufgrund des besonderen verfassungsrechtlichen Schutzes der Familie kann vom Arbeitgeber mehr Aufwand zur Verwirklichung des Teilzeitwunsches verlangt werden, als dies beim allgemeinen Teilzeitanspruch nach § 8 TzBfG der Fall ist.[430] Die Gründe müssen objektiv so gewichtig sein, dass sie der gewünschten Arbeitszeitregelung zwingend entgegenstehen.[431] Der Arbeitgeber hat daher alle denkbaren organisatorischen und personellen Maßnahmen zu überprüfen, selbst wenn die Prüfung und Umsetzung der Maßnahmen den Arbeitgeber belasten sollte.[432] Für eine Ablehnung des Teilzeitbegehrens ist es notwendig, dass durch die Elternteilzeit eine Beeinträchtigung des Organisations-

---

[426] So beispielsweise *Ballering*, Die einseitige Änderung von Arbeitsbedingungen, S. 186f.; ErfK/*Dörner*, § 15 BErzGG, Rn. 24; ErfK/*Preis*, § 8 TzBfG, Rn. 24; *Gaul/Wisskirchen*, BB 2000, 2466 (2467); *Gaul/Bonanni*, ArbRB 2003, 144 (145); MünchArbR/ *Heenen*, Ergänzungsband, § 229, Rn. 16; *Preis/Gotthardt*, DB 2001, 145 (147); *Reiserer/Penner*, BB 2002, 1962 (1962); *Schulte*, DB 2001, 2715 (2716); *Sowka*, BB 2001, 935 (936).

[427] ErfK/*Preis*, § 8 TzBfG, Rn. 24; *Reiserer/Penner*, BB 2002, 1962 (1962).

[428] *Schulte*, DB 2001, 2715 (2716). In diesem Zusammenhang problematisiert *Sowka* (BB 2001, 935 (936)), dass aufgrund des verfassungsrechtlich relevanten Eingriffes in die Vertragsfreiheit des Arbeitgebers an die Voraussetzung für die Bejahung des Vorliegens dringender betrieblicher Gründe nicht zu hohe Anforderungen gestellt werden dürften und der Rechtsanspruch deswegen nicht nur in krassen Ausnahmefällen während der Elternzeit abgewehrt werden dürfe.

[429] ErfK/*Dörner*, § 15 BErzGG, Rn. 25.

[430] *Gaul/Bonanni*, ArbRB 2003, 144 (145).

[431] Küttner-*Reinecke*, Elternzeit, Rn. 25.

[432] *Gaul/Bonanni*, ArbRB 2003, 144 (145).

konzepts des Arbeitgebers vorliegt, die trotz der begrenzten Dauer eine unvertretbare betriebswirtschaftliche Belastung darstellt.[433]

Im Rahmen der Auslegung des unbestimmten Rechtsbegriffes *dringende betriebliche Gründe* ist neben den soeben dargestellten Überlegungen problematisch, welche Bedeutung dem in der Gesetzesbegründung vorgenommenen Verweis auf § 7 Abs. 2 BUrlG zukommt. Um den Verweis auf die Regelung im Bundesurlaubsgesetz im Rahmen der Gesetzesbegründung zum Bundeserziehungsgeldgesetz in seiner ursprünglichen Fassung besser nachvollziehen zu können, soll im Folgenden kurz auf die relevanten Vorschriften eingegangen werden.

a)   Auslegung des Tatbestandsmerkmales „dringende betriebliche Gründe" im Sinne des Bundeselterngeld- und Elternzeitgesetzes in Anlehnung an das Bundesurlaubsgesetz

§ 7 BUrlG enthält in seinem ersten Absatz das Tatbestandsmerkmal *dringende betriebliche Belange* und in seinem zweiten und dritten Absatz ist jeweils von *dringenden betrieblichen Gründen* die Rede. Gemäß § 7 Absatz 1 BUrlG ist es erforderlich, bei der Berücksichtigung der Wünsche des Arbeitnehmers im Zusammenhang mit der zeitlichen Festlegung des Urlaubs eine Abwägung der Interessen des Arbeitnehmers und der ggf. entgegenstehenden dringenden betrieblichen Belange sowie der vorrangigen Urlaubswünsche anderer sozial schutzwürdiger Arbeitnehmer vorzunehmen.[434] Im Rahmen dieser Interessenabwägung hat der Arbeitgeber die Urlaubswünsche des Arbeitnehmers vorrangig zu berücksichtigen, es sei denn, dringende betriebliche Belange oder Urlaubswünsche anderer, die unter sozialen Gründen den Vorrang verdienen, stehen entgegen.[435]

Das Vorliegen dringender betrieblicher Belange im Sinn des § 7 BUrlG ist nicht schon dann zu bejahen, wenn die Berücksichtigung des vom Arbeitnehmer geäußerten Wunsches zu Störungen im Betriebsablauf führt, da solche regelmäßig beim Fehlen eines Mitarbeiters auftreten.[436] Die Anforderungen sind jedoch auch nicht so streng zu verstehen, dass betriebliche Belange erst dann vorliegen, wenn dem Betrieb bei Verwirklichung des Urlaubswunsches ein erheblicher

---

[433] *Reiserer/Penner*, BB 2002, 1962 (1964).
[434] Küttner-*Röller*, Urlaubsgewährung, Rn. 13; *Leinemann/Linck*, Urlaubsrecht, § 7 BUrlG, Rz. 32; Neumann/Fenski-*Neumann*, BUrlG, § 7, Rn. 12.
[435] Küttner-*Röller*, Urlaubsgewährung, Rn. 13; Schaub-*Linck*, Arbeitsrechts-Handbuch, § 102, Rn. 61f.
[436] ErfK/*Dörner*, § 7 BUrlG, Rn. 23.

Schaden droht.[437] So ist das Vorliegen dringender betrieblicher Belange zu bejahen, wenn die Urlaubserteilung zugunsten des Arbeitnehmers zu einer erheblichen Beeinträchtigung des Betriebsablaufs führte.[438] Als betriebliche Belange
können beispielsweise saisonbedingte oder krankheitsbedingte Personalengpässe
in Betracht kommen.[439]

Nach § 7 Abs. 2 BUrlG ist der Urlaub zusammenhängend zu gewähren, es sei
denn, dass dringende betriebliche oder in der Person des Arbeitnehmers liegende
Gründe die Teilung des Urlaubs erforderlich machen. Diese Vorschrift knüpft
hinsichtlich der *dringenden betrieblichen Gründe* an die *dringenden betrieblichen Belange* aus § 7 Abs. 1 BUrlG an.[440]

Bezüglich der Auslegung des Tatbestandsmerkmales *dringende betriebliche
Gründe* in § 15 Abs. 7 Satz 1 Nr. 4 BEEG ist fraglich, wie sich der Verweis auf
§ 7 Abs. 2 Satz 1 BUrlG innerhalb der Gesetzesbegründung[441] auswirkt. Als
problematisch wird insbesondere erachtet, dass die Ausgangslage in beiden Gesetzen eine völlig andere sei, so dass durch den Verweis auf diese Vorschrift für
den Rechtsanwender keine Konkretisierung erreicht werde.[442] Während der Arbeitgeber im Urlaubsrecht für einen kurzen, sehr überschaubaren Zeitraum die
Auswirkungen der Abwesenheit des Arbeitnehmers prüfen müsse, müsse er im
Fall einer Teilzeittätigkeit während der Elternzeit diese Auswirkungen für einen
dauerhaften Zeitraum von bis zu drei Jahren eruieren.[443] Es bestehe regelmäßig
ein erheblicher Unterschied zwischen einer völligen Freistellung von der Arbeit,
wie im Rahmen des § 7 Abs. 2 BUrlG, und einer nur partiellen Herabsetzung der
Arbeitszeit.[444]

Aufgrund der Unterschiede in den von den jeweiligen Vorschriften zu regelnden
Fallkonstellationen ist umstritten, inwieweit die zur Anwendung des Bundesur-
laubsgesetzes entwickelten Grundsätze, namentlich die Durchführung einer Interessenabwägung, auch auf die Prüfung der betrieblichen Gründe nach dem Bun-
deselterngeld- und Elternzeitgesetz Anwendung finden können.

---

[437] ErfK/*Dörner*, § 7 BUrlG, Rn. 23; *Leinemann/Linck*, Urlaubsrecht, § 7 BUrlG, Rz. 38.
[438] Küttner-*Röller*, Urlaubsgewährung, Rn. 11; *Preis*, Arbeitsrecht, S. 560.
[439] Schaub-*Linck*, Arbeitsrechts-Handbuch, § 102, Rn. 61f.
[440] *Leinemann/Linck*, Urlaubsrecht, § 7 BUrlG, Rz. 106.
[441] BT-Drs. 14/3553, S. 22.
[442] So beispielsweise MünchArbR/*Heenen*, Ergänzungsband, § 229, Rn. 15; *Leßmann*, DB
       2001, 94 (97); *Lindemann/Simon*, NJW 2001, 258 (260); *Reiserer/Lemke*, MDR 2001,
       241 (244); *Reiserer/Penner*, BB 2002, 1962 (1962); *Sowka*, NZA 2000, 1185 (1189).
[443] *Lindemann/Simon*, NJW 2001, 258 (260); *Sowka*, NZA 2000, 1185 (1189).
[444] *Sowka*, NZA 2000, 1185 (1189).

aa) Durchführung einer Interessenabwägung

Teilweise wird die Ansicht vertreten, aufgrund des Verweises auf § 7 Abs. 2 Satz 1 BUrlG im Rahmen der Gesetzesbegründung zur ursprünglichen Fassung des Bundeserziehungsgeldgesetzes sei bei der Prüfung der Ablehnungsgründe eine Interessenabwägung entsprechend den zu § 7 Abs. 1 BUrlG entwickelten Grundsätzen vorzunehmen.[445] Aufgrund des Adjektivs *dringende* werde deutlich, dass die Versagungsgründe von relativ hohem Gewicht sein müssten.[446] Es seien strenge Voraussetzungen an das Vorliegen der Gründe zu stellen, so dass es wie beim Urlaubsrecht einer am Einzelfall ausgerichteten Interessenabwägung bedürfe.[447] Dabei seien die durch das Teilzeitbegehren hervorgerufenen Beeinträchtigungen des Arbeitgebers zu den individuellen Nachteilen des Arbeitnehmers im Falle einer Ablehnung seines Teilzeitwunsches miteinander ins Verhältnis zu setzen und gegenseitig abzuwägen.[448] Im Rahmen dieser Abwägung sei die Annahme eines deutlichen Überwiegens der Interessen des Arbeitgebers an der Vermeidung einer Teilzeitbeschäftigung erforderlich, um das Vorliegen entgegenstehender dringender betrieblicher Gründe bejahen zu können.[449] Sofern keines der beiden Interessen überwiege, sei den Wünschen des Arbeitnehmers an der Durchsetzung seines Teilzeitbegehrens der Vorrang einzuräumen.[450]

bb) Keine Interessenabwägung

Zum anderen wird die Auffassung vertreten, der Verweis auf das Urlaubsrecht im Rahmen der Gesetzesbegründung zum Bundeserziehungsgeldgesetz sei aufgrund der völlig abweichenden Interessenlage nicht verwertbar.[451] Infolge der grundsätzlich gleichen Regelungsstruktur sei vielmehr eine Parallele zu § 8 Abs. 4 TzBfG zu ziehen, wo eine solche Interessenabwägung überwiegend

---

[445] So beispielsweise, *Gaul/Bonanni*, ArbRB 2003, 144 (145); *Gaul/Wisskirchen*, BB 2000, 2466 (2468); MünchArbR/*Heenen*, Ergänzungsband, § 229, Rn 17; *Peters-Lange/Rolfs*, NZA 2000, 682 (686); *Reiserer /Lemke*, MDR 2001, 241 (244); *Schulte*, DB 2001, 2715 (2716); *Sowka*, NZA 2000, 1185 (1189); *Wiegand*, BErzGG, § 15, Rn. 51.

[446] *Peters-Lange/Rolfs*, NZA 2000, 682 (686).

[447] *Gaul/Bonanni*, ArbRB 2003, 144 (145).

[448] So konkretisieren *Reiserer/Penner*, BB 2002, 1962 (1963), die Anforderungen an die inhaltliche Ausgestaltung einer Interessenabwägung, welche sie im Ergebnis jedoch ablehnen.

[449] *Böttcher*, BErzGG, § 15, Rn. 17; *Gaul/Wisskirchen*, BB 2000, 2466 (2468).

[450] Dörner/Luczak/Wildschütz-*Dörner*, Handbuch Arbeitsrecht, Rn. 2056; *Gaul/Wisskirchen*, BB 2000, 2466 (2468).

[451] *Reiserer/Penner*, BB 2002, 1962 (1962).

unter Hinweis auf Wortlaut und Systematik abgelehnt werde.[452] Es sei daher abzulehnen, die konkrete Situation des Elternteils noch zusätzlich als gesteigerte Anforderung an den Arbeitgeber zuzulassen.[453] Aspekte, wie beispielsweise der Umstand, dass der die Verringerung der Arbeitszeit begehrende Arbeitnehmer alleinerziehend oder auf das Einkommen angewiesen sei, seien deswegen bei der Prüfung, ob der Arbeitgeber dem Begehren stattzugeben habe oder nicht, nicht zu berücksichtigen.[454]

cc)   Eigene Stellungnahme

Im Ergebnis ist der zuerst dargestellten Auffassung zu folgen.

Durch den Anspruch auf Teilzeitarbeit nach dem Bundeselterngeld- und Elternzeitgesetz soll ein besonderer Schutz des verfassungsrechtlich geschützten Bereiches der Familie erreicht werden, so dass hohe Anforderungen an die Ablehnung dieses Anspruches gestellt werden sollten. Bei diesem Anspruch handelt es sich um die Verwirklichung eines lediglich vorübergehenden Teilzeitbegehrens und nicht um eine dauerhafte Verringerung der vertraglich vereinbarten Arbeitszeit. Es ist deshalb notwendig, für diesen begrenzten Zeitraum die spezielle Lebenssituation, in der sich der Arbeitnehmer während der Elternzeit befindet, bei der Entscheidung über die Arbeitszeitverringerung mit zu berücksichtigen.

Die Gesetzesbegründung sollte nicht zu eng und zu nah an deren Wortlaut ausgelegt werden. Durch den Verweis auf das Bundesurlaubsgesetz wollte der Gesetzgeber nochmals die besondere Bedeutung des Anspruches auf Teilzeitarbeit während der ersten Jahre der Elternschaft betonen. Auch wenn sich die von den beiden Vorschriften erfassten Fallkonstellationen im Hinblick auf den Umfang und die Dauer der einzuräumenden Freistellung von der Arbeitsleistung unterscheiden, so ist es sinnvoll und richtig, eine Abwägung der Interessen der Arbeitsvertragparteien bei der Frage, ob dem Teilzeitbegehren dringende betriebliche Gründe entgegenstehen oder nicht, vorzunehmen. Durch eine solche Interessenabwägung ist es möglich, den Sinn und Zweck des Bundeselterngeld- und Elternzeitgesetzes besser erfüllen zu können.[455]

---

[452] *Reiserer/Penner*, BB 2002, 1962 (1963).
[453] *Reiserer/Penner*, BB 2002, 1962 (1963).
[454] *Reiserer/Penner*, BB 2002, 1962 (1963).
[455] So im Ergebnis auch ErfK/*Preis*, § 8 TzBfG, Rn. 25; BAG Urt. v. 15.8.2006, Az.: 9 AZR 30/06, NZA 2007, 259ff., wonach die besonderen Interessen des Arbeitnehmers bei der Entscheidung über die Gewährung einer Arbeitszeitverringerung während der Elternzeit zu berücksichtigen sind.

Bei der vorzunehmenden Interessenabwägung sind die aus einer Verringerung der Arbeitszeit resultierenden konkreten Nachteile für den Arbeitgeber mit den individuellen Nachteilen, die eine Ablehnung des Teilzeitbegehrens für den Arbeitnehmer bedeutete, miteinander ins Verhältnis zu setzen und gegeneinander abzuwägen. Bei dieser Interessenabwägung sind die persönliche Lebenssituation, in der sich der Arbeitnehmer befindet, wie beispielsweise monetäre Aspekte, Rückgriffsmöglichkeiten auf Lebenspartner oder Familienmitglieder bei der Kinderbetreuung, die zeitliche Ausgestaltung, der Umfang und die Flexibilität der Betreuungsmöglichkeiten für die zu umsorgenden Kinder sowie das Alter und die Anzahl der zu betreuenden Kinder zu berücksichtigen. Hierbei wäre es zusätzlich sinnvoll, unterschiedliche Bewertungen, etwa in Abstufungen zwischen familiären Gründen (z.b. Kinderbetreuung) und Freizeitwünschen (z.b. sportliche Aktivitäten, Wochenendgestaltung), vorzunehmen.[456] Diesen arbeitnehmerseitigen Interessen stehen die Interessen des Arbeitgebers gegenüber, trotz der verringerten Arbeitszeit weiterhin einen störungsfreien Ablauf innerhalb seines Betriebes und Unternehmens gewährleisten zu können sowie die Interessen der anderen Arbeitnehmer, nicht durch das Teilzeitbegehren eines Arbeitnehmers in unzumutbarer Weise beeinträchtigt werden zu müssen.

b)   Die Ablehnung des Teilzeitbegehrens rechtfertigende dringende betriebliche Gründe

Anhand der Darstellung einiger Beispielfälle soll im Folgenden gezeigt werden, in welchen Fällen das Vorliegen entgegenstehender betrieblicher Gründe gegebenenfalls bejaht oder verneint werden könnte.

aa)   Entscheidung des Arbeitgebers, auf Teilzeitarbeit zu verzichten

Als möglicher entgegenstehender betrieblicher Grund käme die Entscheidung des Arbeitgebers, grundsätzlich keine Teilzeitarbeitsplätze einzurichten, in Betracht.

Während eine solche unternehmerische Entscheidung des Arbeitgebers noch vor dem Inkrafttreten des Teilzeit- und Befristungsgesetzes nach Auffassung des 2. Senats des Bundesarbeitsgerichts zu akzeptieren und nur auf Willkür und offenbare Unsachlichkeit hin zu überprüfen war, wurde eine Unternehmensentscheidung gegen den Einsatz von Teilzeitarbeitarbeitskräften vom 9. Senat des

---

[456] So *Reiserer/Penner*, BB 2002, 1962 (1963), die eine solche Einteilung als möglichen Prüfungsaufbau im Falle einer Interessenabwägung vorschlagen, diese im Ergebnis jedoch ablehnen.

Bundesarbeitsgerichts nicht als ein die Ablehnung des Teilzeitbegehrens rechtfertigender betrieblicher Grund im Sinne des § 8 TzBfG angesehen.[457]

Diese Entscheidung des Bundesarbeitsgerichts ist aufgrund der bereits aus dem
Wortlaut der Vorschrift resultierenden strengeren Anforderungen erst recht auf
die Auslegung des Begriffes *dringende betriebliche Gründe* nach dem Bundes-
elterngeld- und Elternzeitgesetz zu übertragen. Eine solche Unternehmensentscheidung vermag daher eine Ablehnung des Teilzeitbegehrens des Arbeitnehmers für die Zeit während der Elternzeit durch den Arbeitgeber nicht zu rechtfertigen. Es würde einen Verstoß gegen die gesetzgeberische Intention darstellen, wenn der Arbeitgeber das Ziel des Gesetzgebers, den Schutz von Familien
zu verstärken, dadurch vereiteln könnte, dass er einfach eine dem Ziel des Gesetzes grundsätzlich entgegenstehende unternehmerische Entscheidung treffen
und umsetzen könnte.[458]

bb)   Unteilbarkeit eines Arbeitsplatzes

Handelt es sich bei dem Arbeitsplatz des Arbeitnehmers um einen Arbeitsplatz,
der nicht auf zwei oder mehr Personen aufteilbar ist, so kann hierin ein die Ablehnung des Teilzeitbegehrens rechtfertigender dringender betrieblicher Grund
liegen.[459]

In Betracht kommen hierbei beispielsweise die für die Verwirklichung eines
Projekts erforderliche Sachkunde eines Arbeitnehmers sowie das besondere Ver-
trauensverhältnis zwischen einem Mitarbeiter und einer dritten Person.[460] Wohl
eher teilbar hingegen dürfte beispielsweise der Arbeitsplatz eines Sachbearbei-
ters oder einer Sekretärin sein.[461]

cc)   Fehlende Ersatzkraft

Problematisch sind die Fälle, in denen der Arbeitgeber keine Ersatzkraft für den
verbleibenden Teil der Arbeitszeit finden kann.

Dazu wird die Auffassung vertreten, es stelle einen dringenden betrieblichen
Grund dar, wenn eine dem Berufsbild des Arbeitnehmers entsprechende zusätz-

---

[457] Vgl. hierzu die Ausführungen unter Teil II A. VII. 2.b)aa)(2).
[458] *Lindemann/Simon*, NJW 2001, 258 (262).
[459] *Lindemann/Simon*, NJW 2001, 258 (262).
[460] *Ballering*, Die einseitige Änderung von Arbeitsbedingungen, s. 191f.; *Lindemann/Simon*,
NJW 2001, 258 (262).
[461] *Lindemann/Simon*, NJW 2001, 258 (262).

liche Teilzeitarbeitskraft auf dem für den Arbeitgeber maßgeblichen Arbeitsmarkt nicht zur Verfügung stehe.[462] In den Fällen, in denen gerade die Teilung des Arbeitsplatzes besondere organisatorische Schwierigkeiten aufwerfe, könne der Arbeitgeber den Anspruch ablehnen.[463]

Wie bereits dargestellt, hat der Arbeitgeber besondere Anstrengungen zu unternehmen, um dem Teilzeitbegehren des Arbeitnehmers zu entsprechen. Jedoch sind hierbei nicht die besonderen Schwierigkeiten zu verkennen, die das Finden einer Arbeitskraft, die nur für einen begrenzten Zeitraum und dann auch noch in Teilzeit tätig werden soll, bereiten kann. Es ist daher durchaus denkbar, dass eine Arbeitskraft, die bereit ist, unter diesen Voraussetzungen bei dem Arbeitgeber zu arbeiten, nicht zu finden ist, sondern der Arbeitsplatz nur in Vollzeit befristet zu besetzen wäre. Dieser Umstand würde dann einen die Ablehnung des Teilzeitbegehrens rechtfertigenden Grund darstellen.

C. Verhältnis der Teilzeitansprüche nach dem TzBfG und dem BEEG zueinander

Im Folgenden sollen in einer vergleichenden Betrachtung der beiden Ansprüche auf Verringerung der Arbeitszeit die gravierendsten Unterschiede dargestellt und kommentiert werden. Im Anschluss daran soll diskutiert werden, in welchem Verhältnis die beiden Teilzeitansprüche zueinander stehen.

I. Wesentliche Unterschiede der beiden gesetzlich statuierten Teilzeitansprüche

Die Ansprüche auf Teilzeitarbeit nach dem Teilzeit- und Befristungsgesetz und dem Bundeselterngeld- und Elternzeitgesetz weisen beachtliche Unterschiede sowohl hinsichtlich ihrer Voraussetzungen als auch hinsichtlich ihrer Rechtsfolgen auf.[464]

---

[462] So beispielsweise *Gaul/Wisskirchen*, BB 2000, 2466 (2468); *Lindemann/Simon*, NJW 2001, 258 (262).

[463] *Peters-Lange/Rolfs*, NZA 2000, 682 (686f.).

[464] *Rolfs*, RdA 2001, 129, 138. So kritisiert beispielsweise *Sowka*, FS BAG, 229 (234), dass der Gesetzgeber es nicht verstanden habe, den Rechtsanspruch auf Teilzeitarbeit nach § 15 Abs. 6 und 7 BErzGG (jetzt BEEG) mit dem allgemeinen Rechtsanspruch auf Teilzeit nach dem TzBfG auch nur einigermaßen zu harmonisieren.

1. Zeitliche Mindestdauer und Umfang der Verringerung der Arbeitszeit

Das Teilzeit- und Befristungsgesetz enthält keine Angaben zum Umfang der Arbeitszeitverringerung.[465] Eine Regelung zur Mindestdauer der Verringerung enthält § 8 Abs. 6 TzBfG, wonach die erneute Geltendmachung einer Arbeitszeitverringerung durch den Arbeitnehmer erst nach Ablauf von mindestens zwei Jahren beansprucht werden kann.

Im Gegensatz hierzu enthält § 15 Abs. 7 Satz 1 Nr. 3 BEEG die Regelung, dass die verringerte Arbeitszeit für mindestens zwei Monate einen Umfang von 15-30 Stunden haben soll. Während der Gesamtdauer der Elternzeit kann der Arbeitnehmer gemäß § 15 Abs. 6 BEEG insgesamt zweimal eine Verringerung der Arbeitszeit beanspruchen.

2. Anspruch auf Verteilung der Arbeitszeit nach den Wünschen des Arbeitnehmers

Ein wesentlicher Unterschied zwischen den beiden Ansprüchen auf Teilzeitarbeit nach den Vorschriften des Teilzeit- und Befristungsgesetzes und des Bundeselterngeld- und Elternzeitgesetzes ist, dass § 8 Abs. 4 Satz 1 TzBfG dem Arbeitnehmer nicht nur, wie in § 15 Abs. 7 Satz 1 BEEG, einen Anspruch auf Verringerung der Arbeitszeit einräumt, sondern zusätzlich auch einen Anspruch auf eine seinen Wünschen entsprechende Verteilung dieser Arbeitszeit.[466]

Es ist nicht nachvollziehbar, weshalb die Position des Arbeitnehmers, der sich in der Elternzeit befindet, schwächer ausgestaltet ist als die Position anderer Arbeitnehmer.[467] Denn gerade der Arbeitnehmer, der die Erziehung seiner Kinder übernimmt, wird meist ein größeres Bedürfnis an der Einflussnahme auf die Verteilung der Arbeitszeit haben, als der Arbeitnehmer, der aus anderen privaten Gründen seine Arbeitszeit verkürzt.[468] In der Regel wird die Teilzeittätigkeit ein auf die Infrastruktur der Kinderbetreuung ausgerichtetes Arbeitszeitmodell darstellen müssen, so dass nur die individuelle Mitbestimmung bei Lage, Dauer und Verteilung der Arbeitszeit garantieren kann, dass sich Flexibilisierung in der Erwerbstätigkeit und Zusammenleben mit Kindern vereinbaren lassen.[469]

---

[465] *Backfisch*, BC 2001, 83 (83).
[466] ErfK/*Dörner*, § 15 BErzGG, Rn. 19.
[467] *Hanau/Adomeit*, Arbeitsrecht, Rn. 679, 683; *Leßmann*, DB 2001, 94 (97).
[468] *Hanau/Adomeit*, Arbeitsrecht, Rn. 679, 683; *Leßmann*, DB 2001, 94 (97).
[469] *Straub*, FS Arbeitsgemeinschaft Arbeitsrecht, 183 (186).

Insofern wäre eine Anpassung des Bundeselterngeld- und Elternzeitgesetzes an die Vorschriften des Teilzeit- und Befristungsgesetzes durch die ausdrückliche Aufnahme eines Verteilungsanspruches in den Gesetzestext wünschenswert.[470]

3. Geltendmachung des Teilzeitanspruches durch den Arbeitnehmer

Im Hinblick auf die Geltendmachung des Teilzeitanspruches unterscheiden sich die beiden Ansprüche dadurch, dass der Antrag nach § 8 Abs. 2 TzBfG formlos und damit sogar mündlich gegenüber dem Arbeitgeber geltend gemacht werden kann.[471] Die Geltendmachung des Anspruches auf Teilzeitarbeit nach § 15 Abs. 7 Satz 1 Nr. 5 BEEG hingegen setzt zunächst die erfolglose Durchführung eines formlosen Einigungsverfahrens nach § 15 Abs. 5 BEEG voraus, bevor der Arbeitnehmer seinen Antrag auf Verringerung der Arbeitszeit gegenüber seinem Arbeitgeber dann sogar schriftlich geltend machen muss.[472]

Es ist unverständlich, weshalb der Antrag des Arbeitnehmers auf Verringerung der Arbeitszeit nach § 8 Abs. 2 TzBfG nicht der Schriftform bedarf, während diese beim Antrag nach § 15 Abs. 7 BEEG einzuhalten ist. Der Gesetzgeber stellt hierdurch strengere Anforderungen an die Voraussetzung für den nur während der Elternzeit und damit nur vorübergehend bestehenden Teilzeitanspruch. Der Antrag nach dem Teilzeit- und Befristungsgesetz ist im Gegensatz zum Antrag während der Elternzeit auf Dauer angelegt und ein erneuter Antrag kann erst nach Ablauf der zweijährigen Sperrfrist des § 8 Abs. 6 TzBfG gestellt werden.[473] Der Teilzeitanspruch binnen der Elternzeit führt insgesamt für maximal drei Jahre zu einer Verringerung der Arbeitszeit. Häufig erfolgt die Inanspruchnahme der Teilzeit jedoch lediglich für einen geringeren Zeitraum, da die zu betreuenden Kinder oft zunächst von den Eltern selbst betreut werden und die Eltern deswegen in dieser Zeit gänzlich darauf verzichten, überhaupt erwerbstätig zu sein.[474] Im Ergebnis sind die Auswirkungen beim Teilzeitanspruch während der Elternzeit deshalb in der Regel weniger gravierend als dies beim Teilzeitanspruch nach den Vorschriften des Teilzeit- und Befristungsgesetzes der Fall ist.

---

[470] So auch u.a.: *Hanau/Adomeit*, Arbeitsrecht, Rn. 679, 683; *Leßmann*, DB 2001, 94 (97). Vgl. hierzu die Ausführungen unter Teil II B.V.2.

[471] ErfK/*Preis*, § 8 TzBfG, Rn. 12; *Kliemt*, NZA 2001, 63 (66); Meinel/Heyn/Herms-*Heyn*, TzBfG, § 8, Rn. 35; *Preis/Gotthardt*, DB 2001, 145 (145); *Richardi/Annuß*, DB 2001, 145 (145); *Rolfs*, RdA 2001, 129 (134).

[472] *Leßmann*, DB 2001, 94 (95); *Rudolf/Rudolf*, NZA 2002, 602 (603).

[473] *Hanau/Adomeit*, Arbeitsrecht, Rn. 677.

[474] Statistisches Bundesamt, Leben und Arbeiten in Deutschland, Mikrozensus 2004, S. 35.

Wird gesetzlich ausnahmsweise für ein Rechtsgeschäft die Einhaltung einer bestimmten Form gefordert, so dient diese auch der Klarstellungs- und Beweisfunktion.[475] Um Missverständnisse zu vermeiden, wäre eine solche Beweisfunktion daher auch beim Anspruch nach dem Teilzeit- und Befristungsgesetz hilfreich und wünschenswert. Hierdurch wäre das Entstehen eventueller Missverständnisse zwischen den Arbeitsvertragsparteien vermeidbar. Insofern wäre es sinnvoll, wenn dieses Schriftformerfordernis auch in das Teilzeit- und Befristungsgesetz mit aufgenommen würde.[476]

4.   Entscheidung des Arbeitgebers

Nach § 8 Abs. 5 Satz 1 TzBfG hat der Arbeitgeber dem Arbeitnehmer sowohl seine Entscheidung über die Verringerung der Arbeitszeit und ihre Verteilung spätestens einen Monat vor dem gewünschten Beginn der Verringerung schriftlich mitzuteilen, wobei es einer Begründung nicht bedarf. Erfolgt diese schriftliche Mitteilung nicht innerhalb der Frist, so reduziert sich die Arbeitszeit in dem vom Arbeitnehmer gewünschten Umfang automatisch kraft Gesetzes.

Die vom Arbeitgeber gemäß § 15 Abs. 7 Satz 4 BEEG einzuhaltende Frist für die Entscheidung über das Teilzeitbegehren des Arbeitnehmers beträgt vier Wochen und ist damit nur unwesentlich kürzer. Im Unterschied zum Teilzeit- und Befristungsgesetz bedarf die zustimmende Entscheidung des Arbeitgebers nach dem Bundeselterngeld- und Elternzeitgesetz nicht der Schriftform. Lediglich bei der Ablehnung des Begehrens ist die Schriftform zu beachten und diese schriftlich zu begründen. Ein weiterer erheblicher Unterschied ist, dass das Bundeselterngeld- und Elternzeitgesetz keine gesetzliche Zustimmungsfiktion für den Fall der nicht fristgerechten Entscheidung durch den Arbeitgeber vorsieht. Der Arbeitnehmer wird vielmehr auf den Rechtsweg verwiesen, um seine Ansprüche durchzusetzen.

Es ist nicht nachvollziehbar, weshalb der Arbeitnehmer im Falle der mangelnden Reaktion des Arbeitgebers auf seinen Arbeitszeitverringerungsantrag nach § 15 Abs. 7 BEEG auf den Klageweg verwiesen wird, während das Teilzeit- und Befristungsgesetz in einem solchen Fall eine gesetzliche Zustimmungsfiktion vorsieht. Auch in dieser Fallkonstellation ist der Arbeitnehmer in Elternzeit in der Regel schützenswerter als andere Arbeitnehmer, die die Verringerung ihrer Arbeitszeit begehren.[477] Denn der Teilzeitanspruch ist nur für eine begrenzte Dauer während der ersten Jahre der Kindererziehung vorgesehen und der Ar-

---

[475] MüKo-*Müller-Glöge*, § 8 TzBfG, Rn. 15; Palandt/*Heinrichs*, § 125 BGB, Rn. 2a.
[476] So auch *Schell*, Der Rechtsanspruch auf Teilzeitarbeit, S. 194.
[477] *Hanau/Adomeit*, Arbeitsrecht, Rn. 679.

beitnehmer ist meist gerade in dieser Zeit nach der Geburt des Kindes auf die Arbeitszeitverringerung angewiesen, so dass er regelmäßig ein großes Interesse an einer schnellen Umsetzung seines Begehrens haben wird. Eine schnelle Umsetzung ist jedoch nicht möglich, wenn der Arbeitnehmer zunächst den Klageweg beschreiten muss.

Hier erscheint daher eine Angleichung des Bundeselterngeld- und Elternzeitgesetzes an die Vorschrift des Teilzeit- und Befristungsgesetzes ebenso notwendig zu sein.

5. Mögliche Ablehnungsgründe

Ein wesentlicher Unterschied besteht in den möglichen Ablehnungsgründen des Teilzeitbegehrens durch den Arbeitgeber. So kann der Arbeitgeber nach § 8 Abs. 4 TzBfG den Anspruch auf Teilzeitarbeit ablehnen, wenn *betriebliche Gründe* entgegenstehen, während die Ablehnung nach § 15 Abs. 7 BEEG das Entgegenstehen *dringender betrieblicher Gründe* erfordert.

Der Umstand, dass gemäß § 15 Abs. 7 Satz 1 Nr. 4 BEEG eine Ablehnung des Teilzeitbegehrens durch den Arbeitgeber nur möglich sein soll, wenn *dringende betriebliche Gründe*, und nicht wie bei § 8 TzBfG nur *betriebliche Gründe*, dem Anspruch entgegenstehen, findet seine Rechtfertigung darin, dass es des Schutzes des hohen Verfassungsgutes der Familie bedarf, welche unter dem besonderen Schutz der staatlichen Ordnung gemäß Art. 6 Abs. 1 GG steht.[478] Der verfassungsrechtlich geschützten Position des Arbeitgebers aus Art. 2, 12 GG steht daher beim Teilzeitanspruch im Rahmen der Elternzeit das verfassungsrechtlich besonders geschützte Recht des Arbeitnehmers auf Kindererziehung entgegen.[479] Anders liegt der Fall, wenn der Arbeitnehmer seinen Anspruch auf Teilzeitarbeit nach den Vorschriften des Teilzeit- und Befristungsgesetzes geltend macht. Denn hier steht der verfassungsrechtlich geschützten Position des Arbeitgebers, die vereinbarte Arbeitszeit beizubehalten, keine verfassungsrechtlich geschützte Position des Arbeitnehmers gegenüber, da dieser bereits mit dem ursprünglichen Vertragsabschluss seine Grundrechte aus Art. 2, 12 GG ausgeübt hat.[480]

Sinn und Zweck der Reformierung des damaligen Bundeserziehungsgeldgesetzes mit Wirkung zum Jahr 2001 war es, eine bessere Vereinbarkeit von Familie und Beruf zu erreichen. Dies sollte zum einen durch die flexiblere Gestaltung

---

[478] *Reiserer/Penner*, BB 2002, 1962 (1962); *Schulte*, DB 2001, 2715 (2716).
[479] Meinel/Heyn/Herms-*Heyn*, TzBfG, § 8, Rn. 54.
[480] *Preis/Gotthardt*, DB 2001, 145 (148).

der Elternzeit und zum anderen durch die Einführung eines Anspruches auf Teilzeitarbeit geschehen.[481] Die Neuregelung sollte die Erziehung und Betreuung des Kindes in den ersten Lebensjahren durch eines der beiden Elternteile ermöglichen und fördern.[482] Das Bundeselterngeld- und Elternzeitgesetz stellt damit eine Förderung der verfassungsrechtlich besonders schützenswerten Güter, nämlich der Familie und der Kindeserziehung, dar, so dass die relativ strengen Anforderungen an die die Ablehnung des Teilzeitbegehrens rechtfertigenden Gründe nach § 15 Abs. 7 Satz 1 Nr. 4 BEEG auch in der Intention des Gesetzes an sich ihre Rechtfertigung finden.

Es ist daher nur konsequent, dass aufgrund des besonderen verfassungsrechtlichen Schutzes des Arbeitnehmers in der Elternzeit strengere Anforderungen an eine Ablehnung des Teilzeitbegehrens gestellt werden, als dies beim allgemeinen Teilzeitanspruch nach den Vorschriften des Teilzeit- und Befristungsgesetzes der Fall ist.[483]

II. Verhältnis der Teilzeitansprüche des Teilzeit- und Befristungsgesetzes und des Bundeselterngeld- und Elternzeitgesetzes zueinander

Problematisch ist, ob die Ansprüche auf Verringerung der Arbeitszeit nach dem Teilzeit- und Befristungsgesetz und dem Bundeselterngeld- und Elternzeitgesetz nebeneinander anwendbar sind oder ob sie sich bezüglich ihres Anwendungsbereiches gegenseitig ausschließen. So besteht Uneinigkeit in der Fachliteratur, ob Arbeitnehmer, die sich in der Elternzeit befinden, ausschließlich berechtigt sind, ihren Teilzeitanspruch auf § 15 BEEG zu stützen oder ob es ihnen freisteht, auch während dieses Zeitraumes einen Teilzeitanspruch nach § 8 TzBfG gegenüber ihrem Arbeitgeber geltend zu machen.[484] In den Gesetzen finden sich, mit Ausnahme des § 23 TzBfG, wonach besondere Regelungen über Teilzeitarbeit nach anderen gesetzlichen Vorschriften unberührt bleiben, keine Anhaltspunkte über das Verhältnis der beiden Rechtsvorschriften zueinander.

---

[481] BT-Drs. 14/3553, S. 20.
[482] *Joussen*, NZA 2005, 336 (336).
[483] MüKo-*Müller-Glöge*, § 8 TzBfG, Rn. 26; *Schulte,* DB 2001, 2715 (2716).
[484] ErfK/*Dörner*, § 15 BErzGG, Rn. 28; *Gaul/Bonanni*, ArbRB 2003, 144 (145); *Holwe/Kossens/Pielenz/Räder*, TzBfG, § 8, Rn. 69; *Hanau*, NZA 2001, 1168 (1173); *Kliemt*, NZA 2001, 63 (71); *Lindemann/Simon*, NJW 2001, 258 (263); MüKo-*Müller-Glöge*, § 8 TzBfG, Rn. 1; *Rudolf/Rudolf*, NZA 2002, 602 (605); *Sowka*, BB 2001, 935 (936).

1. Vorschriften des Bundeselterngeld- und Elternzeitgesetzes lex specialis gegenüber dem Teilzeit- und Befristungsgesetz

Teilweise wird die Auffassung vertreten, dass der Teilzeitanspruch nach den Vorschriften des Bundeselterngeld- und Elternzeitgesetzes eine Sonderregelung gemäß § 23 TzBfG darstelle, die lex specialis gegenüber dem Teilzeit- und Befristungsgesetz sei.[485]

Die Regelungen des Bundeselterngeld- und Elternzeitgesetzes zur Teilzeitarbeit gingen für den spezifischen Zeitraum der Elternzeit den allgemeinen Regelungen und Anspruchsvoraussetzungen des Teilzeit- und Befristungsgesetzes vor.[486] Für die Dauer der Elternzeit könne auf den Anspruch nach § 8 TzBfG nicht zurückgegriffen werden, da dieser durch § 15 BEEG verdrängt werde.[487] Die Vorschriften des § 8 TzBfG kämen auch dann nicht zum Tragen, wenn der Arbeitnehmer Teilzeit begehre, die nicht innerhalb des gesetzlichen Arbeitszeitkorridors von 15 bis 30 Stunden liege.[488] Andernfalls widerspräche dies dem gesetzgeberischen Willen, dass der spezielle Teilzeitanspruch nach § 15 BEEG während der Dauer der Elternzeit auch dann nicht verdrängt werde solle, wenn die speziellen Anspruchsvoraussetzungen nicht erfüllt seien.[489]

Mit § 15 BEEG habe demnach eine abschließende Sonderregelung geschaffen werden sollen, die zwar Einschränkungen hinsichtlich des Gestaltungsspielraumes enthalte, welche jedoch durch erleichterte Anspruchsvoraussetzungen ausgeglichen würden.[490]

2. Nebeneinanderstehen der Vorschriften des Bundeselterngeld- und Elternzeitgesetzes und des Teilzeit- und Befristungsgesetzes

Auf der anderen Seite wird die Ansicht vertreten, die Teilzeitansprüche gemäß § 8 TzBfG und § 15 BEEG stünden nebeneinander.[491]

---

[485] So beispielsweise *Gaul/Bonanni*, ArbRB 2003, 144 (145); *Kliemt*, NZA 2001, 63 (71); *Lindemann/Simon*, NJW 2001, 258 (263); *Sowka*, BB 2001, 935 (936).

[486] *Lindemann/Simon*, NJW 2001, 258 (263).

[487] *Gaul/Bonanni*, ArbRB 2003, 144 (145).

[488] *Sowka*, BB 2001, 935 (936).

[489] *Sowka*, BB 2001, 935 (936).

[490] *Gaul/Bonanni*, ArbRB 2003, 144 (145).

[491] So beispielsweise ErfK/*Dörner*, § 15 BErzGG, Rn. *28; Holwe/Kossens/ Pielenz/Räder*, TzBfG, § 8, Rn. 69; *Hanau*, NZA 2001, 1168 (1173); *Hanau/Adomeit*, Arbeitsrecht, Rn. 679; MüKo-*Müller-Glöge*, § 8 TzBfG, Rn. 1; *Rolfs*, RdA 2001, 129 (138); *Rudolf/Rudolf*, NZA 2002, 602 (605).

Obgleich die Vorschrift im Bundeselterngeld- und Elternzeitgesetz lex specialis gegenüber dem Teilzeitanspruch im Teilzeit- und Befristungsgesetz sei, seien die beiden Anspruchsgrundlagen nebeneinander anwendbar.[492] Denn aus dem Verhältnis der Spezialität folge nicht, dass die generelle Norm stets ausgeschlossen sei, sondern der spezielleren Norm komme eine verdrängende Wirkung nur dann zu, wenn sich die Rechtsfolgen der Normen gegenseitig ausschlössen.[493] Es gebe keinen Sachgrund dafür, dass während der Elternzeit ein Anspruch auf Teilzeit nach § 8 TzBfG ausgeschlossen sein solle, da der Anspruch nach dem Bundeselterngeld- und Elternzeitgesetz in einigen Punkten sogar schwächer ausgestaltet sei und der Arbeitnehmer andernfalls keine Möglichkeit hätte, beispielsweise eine Verringerung der Arbeitszeit auf weniger als 15 Stunden oder eine Verteilung der Arbeitszeit nach seinen Wünschen zu erreichen.[494]

Die Anwendbarkeit der beiden Ansprüche nebeneinander werde auch durch verfassungsrechtliche Argumente gestützt.[495] Wie bereits dargelegt, obliegt dem Staat eine besondere Schutzpflicht gegenüber Familien, welche durch das Bundeselterngeld- und Elternzeitgesetz explizit konkretisiert wurde. Art. 6 GG verbiete es, Familien zu diskriminieren, so dass eine Schlechterstellung von Familien infolge der Beschränkung auf die zum Teil schwächer ausgestalteten Rechtspositionen nach dem Bundeselterngeld- und Elternzeitgesetz zu einem Verstoß gegen das Verfassungsrecht führe.[496] Hiernach sei es also nicht ausgeschlossen, dass ein Arbeitnehmer auch während der Elternzeit einen Anspruch auf Teilzeit nach § 8 TzBfG in Anspruch nähme. Zu berücksichtigen sei jedoch, dass ein Vorrang des Bundeselterngeld- und Elternzeitgesetzes dahingehend anzuerkennen sei, dass auch der Anspruch nach dem Teilzeit- und Befristungsgesetz während der Elternzeit nicht über 30 Stunden hinausgehen dürfe.[497]

3. Eigene Stellungnahme

Der zuletzt dargestellten Auffassung ist zu folgen.

Mangels ausdrücklicher Regelungen, wonach der Anspruch auf Teilzeit während der Elternzeit den Anspruch auf Teilzeit nach dem Teilzeit- und Befristungsgesetz ausschließt, bestehen keine Anhaltspunkte dafür, dass Ersterer Letzteren verdrängen sollte. Eine solche Schlussfolgerung lässt sich auch nicht aus

---

[492] ErfK/*Dörner*, § 15 BErzGG, Rn. 28.
[493] *Rudolf/Rudolf*, NZA 2002, 602 (604); *Larenz/Canaris*, Methodenlehre, S. 88.
[494] *Hanau*, NZA 2001, 1168 (1173).
[495] *Rudolf/Rudolf*, NZA 2002, 602 (605).
[496] *Rudolf/Rudolf*, NZA 2002, 602 (605).
[497] *Hanau*, NZA 2001, 1168 (1173); a.A. *Rolfs*, RdA 2001, 129 (138).

dem Umstand ableiten, dass der Anspruch auf Teilzeit nach dem Bundeselterngeld- und Elternzeitgesetz einen spezielleren sachlichen und persönlichen Anwendungsbereich umfasst. Diese Tatsache lässt lediglich den Schluss zu, dass die Arbeitnehmer, die die besonderen Voraussetzungen des Bundeselterngeld- und Elternzeitgesetzes nicht erfüllen, nicht in den Genuss der Privilegien dieses Gesetzes gelangen können. Einen Umkehrschluss dahingehend, dass die Arbeitnehmer, die unter das speziellere Bundeselterngeld- und Elternzeitgesetz fallen, nicht auch noch die Ansprüche aus dem Teilzeit- und Befristungsgesetz geltend machen dürfen, ist weder nachvollziehbar noch zulässig.

Insbesondere unter Berücksichtigung der Intention des Gesetzgebers, die Vereinbarkeit von Familie und Beruf zu fördern und damit den verfassungsrechtlich garantierten Schutz der Familie zu sichern, ist es naheliegend, dass Arbeitnehmern auch während der Elternzeit ein Anspruch auf Teilzeitarbeit nach dem Teilzeit- und Befristungsgesetz neben dem Anspruch auf Teilzeit nach dem Bundeselterngeld- und Elternzeitgesetz zusteht. Wäre dies nicht möglich, so würde dies zu einer Schlechterstellung des Arbeitnehmers in der Elternzeit führen. Dieser könnte dann beispielsweise nicht in den Genuss einer gesetzlichen Fiktion im Falle der fehlenden Zustimmung des Arbeitgebers kommen, wäre nicht berechtigt, weniger als 15 Stunden zu arbeiten und könnte lediglich einen Anspruch auf Teilzeitarbeit durchsetzen, der auf die Dauer der Elternzeit zeitlich begrenzt wäre. Gerade die dauerhafte Verringerung der Arbeitszeit könnte jedoch für Arbeitnehmer, die für die Betreuung ihrer Kinder verantwortlich sind, interessant sein und ihnen eine gewisse Sicherheit auch für die Zeit nach Ablauf der Elternzeit geben, in welcher das Kind auch weiterhin der Betreuung bedarf.

Der Anspruch auf Teilzeit nach dem Teilzeit- und Befristungsgesetz kann somit auch von Arbeitnehmern geltend gemacht werden, die sich in Elternzeit befinden. Diese Arbeitnehmer sind folglich nicht auf die Geltendmachung des Teilzeitanspruches nach den Vorschriften des Bundeselterngeld- und Elternzeitgesetzes beschränkt.

4.   Konsequenzen des Nebeneinanderbestehens der Teilzeitansprüche nach dem Teilzeit- und Befristungsgesetz und dem Bundeselterngeld- und Elternzeitgesetz

Folgt man der Ansicht, dass die Ansprüche nach dem Teilzeit- und Befristungsgesetz und dem Bundeselterngeld- und Elternzeitgesetz nebeneinanderstehen, so ist zu beachten, dass der Arbeitnehmer gegenüber dem Arbeitgeber deutlich machen muss, auf welchen Anspruch er sich im Hinblick auf sein Teilzeitbegehren beruft.[498] Nur so kann der Arbeitgeber wissen, welchen Einwand er dem Begehren des Arbeitnehmers entgegenhalten kann und welche Fristen und Formvorschriften von den Parteien zu beachten sind.[499]

Macht der Arbeitnehmer seinen Anspruch auf Teilzeitarbeit nach § 8 TzBfG während der Elternzeit geltend, so darf die wöchentliche Arbeitszeit gemäß § 15 Abs. 4 BEEG 30 Stunden nicht übersteigen.[500] Wird diese maximale wöchentlich Arbeitszeit überschritten, so könnte sich der Arbeitnehmer nicht mehr weiterhin in der Elternzeit befinden, da die Voraussetzungen hierfür gemäß § 15 Abs. 4 BEEG nicht mehr gegeben wären. Einer Verringerung der Arbeitszeit auf unter 15 Stunden wöchentlich dürfte jedoch nichts entgegenzuhalten sein, da es sich hierbei um eine spezielle Regelung im Rahmen des Anspruches auf Teilzeitarbeit nach dem Bundeselterngeld- und Elternzeitgesetz handelt, welche auf den Anspruch nach dem Teilzeit- und Befristungsgesetz nicht übertragbar ist. Zu berücksichtigen ist jedoch, dass bei einer Geltendmachung des Teilzeitanspruches nach § 8 TzBfG dieser zwingend den Vorschriften des Teilzeit- und Befristungsgesetzes unterliegt.[501] Dies hat unter anderem zufolge, dass eine Ablehnung aus betrieblichen Gründen möglich ist, die zweijährige Sperrfrist eintritt etc.

D.   Fazit

Dieser Teil der Arbeit befasst sich mit den einzelnen Voraussetzungen für einen Anspruch auf Verringerung der Arbeitszeit nach den Vorschriften des Teilzeit- und Befristungsgesetzes und des Bundeselterngeld- und Elternzeitgesetzes. Des Weiteren werden die Unterschiede der beiden Ansprüche herausgearbeitet sowie das Verhältnis der Ansprüche zueinander diskutiert.

Der Anspruch auf Teilzeitarbeit nach § 8 TzBfG verleiht dem Arbeitnehmer ausdrücklich sowohl einen Anspruch auf Verringerung der Arbeitszeit als auch einen Anspruch auf wunschgemäße Verteilung der Arbeitszeit. Eine isolierte Geltendmachung des Verteilungswunsches ist aufgrund seiner Qualifikation als unselbständiger Annex des Verringerungsanspruches nicht möglich. Der Arbeitnehmer ist nicht verpflichtet, seine Verteilungswünsche mitzuteilen. Besteht

---

[498] ErfK/*Dörner*, § 15 BErzGG, Rn. 28; *Rolfs*, RdA 2001, 129 (138).
[499] ErfK/*Dörner*, § 15 BErzGG, Rn. 28; *Rolfs*, RdA 2001, 129 (138).
[500] *Hanau*, NZA 2001, 1168 (1173); a.A. *Rolfs*, RdA 2001, 129 (138).
[501] *Rudolf/Rudolf*, NZA 2002, 602 (606); *Rolfs*, RdA 2001, 129 (138).

zwischen dem Verringerungs- und Verteilungsanspruch keine konditionale Verknüpfung, so kann der Arbeitgeber der Verringerung der Arbeitszeit an sich zustimmen und den Verteilungswunsch ablehnen, sofern betriebliche Gründe diesem entgegenstehen. Das umstrittenste Tatbestandsmerkmal sind die, die Ablehnung des Teilzeitbegehrens rechtfertigenden *betrieblichen Gründe*. Um den Anspruch auf Teilzeit nicht ins Leere gehen zu lassen, ist es erforderlich, relativ hohe Anforderungen an diesen unbestimmten Rechtsbegriff zu stellen. In diesem Zusammenhang wurde vom Bundesarbeitsgericht die sog. 3-Stufen-Theorie entwickelt.

Der Anspruch auf Verringerung der Arbeitszeit nach § 15 BEEG kann nur während der Elternzeit geltend gemacht werden. Er umfasst explizit lediglich die Verringerung der Arbeitszeit an sich und nicht deren Verteilung. Die Parteien sollen sich möglichst in einem formlosen Verfahren gemäß § 15 Abs. 5 BEEG einigen und ein Verfahren nach § 15 Abs. 7 BEEG nur dann durchführen, wenn eine solche formlose Einigung nicht zu erreichen ist. Problematisch ist die Definition des unbestimmten Rechtsbegriffes *dringende betriebliche Gründe*, die den Arbeitgeber zur Ablehnung des Teilzeitbegehrens berechtigen können. Einigkeit besteht dahingehend, dass an dieses Tatbestandsmerkmal strengere Anforderungen als an die betrieblichen Gründe aus § 8 TzBfG zu stellen sind. Es erscheint daher naheliegend, anders als beim Teilzeitanspruch nach dem Teilzeit- und Befristungsgesetz, die Durchführung einer Interessenabwägung unter Berücksichtigung der konkreten Situation des Arbeitnehmers und der aus dem Teilzeitbegehren für den Arbeitgeber resultierenden Nachteile vorzunehmen. Ein expliziter Anspruch auf Verteilung der Arbeitszeit nach den Wünschen des Arbeitnehmers ist in § 15 BEEG nicht vorgesehen. Dennoch fordert das Bundesarbeitsgericht auch für die Ablehnung des Verteilungswunsches das Vorliegen dringender betrieblicher Gründe.

Die beiden Ansprüche auf Verringerung der Arbeitszeit nach dem Teilzeit- und Befristungsgesetz und dem Bundeselterngeld- und Elternzeitgesetz weisen einige Unterschiede auf, wobei diese nicht alle nachvollziehbar sind. Es wäre insoweit wünschenswert, eine Angleichung einiger Regelungen vorzunehmen.

Die Teilzeitansprüche nach dem Teilzeit- und Befristungsgesetz und dem Bundeselterngeld- und Elternzeitgesetz stehen nebeneinander. Macht der Arbeitnehmer einen Teilzeitanspruch nach § 8 TzBfG während der Elternzeit geltend, so sind jedoch die speziellen Vorschriften des Bundeselterngeld- und Elternzeitgesetzes, wie beispielsweise die maximale Wochenarbeitszeit für die Dauer der Elternzeit, zu beachten. Einen Anspruch auf Teilzeitarbeit nach § 8 TzBfG während der Elternzeit hat der Arbeitnehmer nur dann, wenn er hierfür die Voraussetzung nach den Vorschriften des Teilzeit- und Befristungsgesetzes erfüllt.

Teil III: **Die Ansprüche auf Teilzeit und die Gleichbehandlungsrichtlinie 2002/73/EG**

In der Bundesrepublik Deutschland wird die Verringerung der Arbeitszeit überwiegend von Frauen beansprucht und realisiert.[502] Aus diesem Grund ist es notwendig und ein wesentlicher Schwerpunkt dieser Untersuchung, die beiden in dieser Arbeit näher dargestellten Ansprüche auf Teilzeitarbeit nach dem Teilzeit- und Befristungsgesetz und dem Bundeselterngeld- und Elternzeitgesetz dahingehend zu überprüfen, ob diese dem Rechtsgedanken und den Erfordernissen der europarechtlichen Vorgaben zur Verwirklichung des Grundsatzes der Chancengleichheit und Gleichbehandlung von Frauen und Männern in Arbeits- und Beschäftigungsfragen entsprechen und mit diesen vereinbar sind.

Insbesondere wird zu untersuchen sein, ob die beiden Teilzeitansprüche, die den Arbeitnehmern eine flexiblere Arbeitszeitgestaltung ermöglichen sollen, in der Praxis gegebenenfalls zu einer unmittelbaren oder mittelbaren Diskriminierung von Frauen auf dem Arbeitsmarkt führen. Diese Diskriminierung könnte etwa aufgrund zurückhaltender Einstellungsbereitschaft seitens der Arbeitgeber gegenüber jungen Frauen hervorgerufen werden. Dies würde bedeuten, dass die eigentlich mit diesen Ansprüchen intendierte Begünstigung faktisch in eine Benachteiligung von Frauen umschlüge.

A.   Vereinbarkeit des nationalen Rechtes mit dem europäischen Gemeinschaftsrecht

Um nachvollziehen zu können, weshalb eine Prüfung der Vereinbarkeit der Teilzeitansprüche gemäß § 8 TzBfG und § 15 BEEG mit den europarechtlichen Vorgaben zur Gleichbehandlung von Mann und Frau im Berufsleben überhaupt erforderlich ist, bedarf es einer kurzen Darstellung der Rechtsnatur europarechtlicher Normen sowie des Verhältnisses des europäischen Gemeinschaftsrechts gegenüber dem nationalen Recht der europäischen Mitgliedstaaten und damit der Bundesrepublik Deutschland.

---

[502] Vgl. hiezu die Darstellung der statistischen Daten unter Teil I A. II., wonach 85 % aller in Teilzeit tätigen Arbeitnehmer im Jahr 2004 Frauen waren.

I.   Europarechtliche Normen

Bei den Rechtsquellen der europäischen Gemeinschaft wird zwischen dem primären und dem sekundären Gemeinschaftsrecht unterschieden. Unter den Begriff des primären Gemeinschaftsrechts fallen hauptsächlich die Gemeinschaftsverträge, während das sekundäre Gemeinschaftsrecht insbesondere die aus der
EG-Rechtsetzungsgewalt abgeleiteten Verordnungen, Richtlinien und Entscheidungen umfasst.[503]

Das Primärrecht regelt überwiegend Zielvorgaben für die Mitgliedstaaten,
Kompetenzregeln und sonstige institutionelle Vorschriften.[504] Beim Sekundärrecht handelt es sich um Rechtsquellen, die von den Organen der Europäischen
Gemeinschaft selbst erlassen werden.[505] Verordnungen haben gemäß
§ 249 Abs. 2 EG unmittelbare Geltung in jedem Mitgliedstaat. Im Gegensatz
hierzu kommt einer Richtlinie gemäß § 249 Abs. 3 EG in der Regel lediglich
unmittelbare Rechtswirkung im Verhältnis zu den Mitgliedstaaten zu, welche
verpflichtet sind, dass mit der Richtlinie bezweckte Ziel bei freier Wahl der
Form und Mittel in nationales Recht umzusetzen.[506]

II.   Vorrang des europäischen Gemeinschaftsrechts gegenüber dem nati-
onalen Recht

Fraglich ist, in welchem Verhältnis das Europarecht zu den nationalen Vorschriften der europäischen Mitgliedstaaten steht.

---

[503] *Oppermann*, Europarecht, § 6, Rn. 11; *Streinz,* Europarecht, Rn. 405, 423.

[504] ErfK/*Wissmann*, Vertrag zur Gründung der Europäischen Gemeinschaft, Rn. 7.

[505] *Preis*, Arbeitsrecht, S. 112; *Schiek*, Europäisches Arbeitsrecht, S. 85ff.; *Streinz,* Europarecht, Rn. 405, 423.

[506] Vgl. zur unmittelbaren Rechtwirkung von Richtlinien bei fehlender Umsetzung durch die
Mitgliedstaaten bei staatlicher Beteiligung: *Schmidt*, Das Arbeitsrecht der Europäischen
Gemeinschaft, Teil I, Rn. 53; *Klumpp*, NZA 2005, 848 (849); EuGH Urt. v. 17.12.1970,
Rs. 33/70 (S.P.A. SACE), Slg. 1970, 1213. Zur unmittelbaren Rechtswirkung von Richt-
linien zwischen Privaten vgl.: *Preis*, NZA 2006, 401ff.; *Thüsing*, ZIP 2005, 2149ff.;
EuGH v. 22.1.2005, (Mangold), NZA 2005, 1345; *Thüsing*, Diskriminierungsschutz,
Rn.40.

1. Rechtsprechung des Europäischen Gerichtshofes zum Vorrang des Europarechts

Nach Auffassung des Europäischen Gerichtshofes geht das europäische Gemeinschaftsrecht dem Recht der Mitgliedstaaten ohne Einschränkung vor.[507]

So entschied der Europäische Gerichtshof beispielsweise, dass der bis dahin in Art. 12a Abs. 4 GG normierte Ausschluss von Frauen am Dienst mit der Waffe der Gleichbehandlungsrichtlinie 76/207/EWG zu weichen hatte.[508] Das Gemeinschaftsrecht geht hiernach jedem nationalen Recht, einschließlich des Verfassungsrechts und der Grundrechte, vor. Aufgrund des sog. *Grundsatzes des Vorrangs des Gemeinschaftsrechts* werden daher Normenkonflikte vom Europäischen Gerichtshof zugunsten des Gemeinschaftsrechts gelöst; denn mittels des EG-Vertrages wurde eine eigene Rechtsordnung der Gemeinschaft geschaffen, welche in die Rechtsordnungen der Mitgliedstaaten aufgenommen wurde und von ihren Gerichten anzuwenden ist.[509]

2. Einschränkende Ansicht des Bundesverfassungsgerichts

Das Bundesverfassungsgericht folgt dieser Auffassung mit der Einschränkung, dass im Grundrechtsbereich der nach Maßgabe des Grundgesetzes bestehende Rechtsschutz nur dann entfallen solle, solange stattdessen eine gemeinschaftsrechtliche Grundrechtsgeltung gewährleistet sei.[510] Im Jahr 2000 nahm das Bundesverfassungsgericht auf diesen sog. „Solange II-Beschluss" nochmals Bezug.[511] Das Gericht führte hierzu aus, dass Verfassungsbeschwerden und Vorlagen von Gerichten, die eine Verletzung in Grundrechten des Grundgesetzes durch sekundäres Gemeinschaftsrecht geltend machen, von vornherein unzulässig seien, wenn ihre Begründung nicht darlege, dass die europäische Rechtsentwicklung, einschließlich der Rechtsprechung des Europäischen Gerichtshofes, nach Ergehen der Solange II-Entscheidung unter den erforderlichen Grundrechtsstandard abgesunken seien.[512]

---

[507] EuGH v. 15.6.1964, Rs. 6/64 (Costa), Slg. 1964, 1251; EuGH v. 22.10.1998, Rs. C-10/97 (IN.CO.GE`90), 1998, I 6307; EuGH v. 11.1.2000, Rs. C-285/98 (Kreil), Slg. 2000, I-69; *Geiger*, Grundgesetz und Völkerrecht, § 44 Abs. V.1; *Schiek*, Nachtarbeitsverbot für Arbeiterinnen, S. 292; *Schiek*, Europäisches Arbeitsrecht, S. 85ff.; *Streinz*, Europarecht, Rn. 216.

[508] EuGH v. 11.1.2000, Rs. C-285/98 (Kreil), Slg. 2000, I-69.

[509] *Schmidt*, Das Arbeitsrecht der Europäischen Gemeinschaft, Teil I, Rn. 49.

[510] BVerfG, Beschl. v. 22.10.86, Az.: 2 BvR 197/83 (Solange II-Beschluss).

[511] BVerfG, Beschl. v. 7.6.2000, Az.: 2 BvL/97(Bananenmarkt-Beschluss)

[512] BVerfG, Beschl. v. 7.6.2000, Az.: 2 BvL/97(Bananenmarkt-Beschluss)

3. Eigene Stellungnahme

Würde der Vorrang des Gemeinschaftsrechtes verneint, so würde dies dem Sinn und Zweck der europäischen Rechtsordnung widersprechen. Denn dies hätte zufolge, dass die innerhalb des Vertrages formulierten Ziele und die Durchsetzung der Vorschriften, zu deren Einhaltung sich die einzelnen Staaten aufgrund ihrer Mitgliedschaft in der Europäischen Gemeinschaft verpflichtet haben, nicht sichergestellt werden könnten. Aus diesem Grund erscheint es sinnvoll, dass die Auffassung des Europäischen Gerichtshofes, im Hinblick auf den Vorrang des Europarechtes gegenüber nationalem Recht, von den Mitgliedstaaten der Europäischen Gemeinschaft, wenn auch mit Einschränkung, weitestgehend mitgetragen wird.

III. Folgen der Unvereinbarkeit einer nationalen Vorschrift mit dem europäischen Gemeinschaftsrecht

Die Gemeinschaftsrechtswidrigkeit einer nationalen Vorschrift führt, anders als dies bei der Verfassungswidrigkeit einer Vorschrift der Fall ist, nicht zu deren Nichtigkeit.[513] Eine solche Vorschrift besteht vielmehr fort und darf bis die Gemeinschaftsrechtswidrigkeit nicht mehr besteht, etwa durch Änderung des Gemeinschaftsrechts, nicht mehr angewendet werden.[514] Abweichendes nationales Recht muss daher im konkreten Fall unbeachtet bleiben und die Rechtsfolge ist dann der europäischen Norm unmittelbar zu entnehmen.[515]

Liegt also beispielsweise ein mitgliedschaftlicher Verstoß gegen ein gemeinschaftliches Diskriminierungsverbot vor, so muss wegen des Anwendungsvorranges des Gemeinschaftsrechts die diskriminierende innerstaatliche Vorschrift unangewendet bleiben, ohne dass es ihrer Aufhebung bedarf.[516]

---

[513] ErfK/*Wissmann*, Vertrag zur Gründung der Europäischen Gemeinschaft, Rn. 30; *Schlachter*, Casebook –Europäisches Arbeitsrecht, S. 39; *Sievers*, Die mittelbare Diskriminierung im Arbeitsrecht, S. 49; *Streinz*, Europarecht, Rn. 256.

[514] EuGH v. 22.10.1998, Rs. C-10/97 (IN.CO.GE`90), 1998, I 6307; *Schiek*, Europäisches Arbeitsrecht, S. 83.

[515] *Schlachter*, Casebook –Europäisches Arbeitsrecht, S. 39.

[516] *Meyer*, Das Diskriminierungsverbot des Gemeinschaftsrechts als Grundsatznorm und Gleichheitsrecht, S. 39.

**B. Europarechtliche Richtlinien zur Gleichbehandlung von
Männern und Frauen in Beschäftigung und Beruf**

Das Erfordernis der Gleichbehandlung von Mann und Frau gehört zu den ele-
mentaren Grundsätzen des europäischen Gemeinschaftsrechts.[517] Grund hierfür
ist, dass es sich bei der Europäischen Gemeinschaft eben nicht nur um eine
Wirtschafts- sondern auch um eine Wertegemeinschaft handelt und der Schutz
vor Diskriminierung zum Schutz der Menschenrechtspolitik gehört.[518] Dies findet seine Bestätigung auf primärrechtlicher Ebene in der in Art. 2 EG enthaltenen Regelung, wonach die Aufgabe der Gemeinschaft die *Gleichstellung von
Männern und Frauen* ist und durch Art. 3 Abs. 2 EG, wonach die Gemeinschaft
darauf hinwirkt, *Ungleichheiten zu beseitigen und die Gleichstellung von Männern und Frauen zu fördern*. Der Gleichbehandlungsgrundsatz der Geschlechter
wird inzwischen als ein Gemeinschaftsgrundrecht anerkannt, welches die Ge-
meinschaftsorgane, die Kommission und den Europäischen Gerichtshof bindet
und Bestandteil fast aller europäischen Rechtsordnungen ist.[519]

**I. Entstehungsgeschichte verschiedener europarechtlicher Regelungen
zur Gleichbehandlung von Männern und Frauen in Beschäftigung
und Beruf innerhalb der Europäischen Gemeinschaft**

Die unterschiedlichen europarechtlichen Bestimmungen zur Gleichbehandlung
von Männern und Frauen in Beschäftigung und Beruf gehen auf eine lange Entstehungsgeschichte zurück. Einige der diese Thematik betreffenden Regelungen,
die sich sowohl im Vertrag zur Gründung der Europäischen Gemeinschaft als
auch in verschiedenen Richtlinien der Europäischen Gemeinschaft befinden, sollen im Folgenden kurz dargestellt werden.

---

[517] Grabitz/Hilf-*Langenfeld*, § 141 EGV, Rn. 2; *Kister*, Entschädigung und geschlechtsbedingte Diskriminierung bei der Begründung eines Arbeitsverhältnisses, S. 22; *Mallossek*,
Die tatbestandlichen Voraussetzungen der Gleichbehandlungsrichtlinie und ihre Auswirkungen auf das deutsche Arbeitsrecht, S. 109; *Plötscher*, Der Begriff der Diskriminierung
im Europäischen Gemeinschaftsrecht, S. 26ff.

[518] BMJ in NZA 2006, Heft 10, IX (IX).

[519] *Blomeyer/Häußler*, SAE 1997, 11 (16); Grabitz/Hilf-*Langenfeld*, § 141 EGV, Rn.1; *Högenauer*, Die europäische Richtlinie gegen Diskriminierung im Arbeitsrecht, S. 31.

1.   Entgeltgerechtigkeit nach Art. 119 EG a.f.

Eine wesentliche Konkretisierung der Gleichbehandlung von Männern und Frauen enthielt bereits in den sechziger Jahren Art. 119 EG a.f.[520], in welchem der Grundsatz der Entgeltgerechtigkeit für die Mitgliedstaaten der Europäischen Gemeinschaft statuiert wurde.[521] Bei dieser Vorschrift handelte es sich um eine der wenigen positiv-rechtlichen Grundrechtsverbürgungen innerhalb der Gründungsverträge der Europäischen Gemeinschaften.[522] Eine Besonderheit dieser Vorschrift besteht darin, dass diese nach ständiger Rechtsprechung des Europäischen Gerichtshofes nicht nur in den Beziehungen zwischen Staat und Einzelpersonen unmittelbare Wirkung entfaltet (sog. vertikale unmittelbare Wirkung), sondern auch in den Beziehungen der Einzelpersonen untereinander (sog. horizontale unmittelbare Wirkung).[523]

2.   Gleichbehandlungsrichtlinie 76/207/EWG

Im Jahr 1976 folgte der Erlass der *Gleichbehandlungsrichtlinie* 76/207/EWG vom 9. Februar 1976[524], deren Regelungsgegenstand die Verwirklichung des Grundsatzes der Gleichbehandlung von Männern und Frauen hinsichtlich des Zugangs zur Beschäftigung, zur Berufsbildung und zum beruflichen Aufstieg sowie in Bezug auf die Arbeitsbedingungen war. Mit dieser Richtlinie verließ der Rat der Europäischen Gemeinschaft den auf die Entgeltfrage reduzierten Bereich der Gleichbehandlung und widmete sich damit mehr den umfassenderen Fragen der Gleichbehandlung von Frauen und Männern im Berufsleben.[525] Auslöser für den Kommissionsentwurf für eine arbeitsrechtliche Richtlinie zur Gleichbehandlung von Männern und Frauen war die bereits 1972 erfolgte Wei-

---

[520]   Mit Inkrafttreten des Amsterdamer Vertrages am 1.5.1999 wurde Art. 119 EG a.f. in Art. 141 EG umnummeriert und der Regelungsgehalt ausgeweitet. Vgl. hierzu im Einzelnen die Ausführungen unter Teil III B. I. 3.

[521]   Zur Entstehungsgeschichte dieser Vorschrift vgl.: Ehlers/*Kingreen*, Europäische Grundrechte und Grundfreiheiten, § 18, Rn. 6; Grabitz/Hilf-*Langenfeld*, Art. 141 EGV, Rn. 6; *Kamp*, Die Mitbestimmung des Betriebsrats nach § 99 Absatz 2 BetrVG bei Frauenfördermaßnahmen, S. 101; *Langenfeld*, Die Gleichbehandlung von Mann und Frau im europäischen Gemeinschaftsrecht, S.31; *Schlachter*, NZA 1995, 393 (395); *Thüsing*, Diskriminierungsschutz, Rn.11f.

[522]   Leutheusser-Schnarrenberger, ZRP 2002, 329 (330).

[523]   Ständige Rechtsprechung des EuGH seit Urt. v. 8.4.1976, Rs. 43/75 (Defrenne II), Slg 1976, 455; *Schmidt*, Das Arbeitsrecht der Europäischen Gemeinschaft, Teil III , Rn. 42; *Sowka*, DB 1992, 2030 (2030).

[524]   ABl. EG 1976 L39/40.

[525]   *Kamp*, Die Mitbestimmung des Betriebsrats nach § 99 Absatz 2 BetrVG bei Frauenfördermaßnahmen, S. 59.

chenstellung auf der Pariser Gipfelkonferenz, auf der eine den anderen Politiken gleichwertige Sozialpolitik gefordert wurde sowie das von der Kommission vorgelegte Aktionsprogramm, in welchem die Gleichbehandlung von männlichen und weiblichen Arbeitnehmern als eines der Ziele der Gemeinschaft definiert wurde.[526]

Dieser Gleichbehandlungsrichtlinie kommt weitreichende Bedeutung zu. In Art. 2 der Richtlinie 76/207/EWG wurde neben der unmittelbaren Diskriminierung auch die mittelbare Diskriminierung als Rechtsfigur in das Gemeinschaftsrecht eingeführt, so dass seitdem auch scheinbar neutrale Regelungen der Überprüfung unterzogen werden.[527] Allerdings enthielt die Richtlinie selbst keine Legaldefinition des unbestimmten Rechtsbegriffes *mittelbare Diskriminierung*.[528] Eine solche wurde erst später in die Beweislastrichtlinie 97/80/EG[529] mit aufgenommen, wonach eine *mittelbare Diskriminierung* vorliegt, wenn dem Anschein nach neutrale Vorschriften, Kriterien oder Verfahren einen wesentlich höheren Anteil an Angehörigen eines Geschlechts benachteiligen, es sei denn, die betreffenden Kriterien, Vorschriften oder Verfahren sind angemessen und notwendig und sind durch die auf das Geschlecht bezogenen Gründe sachlich gerechtfertigt.[530] Bei der mittelbaren Diskriminierung wird somit nicht explizit

---

[526] *Rust*, NZA 2003, 72 (73).
[527] *Högenauer*, Die europäische Richtlinie gegen Diskriminierung im Arbeitsrecht, S. 31; *Kamp*, Die Mitbestimmung des Betriebsrats nach § 99 Absatz 2 BetrVG bei Frauenfördermaßnahmen, S. 59; *Sievers*, Die mittelbare Diskriminierung im Arbeitsrecht, S.23.
[528] *Meyer*, Das Diskriminierungsverbot des Gemeinschaftsrechts als Grundsatznorm und Gleichheitsrecht, S. 36; *Rating*, Mittelbare Diskriminierung der Frau im Erwerbsleben nach europäischem Gemeinschaftsrecht, S.53.
[529] ABl. EG 1998 L 14/6.
[530] Die Richtlinie 2002/73/EG, durch welche die Richtlinie 76/207/EWG geändert wurde, enthielt eine geringfügig abweichende Definition des Begriffs der mittelbaren Diskriminierung. Auf diese Definition und den Begriff der *mittelbaren Diskriminierung* soll später unter Teil III B. II. ausführlich eingegangen werden. Die in der Richtlinie 2002/73/EG enthaltene Definition wurde auch in die Richtlinie 2006/54/EG des Europäischen Parlaments und des Rates vom 5. Juli 2006 zur Verwirklichung des Grundsatzes der Chancengleichheit und Gleichbehandlung von Männern und Frauen in Arbeits- und Beschäftigungsfragen (ABl. EG 2006 L 204/23) aufgenommen, durch welche die Richtlinien 76/207/EWG und 2002/73/EG gemäß Art. 34 der Richtlinie 2006/54/EG mit Wirkung vom 15.8.2009 aufgehoben werden. Die am 15.8.2006 in Kraft getretene Richtlinie 2006/54/EG dient der Klarheit und Zusammenfassung der wichtigsten Bestimmungen auf dem Gebiet der Chancengleichheit und Gleichbehandlung von Männern und Frauen in Arbeits- und Beschäftigungsfragen unter Berücksichtigung der verschiedenen Entwicklungen aufgrund der Rechtsprechung des EuGH. Sie ist bis zum 15.8.2008 von den Mitgliedstaaten umzusetzen. Mit Wirkung vom 15.8.2009 treten neben der o.g. Gleichbehandlungsrichtlinie noch einige andere Richtlinien außer Kraft, wie beispielsweise die Richtlinie 97/80/EG zur Beweislast bei Diskriminierungen wegen des Geschlechts.

an ein Differenzierungsmerkmal angeknüpft, sondern die Benachteiligung muss durch bestimmte faktische Gegebenheiten nachgewiesen werden.[531] Bis zum Erlass dieser Gleichbehandlungsrichtlinie war die Problematik der mittelbaren Diskriminierung noch nahezu unerkannt, so dass erst hierdurch tatsächliche gesellschaftliche Erscheinungen aufgegriffen wurden, indem diese den Diskriminierungsverboten zugeordnet wurden.[532] Durch die bis dahin vorgenommene Konzentration auf die Beseitigung der unmittelbaren Diskriminierung wurde zwar die formale Gleichheit der Frau herbeigeführt, die bestehenden faktischen Ungleichheiten blieben jedoch unberührt.[533] Aufgrund des Umstandes, dass sich die mittelbare Diskriminierung in ihrer benachteiligenden Auswirkung für Arbeitnehmerinnen nicht von der unmittelbaren Diskriminierung unterscheidet, war das Verbot der mittelbaren Diskriminierung aus der Perspektive von diskriminierten Arbeitnehmern daher ein folgerichtiger Schritt, um dem Gebot der Gleichbehandlung gerecht zu werden.[534] Würde sich das Diskriminierungsverbot lediglich auf die unmittelbare Diskriminierung beschränken, so wäre dies in der Praxis häufig wirkungslos, da die wichtigsten Fälle in der Praxis Fälle der mittelbaren Diskriminierung betreffen.[535] Für die benachteiligte Person ist es im Ergebnis gleichgültig, ob die Benachteiligung unmittelbar oder mittelbar hervorgerufen wird; entscheidend ist, dass überhaupt eine Benachteiligung vorliegt, welche es zu verhindern gilt.

Umgesetzt wurden die Bestimmungen der Gleichbehandlungsrichtlinie durch die §§ 611a, 611b und 612a BGB.[536] Obgleich der bundesdeutsche Gesetzgeber den in der Richtlinie enthaltenen Begriff der mittelbaren Diskriminierung nicht ausdrücklich in § 611a BGB mit aufgenommen hatte, bestand Einigkeit dahingehend, dass auch diese vom Regelungsgehalt der Vorschrift mit umfasst sein sollte.[537]

---

[531] *Meyer,* Das Diskriminierungsverbot des Gemeinschaftsrechts als Grundsatznorm und Gleichheitsrecht, S. 36.

[532] *Hanau/Preis,* ZfA, 1988, 177 (180, 182).

[533] *Sievers,* Die mittelbare Diskriminierung im Arbeitsrecht, S. 23.

[534] *Wisskirchen,* Mittelbare Diskriminierung von Frauen im Erwerbsleben, S. 43; a.A. *Gödeke,* Die mittelbare Diskriminierung im System der Gleichbehandlung, S. 165, der die mittelbare Diskriminierung als krasse Fehlentwicklung in der Rechtsprechung einstuft und diese ablehnt.

[535] *Hailbronner,* ZAR 2001, 254 (256).

[536] Eingefügt durch das arbeitsrechtliche EG-Anpassungsgesetz 1980, BGBl. I 1980, 1308ff. Zur zulässigen Ungleichbehandlung nach § 611a Abs. 1, S. 2 BGB vgl. *Thüsing,* RdA 2001, 319ff.

[537] Palandt/*Weidenkaff,* § 611a, Rn. 9; *Pfarr/Bertelsmann,* Diskriminierung im Erwerbsleben, S. 111.

Auf die Regelungen dieser Richtlinie im Einzelnen und insbesondere auf die mit dieser Richtlinie im Jahr 1976 neu eingefügte Rechtsfigur der mittelbaren Diskriminierung soll jedoch erst später unter Teil III .B. II. ausführlich eingegangen werden.

3.   Art. 141 EG und die darauf gestützte Richtlinie 2002/73/EG

Mit Inkrafttreten des Amsterdamer Vertrages[538] am 1. Mai 1999 wurde Art. 119 EG a.F. in Art. 141 EG umnummeriert und der Regelungsgehalt nochmals ausgeweitet.[539] Bei dem neu geschaffenen § 141 Abs. 3 EG handelt es sich um eine spezifische Kompetenznorm, nach der die Gemeinschaft mit qualifizierter Mehrheit Maßnahmen zur Gewährleistung der Anwendung des Grundsatzes der Chancengleichheit und Gleichbehandlung von Männern und Frauen in Arbeits- und Beschäftigungsfragen beschließen kann.[540] Die Europäische Gemeinschaft erhielt hierdurch erstmals auch auf diesem Gebiet des Arbeitsrechts eine eigene Rechtssetzungsbefugnis mit der Besonderheit, dass die gesetzgeberische Maßnahme nicht mehr, wie zuvor[541], mit einem wirtschaftlichen Zweck verbunden sein muss.[542] Des Weiteren nimmt die Vorschrift ausdrücklich auf das Bestehen eines allgemeinen arbeitsrechtlichen Gleichbehandlungsgrundsatzes von Mann und Frau Bezug, auch wenn dieser hierin nicht ausdrücklich definiert wird. In Absatz 3 des Artikels 141 EG heißt es, dass der Rat Maßnahmen zur Gewährleistung der Anwendung des *Grundsatzes der Chancengleichheit von Männern und Frauen* in Arbeits- und Beschäftigungsfragen beschließt.[543] Die Existenz eines allgemeinen primärrechtlichen arbeitsrechtlichen Gleichbehandlungsgebotes dürfte damit wohl zu bejahen sein.[544]

Gemäß Art. 141 Abs. 4 EG wurde die Möglichkeit der Mitgliedstaaten fixiert, spezifische Vergünstigungen beizubehalten oder zu beschließen, um die effektive Gewährleistung der vollen Gleichstellung von Männern und Frauen im Ar-

---

[538] Gesetz zum Vertrag von Amsterdam vom 2. Oktober 1997, BGBl. II 1998, 386.

[539] Hierzu im Einzelnen: Grabitz/Hilf-*Langenfeld*, § 141 EGV, Rn.1.

[540] *Lingscheid*, Antidiskriminierung im Arbeitsrecht, S. 30; *Schmidt*, Das Arbeitsrecht der Europäischen Gemeinschaft, Teil III , Rn. 30.

[541] Bis zum Inkrafttreten des Amsterdamer Vertrages musste eine gesetzgeberische Maßnahme nach Art. 100 und 235 EG a.F mit einem wirtschaftlichen Zweck verknüpft sein.

[542] *Steinmeyer*, RdA 2001, 10 (11).

[543] *Högenauer*, Die europäische Richtlinie gegen Diskriminierung im Arbeitsrecht, S. 31.

[544] Grabitz/Hilf-*Langenfeld*, § 141 EGV, Rn.1; *Högenauer*, Die europäische Richtlinie gegen Diskriminierung im Arbeitsrecht, S. 31; *Lingscheid*, Antidiskriminierung im Arbeitsrecht, S. 30; *Plötscher*, Der Begriff der Diskriminierung im Europäischen Gemeinschaftsrecht, S. 217.

beitsleben zu erreichen.[545] Diese Möglichkeit soll, laut der 28. Erklärung des Amsterdamer Vertrages zu Artikel 119 Abs. 4 EG[546], in erster Linie der Verbesserung der Lage der Frauen im Arbeitsleben dienen.[547] Als mögliche Maßnahme im Sinne dieser Vorschrift kommen beispielsweise gesetzliche Frauenfördermaßnahmen in Betracht, die Frauen unter bestimmten Voraussetzungen eine Bevorzugung bei der Einstellung gegenüber männlichen Kollegen zubilligen.[548] Bei derartigen Fördermaßnahmen ist jedoch, in Anlehnung an die Rechtsprechung des Europäischen Gerichtshofes, zu beachten, dass eine solche nationale Regelung nicht mit der Gleichbehandlungsrichtlinie 76/207/EWG im Einklang steht, wenn diese vorsieht, dass weiblichen gegenüber männlichen Bewerbern in Bereichen, in denen Frauen unterrepräsentiert sind, automatisch und damit absolut und unbedingt der Vorrang eingeräumt wird.[549]

Auf Grundlage des neuen Art. 141 EG erließen das Europäische Parlament und der Rat der Europäischen Gemeinschaft die Richtlinie 2002/73/EG vom 23. September 2002 zur Änderung der Richtlinie 76/207/EWG des Rates zur Verwirklichung des Grundsatzes der Gleichbehandlung von Männern und Frauen hinsichtlich des Zugangs zur Beschäftigung, zur Berufsbildung und zum beruflichen Aufstieg sowie in Bezug auf die Arbeitsbedingungen.[550] Auf den genauen Inhalt der Richtlinie 2002/73/EG sowie der Vorgängerrichtlinie 76/207/EWG wird unter Teil III B. II. detailliert einzugehen sein.

4. Art. 13 EG und die darauf gestützten Richtlinien

Art. 13 EG wurde ebenfalls durch den Amsterdamer Vertrag[551] eingefügt. Hiernach ist der Rat befugt, unbeschadet der sonstigen Bestimmung des Vertrages und im Rahmen der durch den Vertrag auf die Gemeinschaft übertragenen Zuständigkeiten, einstimmig geeignete Vorkehrungen zu treffen, um Diskriminierungen aus Gründen des Geschlechts, der Rasse, der ethnischen Herkunft, der Religion oder der Weltanschauung, einer Behinderung, des Alters oder der sexuellen Ausrichtung zu bekämpfen. Die Europäische Gemeinschaft ist daher berechtigt, nach ihrem Ermessen mittels der in Art. 249 EG genannten Instru-

---

[545] *Lingscheid*, Antidiskriminierung im Arbeitsrecht, S. 30; *Schmidt*, Das Arbeitsrecht der Europäischen Gemeinschaft, Teil III , Rn. 30.

[546] BGBl. II 1998, 386 (448).

[547] *Kamp*, Die Mitbestimmung des Betriebsrats nach § 99 Absatz 2 BetrVG bei Frauenfördermaßnahmen, S. 101.

[548] *Kamp*, Die Mitbestimmung des Betriebsrats nach § 99 Absatz 2 BetrVG bei Frauenfördermaßnahmen, S. 51, 100; *Thüsing*, Diskriminierungsschutz, Rn.17.

[549] EuGH v. 17.10.1995, Rs. C-450/93 (Kalanke), Slg. 1995, I-3051.

[550] ABl. EG 2002 L 269/15.

[551] Gesetz zum Vertrag von Amsterdam vom 2. Oktober 1997, BGBl. II 1998, 386.

mente, namentlich Verordnungen, Richtlinien, Entscheidungen, Empfehlungen und Stellungnahmen oder sonstigen ihr sinnvoll erscheinende Maßnahmen, geeignete Vorkehrungen zu treffen, um Diskriminierungen im Sinne des Art. 13 EG entgegenzutreten.[552]

Gestützt auf Art. 13 Abs. 1 EG wurden inzwischen einige Richtlinien zur Vermeidung von Diskriminierung erlassen, die sich auf die in Art. 13 Abs. 1 EG genannten zu verhindernden Diskriminierungsgründe beziehen. Die drei wohl relevantesten Richtlinien der letzten Jahre sind die Richtlinie 2000/43/EG, die Richtlinie 2000/78/EG sowie die Richtlinie 2004/113/EG. Obgleich durch den Erlass dieser Richtlinien der europäische Diskriminierungsschutz eine erhebliche Erweiterung erfahren hat, wurden die in den verschiedenen Richtlinien enthaltenen Listen unzulässiger Diskriminierungsmerkmale in der Literatur dennoch als unvollkommen charakterisiert, weil es immer auch noch sachfremde Diskriminierungen gäbe, die zulässig blieben.[553]

Diesen Richtlinien und der bereits angesprochenen Richtlinie 2002/73/EG ist gemein, dass ihre Umsetzung in deutsches Recht in Form des Allgemeinen Gleichbehandlungsgesetzes (AGG) mit Wirkung zum 18. August 2006 erfolgte.[554]

II.   Die Richtlinie 2002/73/EG im Einzelnen

Die relevante europarechtliche Richtlinie für die Frage, ob die Vorschriften über den Anspruch auf Teilzeitarbeit nach dem Teilzeit- und Befristungsgesetz und dem Bundeselterngeld- und Elternzeitgesetz den Erfordernissen der europarechtlichen Vorgaben über die Gleichbehandlung von Männern und Frauen im Hinblick auf den Zugang zur Beschäftigung gerecht werden, ist die Richtlinie 2002/73/EG in Verbindung mit deren Vorgängerrichtlinie 76/207/EWG.[555] Mit-

---

[552] *Lingscheid,* Antidiskriminierung im Arbeitsrecht, S. 23; *Meyer,* Das Diskriminierungsverbot des Gemeinschaftsrechts als Grundsatznorm und Gleichheitsrecht, S. 50; *Schmidt,* Das Arbeitsrecht der Europäischen Gemeinschaft, Teil III, Rn. 34.

[553] *Thüsing,* ZfA 2001, 397 (414).

[554] BGBl. I 2006, 1897.

[555] Die Richtlinie 2002/73/EG und die Richtlinie 76/207/EWG werden am 15.8.2009 aufgrund der Richtlinie 2006/54/EG des Europäischen Parlaments und des Rates vom 5. Juli 2006 zur Verwirklichung des Grundsatzes der Chancengleichheit und Gleichbehandlung von Männern und Frauen in Arbeits- und Beschäftigungsfragen (ABl. EG 2006 L 204/23) außer Kraft treten. Die in den Gleichbehandlungsrichtlinien 76/207/EWG und 2002/73/EG enthaltenen Regelungen befinden sich dann stattdessen in der am 15.8.2006 in Kraft getretenen Richtlinie 2006/54/EG. Vgl. hierzu auch *Thüsing,* Diskriminierungsschutz, Rn. 13, 16.

tels der Richtlinie 2002/73/EG sollten die Bestimmungen der Richtlinie 76/270/EWG eine Modernisierung erfahren.[556] Die seit 1976 praktisch unverändert bestehende Richtlinie sollte durch die neue Richtlinie 2002/73/EG an die Erfordernisse der Gegenwart angepasst werden und die Rechtsprechung des EuGH zur Gleichbehandlungsrichtlinie kodifizieren.[557]

Inhaltlich wurde durch diese Änderungsrichtlinie 2002/73/EG die Verwirklichung des Grundsatzes der Gleichbehandlung von Männern und Frauen hinsichtlich des Zugangs zur Beschäftigung, zur Berufsbildung und zum beruflichen Aufstieg sowie in Bezug auf die Arbeitsbedingungen bezweckt. Es sollte der aus Art. 2 und 3 Abs. 2 EG resultierenden positiven Verpflichtung der Europäischen Gemeinschaft, die Gleichstellung von Männern und Frauen zu fördern, nachgekommen werden.[558] Durch diese neue Gleichbehandlungsrichtlinie 2002/73/EG und die durch sie modifizierte Vorgängerrichtlinie 76/207/EWG wurde der Gleichbehandlungsgrundsatz in Bezug auf Frauen und Männer für den Bereich des Arbeitsrechts sichergestellt, wobei alle beruflichen Tätigkeiten, unabhängig davon, ob es sich um abhängige oder selbständige Beschäftigungen, privatrechtliche oder öffentlichrechtliche Dienst- oder Arbeitsverhältnisse handelt, hiervon erfasst werden.[559]

Gerade diese durch die Richtlinie besonders geschützten Bereiche, insbesondere der Zugang zur Beschäftigung, könnten jedoch gegebenenfalls in den beiden zuvor in dieser Arbeit diskutierten gesetzlich statuierten Ansprüchen auf Teilzeitarbeit nicht ausreichend Berücksichtigung gefunden haben oder diese sogar negativ tangieren. Gemäß Art. 1 der Richtlinie 76/207/EWG, der auch nach Inkrafttreten der Richtlinie 2002/73/EG weiterhin Anwendung findet, soll durch die Richtlinie in den Mitgliedstaaten der Grundsatz der Gleichbehandlung von Männern und Frauen unter anderem im Hinblick auf den Zugang zur Beschäftigung verwirklicht werden. Die Teilzeitansprüche nach § 8 TzBfG und § 15 BEEG dienen eigentlich gerade diesem von der Gleichbehandlungsrichtlinie intendierten Zweck, da hierdurch den Arbeitnehmern ermöglicht wird, ihre Arbeitszeit aus persönlichen Gründen zu flexibilisieren. Der Umstand, dass der

---

[556] So die Begründung des Rates im *Gemeinsamen Standpunkt des Rates* vom 23. Juli 2001 (ABl. C 307/05).

[557] *Bauer*, NJW 2001, 2672 (2675); *Lingscheid*, Antidiskriminierung im Arbeitsrecht, S. 56.

[558] ABl. C 307/5 v. 31.10.2001 (Gemeinsamer Standpunkt (EG) Nr. 32/2001) vom Rat angenommen am 23.7.2001.

[559] *Epiney/Freiermuth Abt*, Das Recht der Gleichstellung von Mann und Frau in der EU, S. 118; *Högenauer*, Die europäische Richtlinie gegen Diskriminierung im Arbeitsrecht, S. 88; *Thüsing*, Diskriminierungsschutz, Rn.117.

Teilzeitanspruch jedoch in erster Linie von Frauen geltend gemacht wird[560] und viele Arbeitgeber an diesem Arbeitszeitmodell häufig kein Eigeninteresse haben[561], könnte dazu führen, dass viele Arbeitgeber gegebenenfalls bereits im Vorfeld davon Abstand nehmen, den weiblichen Bewerbern den Zugang zur Beschäftigung zu ermöglichen. Dies hätte dann zur Folge, dass die beiden Vorschriften, die eigentlich eine Begünstigung der Arbeitnehmer hervorrufen sollen, in eine Benachteiligung von Arbeitnehmerinnen umschlagen könnten. Wäre dies zu bejahen, so könnte diese Auswirkung in der Praxis dazu führen, dass im Ergebnis eine Diskriminierung von Frauen im Sinne der Gleichbehandlungsrichtlinie durch diese beiden Teilzeitansprüche zu bejahen sein könnte und damit die Ansprüche auf Teilzeit nach § 8 TzBfG und § 15 BEEG nicht im Einklang mit den europarechtlichen Vorgaben stünden.[562]

1.   Gründe für den Erlass der Richtlinie 2002/73/EG

Das Ziel der Änderungsrichtlinie ist, ebenso wie bei der Ursprungsrichtlinie aus dem Jahr 1976, die Verwirklichung des Grundsatzes der Gleichbehandlung von Männern und Frauen. Dieses Ziel wurde bereits in der Richtlinie 76/207/EWG in deren Art. 1 Abs. 1 ausdrücklich benannt und so konkretisiert, dass in den Mitgliedstaaten der Grundsatz der Gleichbehandlung von Männern und Frauen hinsichtlich des Zugangs zur Beschäftigung, einschließlich des Aufstiegs und des Zugangs zur Berufsbildung sowie in Bezug auf die Arbeitsbedingungen und in Bezug auf die soziale Sicherheit verwirklicht werden solle. Die Gleichbehandlungsrichtlinie sollte somit die Lücke schließen, die europarechtliche Regelungen zur Entgeltgleichheit hinterlassen hatten.[563]

In der Richtlinie 2002/73/EG selbst werden die Gründe für deren Erlass ausführlich dargestellt. So wird im vierten Erwägungsgrund betont, dass gemäß Art. 2 und Art. 3 Abs. 2 EG sowie nach der Rechtsprechung des Europäischen Gerichtshofes die Gleichstellung von Mann und Frau ein grundlegendes Prinzip

---

[560] Vgl. hiezu die Darstellung der statistischen Daten unter Teil I A. II., wonach 85 % aller in Teilzeit tätigen Arbeitnehmer im Jahr 2004 Frauen waren.

[561] Vgl. hiezu *Wanger*, IAB Kurzbericht Ausgabe 18./20.12.2004, S. 5, wonach eine Befragung des Instituts der deutschen Wirtschaft ergab, dass Unternehmen Befürchtungen hinsichtlich der Geltendmachung eines Teilzeitanspruches hegen und im Einzelnen die Ausführungen unter Teil III C.

[562] Diese Frage soll später unter Teil III C. im Rahmen einer ausführlichen Prüfung untersucht werden.

[563] *Kamp*, Die Mitbestimmung des Betriebsrats nach § 99 Absatz 2 BetrVG bei Frauenfördermaßnahmen, S. 59; *Kandler*, Sanktionsregelungen für Verstöße gegen die EG-Gleichbehandlungsrichtlinie (76/207/EWG) im deutschen Recht, S.29; *Lingscheid*, Antidiskriminierung im Arbeitsrecht, S. 29.

darstelle. Die Verwirklichung dieses Prinzips sei Aufgabe und Ziel der Gemeinschaft, und es bestehe die positive Verpflichtung, dieses Ziel bei allen Tätigkeiten zu fördern. Aufgrund des Umstandes, dass in der der Richtlinie 2002/73/EG
zugrundeliegenden Gleichbehandlungsrichtlinie 76/207/EWG die Begriffe *unmittelbare* und *mittelbare* Diskriminierung nicht definiert und diese Begriffe in
den anderen beiden der Gleichbehandlung dienenden Richtlinien 2000/43/EG
und 2000/78/EG definiert seien, sei es angezeigt, so der vierte Erwägungsgrund
der Richtlinie 2002/73/EG, Begriffsbestimmungen in Bezug auf das Geschlecht
aufzunehmen, die mit diesen beiden Richtlinien übereinstimmen.

Die Aufnahme einer solchen Definition in verschiedene EG-Richtlinien war
auch notwendig, da diese Begriffe zwar durch die Rechtsprechung des Europäischen Gerichtshofes spezifiziert wurden, es jedoch an einer Definition innerhalb
der Gemeinschaftsverträge, der Rechtsordnungen der Mitgliedstaaten und dem
sekundären Gemeinschaftsrecht fehlte.[564] Aufgrund des Fehlens einer verbindlichen Definition des Begriffes der mittelbaren Diskriminierung wurden in der
Fachliteratur die vom Europäischen Gerichtshof gebildeten Fallgruppen zur mittelbaren Diskriminierung als konturlos kritisiert.[565] Durch die Definition in der
Richtlinie 2002/73/EG sollte daher eine Vereinheitlichung der einschlägigen
Begriffsbestimmungen unter Berücksichtigung der Rechtsprechung des Europäischen Gerichtshofes der letzten 25 Jahre erreicht werden.[566] Gerade die Klassifizierung einer Maßnahme oder Vorschrift als mittelbar diskriminierend wirft besondere Schwierigkeiten auf und kommt in der Praxis zugleich häufiger als eine
unmittelbare Diskriminierung vor.[567]

2. Inhaltliche Regelungen der Richtlinie 2002/73/EG

Neben Definitionen einzelner Rechtsbegriffe enthält die Richtlinie 2002/73/EG
deren Zielsetzung sowie verschiedene Anforderungen an die Mitgliedstaaten im
Hinblick auf die Verwirklichung dieses Zieles.

Im Folgenden soll auf einige der Regelungen eingegangen werden. Die Darstellung soll sich jedoch auf die Aspekte beschränken, die für die Frage relevant

---

[564] *Meyer,* Das Diskriminierungsverbot des Gemeinschaftsrechts als Grundsatznorm und
Gleichheitsrecht, S. 36; *Rating,* Mittelbare Diskriminierung der Frau im Erwerbsleben
nach europäischem Gemeinschaftsrecht, S.53.

[565] *Krimphove,* Europäisches Arbeitsrecht, Rn. 353; *Pfarr,* NZA 1986, 585 (587); *Sowka,*
DB 1992, 2030 (2030).

[566] *Görlitz,* Struktur und Bedeutung der Rechtsfigur der mittelbaren Diskriminierung im System der Grundfreiheiten, S. 35.

[567] *Hailbronner,* ZAR 2001, 254 (256); *Meyer,* Das Diskriminierungsverbot des Gemeinschaftsrechts als Grundsatznorm und Gleichheitsrecht, S.36.

sein könnten, ob die Ansprüche auf Teilzeitarbeit nach dem Teilzeit- und Befristungsgesetz und nach dem Bundeselterngeld- und Elternzeitgesetz mit den europarechtlichen Vorgaben in Form dieser Richtlinie im Einklang stehen.

a)   Gender Mainstreaming

Neu eingefügt wurde in Art. 1 Abs. 1a der Richtlinie die Verpflichtung der Mitgliedstaaten auf das in Art. 3 Abs. 2 EG begründete Prinzip des *Gender Mainstreaming*[568], welches die Gemeinschaft dazu anhält, Ungleichheiten zu beseitigen und die Gleichstellung von Männern und Frauen zu fördern.[569] Das Motiv für die Aufnahme dieses Grundsatzes in den EG-Vertrag ist die Erkenntnis, dass das Recht eines Teilbereiches allein kein ausreichendes Mittel zur praktischen Verwirklichung eines bestimmten Zieles ist, sondern dass es vielmehr der Berücksichtigung des Gleichheitssatzes in allen Bereichen bedarf.[570]

b)   Begriffsbestimmungen

Die Richtlinie 2002/73/EG enthält in ihrem Art. 2 Definitionen unterschiedlicher Rechtsbegriffe. So findet sich hier, im Gegensatz zu der Vorgängerrichtlinie 76/207/EWG, eine Definition der unmittelbaren sowie der mittelbaren Diskriminierung.[571]

aa)   Unmittelbare Diskriminierung

Nach Art. 2 Abs. 2, 1. Spiegelstrich der Richtlinie liegt eine unmittelbare Diskriminierung dann vor, wenn eine Person aufgrund ihres Geschlechts in einer vergleichbaren Situation eine weniger günstige Behandlung erfährt, als eine andere Person erfährt, erfahren hat oder erfahren würde.

---

[568] Vgl. ausführlich zum Gender Mainstreaming die Homepage der Europäischen Kommission;   http://ec.europa.eu/employment_social/gender_equality/gender_mainstreaming/general_overview_de.html sowie die Homepage des Bundesministerium für Familie, Senioren, Frauen und Jugend: www.gender-mainstreaming.net.

[569] *Rust*, NZA 2003, 72 (75).

[570] *Meyer*, Das Diskriminierungsverbot des Gemeinschaftsrechts als Grundsatznorm und Gleichheitsrecht, S. 26.

[571] Zum Diskriminierungsbegriff allgemein: *Plötscher*, Der Begriff der Diskriminierung im Europäischen Gemeinschaftsrecht, S. 26ff.

(1)   Der Begriff der unmittelbaren Diskriminierung nach der Richtlinie 2002/73/EG

Nach ständiger Rechtsprechung des Europäischen Gerichtshofes ist eine unmittelbare Diskriminierung dann gegeben, wenn der wesentliche Grund für die Ungleichbehandlung nicht unterschiedslos für Arbeitnehmer verschiedenen Geschlechtes, sondern ausschließlich für eines der beiden Geschlechter gilt.[572] Eine unzulässige Ungleichbehandlung ist zu bejahen, wenn diese entweder direkt tatbestandlich an das Geschlecht des Betroffenen anknüpft oder eine Differenzierung aufgrund von Merkmalen vorgenommen wird, die objektiv von einer der nach dem Differenzierungsmerkmal abgegrenzten Personengruppe nicht erfüllt werden kann (wie beispielsweise eine Schwangerschaft).[573]

Die Definition des Begriffes der unmittelbaren Diskriminierung in der Richtlinie 2002/73/EG ist insoweit als noch weitreichender als die Definition des Europäischen Gerichtshofes anzusehen, als neben tatsächlich zeitgleich oder zeitversetzt erfahrenen günstigeren Behandlungen anderer Personen auch hypothetische Abläufe zu einer unzulässigen Ungleichbehandlung führen können.[574] Für die Beurteilung, ob das Vorliegen einer Ungleichbehandlung im Sinne der Richtlinie zu bejahen ist, genügt hiernach also der Vergleich mit einer hypothetischen Vergleichsperson.[575] Dies hat zur Folge, dass eine hypothetische Ungleichbehandlung dann vorliegt, wenn der Betroffene eine tatsächliche ungünstigere Behandlung erfahren hat und eine Vergleichsperson lediglich hypothetisch besser ge-

---

[572] EuGH v. 8.11.2990, Rs. C.177/88, (Dekker), Slg. 1990, I-3941; EuGH v. 5.5.1994, Rs. C-421/92 (Habermann-Beltermann), Slg. 1994, I-1657; EuGH v. 14.7.1994, Rs. C-32/93 (Webb), Slg. 1994, I-3567; *Schmidt*, Das Arbeitsrecht der Europäischen Gemeinschaft, Teil III , Rn. 99; *Lingscheid*, Antidiskriminierung im Arbeitsrecht, S. 49; *Plötscher*, Der Begriff der Diskriminierung im Europäischen Gemeinschaftsrecht, S. 226ff.

[573] EuGH v. 8.11.2990, Rs. C.177/88, (Dekker), Slg. 1990, I-3941, in dem zu entscheidenden Fall verweigerte der Arbeitgeber die Einstellung einer schwangeren Arbeitnehmerin, um keine finanziellen Nachteile aufgrund der Anwendbarkeit des Mutterschutzgesetzes zu erleiden; Bauer/Göpfert/Krieger, AGG, § 3, Rn. 19; Däubler/Bertzbach-*Schrader/Schubert*, AGG, § 3, Rn. 15; *Schlachter*, NZA 1995, 393 (395); *Schmidt*, Das Arbeitsrecht der Europäischen Gemeinschaft, Teil III , Rn. 99; *Lingscheid*, Antidiskriminierung im Arbeitsrecht, S. 49; *Plötscher*, Der Begriff der Diskriminierung im Europäischen Gemeinschaftsrecht, S. 226ff.

[574] *Däubler*, ZfA 2006, 479 (482); Küttner-*Kania*, Diskriminierung, Rn. 37; *Lingscheid*, Antidiskriminierung im Arbeitsrecht, S. 57; *Thüsing*, Diskriminierungsschutz, Rn. 238.

[575] *Bezani/Richter*, Das AGG im Arbeitsrecht, Rn. 89; Däubler/Bertzbach-*Schrader/Schubert*, AGG, § 3, Rn. 15; Küttner-*Kania*, Diskriminierung, Rn. 37; *Lingscheid*, Antidiskriminierung im Arbeitsrecht, S. 57; Schiek-*Schiek*, AGG, § 3, Rn. 3; *Schiek*, NZA 2004, 873 (874); *Thüsing*, Diskriminierungsschutz, Rn. 238.

stellt ist.[576] Wird ein Arbeitnehmer also tatsächlich schlechter behandelt als ein vergleichbarerer Arbeitnehmer in einer vergleichbaren Situation behandelt würde, so ist das Vorliegen einer unmittelbaren Diskriminierung zu bejahen. Denn es soll dem diskriminierten Arbeitnehmer nicht zum Nachteil gereichen, dass es am tatsächlichen Vorhandensein einer Vergleichsperson im Zeitpunkt der Diskriminierung fehlt.[577] Nimmt ein Arbeitgeber beispielsweise davon Abstand, eine Frau einzustellen, die sich als einzige auf eine von ihm ausgeschriebene Stelle beworben hat, weil er befürchtet, dass diese schwanger werden könnte und hätte er die Stelle an einen Mann vergeben, wenn sich ein Mann auf diese Stelle beworben hätte, so wäre das Vorliegen einer hypothetischen unmittelbaren Diskriminierung zu bejahen.[578] Dieses neue Verständnis des Begriffes der unmittelbaren Diskriminierung führt dazu, dass lediglich die denkbare Besserstellung einer anderen Person in der vergleichbaren Situation das tatsächlich gegenüber dem Arbeitnehmer erfolgte Verhalten zu einer Diskriminierung macht.[579]

Während teilweise diese extensive Definition des Diskriminierungsbegriffes aufgrund der Schwierigkeit, mittels einer hypothetischen Annahme das Vorliegen einer Diskriminierung substantiiert darlegen zu können, als problematisch erachtet wird[580], wird diese Entwicklung teilweise begrüßt, da hierdurch Problemfälle entfielen, in denen das Finden einer konkreten Vergleichsperson unmöglich sei.[581]

(2)   Rechtfertigung einer unmittelbaren Diskriminierung

Fraglich ist, ob eine unmittelbare Diskriminierung ausnahmsweise gerechtfertigt sein kann.

Im Gegensatz zu der in der Richtlinie enthaltenen Definition der mittelbaren Diskriminierung enthält die Definition der unmittelbaren Diskriminierung nicht die Einschränkung, dass eine sachliche Rechtfertigung durch ein rechtmäßiges Ziel möglich ist. Aufgrund dieser fehlenden Rechtfertigungsmöglichkeit ist es daher naheliegend, die in den auf die Definition im 2. Absatz des Artikels 2 der

---

[576] Küttner-*Kania*, Diskriminierung, Rn. 37; *Högenauer*, Die europäische Richtlinie gegen Diskriminierung im Arbeitsrecht, S. 94; *Lingscheid*, Antidiskriminierung im Arbeitsrecht, S. 57; *Thüsing*, Diskriminierungsschutz, Rn. 238.
[577] Vgl. hierzu Beispiele bei Däubler/Bertzbach-*Schrader/Schubert*, AGG, § 3, Rn. 25.
[578] *Bezani/Richter*, Das AGG im Arbeitsrecht, Rn. 92.
[579] *Lingscheid*, Antidiskriminierung im Arbeitsrecht, S. 57.
[580] Kritisch beispielsweise auch *Bauer*, NJW 2001, 2672 (2674); *Lingscheid*, Antidiskriminierung im Arbeitsrecht, S. 57.
[581] Däubler/Bertzbach-*Schrader/Schubert*, AGG, § 3, Rn. 24.

Richtlinie folgenden Absätzen 6-8 aufgezählten Ausnahmen als abschließende Ausnahmen in Bezug auf die unmittelbare Diskriminierung anzusehen.[582]

(3)   Benachteiligungsabsicht

Ausreichend für das Vorliegen einer Diskriminierung ist bereits der objektive Verstoß gegen das Diskriminierungsverbot, so dass es eines zusätzlichen subjektiven Elementes, in Form einer Benachteiligungsabsicht, nicht bedarf.[583]

bb)   Mittelbare Diskriminierung nach der Richtlinie 2002/73/EG

Das Vorliegen einer mittelbaren Diskriminierung ist zweistufig zu prüfen.[584] Zunächst ist auf einer ersten Stufe zu prüfen, ob gemäß Art. 2 Abs. 2 der Richtlinie 2002/73/EG dem Anschein nach neutrale Vorschriften, Kriterien oder Verfahren geeignet sind, Personen, die einem Geschlecht angehören, in besonderer Weise gegenüber dem anderen Geschlecht zu benachteiligen. Ist dies zu bejahen, so ist auf einer zweiten Stufe zu prüfen, ob die betreffenden Vorschriften, Kriterien oder Verfahren durch ein rechtmäßiges Ziel sachlich gerechtfertigt und die Mittel zur Erreichung dieses Ziels angemessen und erforderlich sind.[585]

Die in der Richtlinie 2002/73/EG enthaltene Definition der mittelbaren Diskriminierung erfolgte in Anlehnung an die vom Europäischen Gerichtshof entwickelte Definition der mittelbaren Diskriminierung wegen des Geschlechts sowie der in Art. 2 Abs. 2 der Beweislastrichtlinie 97/80/EG[586] enthaltenen Definition dieses Begriffes.[587]

---

[582] So auch *Epiney/Freiermuth Abt*, Das Recht der Gleichstellung von Mann und Frau in der EU, S. 131; *Lingscheid*, Antidiskriminierung im Arbeitsrecht, S. 50; Schiek-*Schiek*, § 3 Rn. 3.

[583] *Benecke/Kern*, EuZW 2005, 360 (362); Däubler/Bertzbach-*Schrader/Schubert*, AGG, § 3, Rn. 38; *Herms/Meinel*, DB 2004, 2370 (2371); *Pfarr*, NZA 1986, 585 (586); EuGH v. 8.11.2990, Rs. C.177/88, (Dekker), Slg. 1990, I-3941.

[584] *Bezani/Richter*, Das AGG im Arbeitsrecht, Rn. 95; *Schiek*, NZA 2004, 873 (875).

[585] *Bezani/Richter*, Das AGG im Arbeitsrecht, Rn. 95; *Schiek*, NZA 2004, 873 (875).

[586] ABl. EG 1998 L 14/6.

[587] *Görlitz*, Struktur und Bedeutung der Rechtsfigur der mittelbaren Diskriminierung im System der Grundfreiheiten, S. 35; Küttner-*Kania*, Diskriminierung, Rn.41; *Lingscheid*, Antidiskriminierung im Arbeitsrecht, S. 50; Schiek-*Schiek*, AGG, § 3, Rn. 23.

(1)   Neutrale Vorschriften, Kriterien oder Verfahren

Im Gegensatz zu der unmittelbaren Diskriminierung, bei der direkt an das Geschlecht angeknüpft wird, knüpft eine mittelbare Diskriminierung gerade an ein
geschlechtsneutrales Merkmal an.[588] Solche geschlechtsneutralen Merkmale liegen vor, wenn diese an sich für eine Differenzierung nicht unzulässig erschei-
nen, aber gleichwohl in ihrem Vollzug faktisch zu einer Benachteiligung eines
Geschlechts führen.[589] Benachteiligte Gruppen sind demzufolge nicht nach dem
Geschlecht homogen, da das Unterscheidungsmerkmal von Angehörigen beider
Geschlechter erfüllt werden kann.[590] Ein solches neutrales Merkmal liegt beispielsweise vor, wenn eine Regelung oder Maßnahme von ihrem Anwendungsbereich Männer und Frauen gleichermaßen umfasst, im Ergebnis jedoch mehr
Frauen von ihr betroffen sind.[591] Ausreichend ist, wenn diese gravierende Be-
troffenheit beispielsweise durch eine sozialtypische Rollenverteilung bedingt
ist.[592] Es ist auch festzustellen, ob durch die Regelung oder Maßnahme nur zu-
fällig weibliche Personen benachteiligt werden oder ob sie diese Nachteile erleiden, gerade weil sie Frauen sind, weil die Ausgestaltung an Tatbestände anknüpft, die typischerweise überwiegend bei diesem Geschlecht gegeben sind.[593]
So entschied der Europäische Gerichtshof mit Urteil vom 13. Mai 1986, dass
eine Lohnpolitik des Arbeitgebers, die zwar unabhängig vom Geschlecht der
Arbeitnehmer angewandt werde, im Ergebnis jedoch mehr Frauen als Männer
belaste, eine mittelbare Diskriminierung darstelle.[594] In dem zu entscheidenden
Fall knüpfte die Bezahlung eines Ruhegeldes an eine Mindestdauer der Vollzeitbeschäftigung an, die von vielen Frauen aufgrund familienbedingt hervorge-
rufener Teilzeittätigkeit nicht erreicht werden konnte.[595] Da Teilzeitarbeit die
Beschäftigungsform vieler Frauen ist, die so die Erwerbstätigkeit mit der Fami-
lienarbeit zu vereinbaren suchen, waren faktisch wesentlich mehr Frauen von

---

[588] *Sievers*, Die mittelbare Diskriminierung im Arbeitsrecht, S. 22; *Wank*, FS Wissmann, 599
(605).

[589] Küttner-*Kania*, Diskriminierung, Rn.41; *Lingscheid*, Antidiskriminierung im Arbeitsrecht, S. 56, 58; *Thüsing*, Diskriminierungsschutz, Rn. 239; *Wank*, FS Wissmann, 599
(604); vgl. z.B. EuGH v. 30.11.1993, Rs. C-189/91 (Kirshammer-Hack), Slg. 1993, I-
6185; EuGH v. 25.5.1996, Rs. C-237/94 (O'Flynn), Slg. 1996, I-2617; EuGH v.
2.10.1997, Rs. C-100/95 (Kording), Slg. 1997, I-5289; EuGH v. 17.6.1998, Rs. C-243/98
(Hill/Stapleton), Slg. 1998, I-3739; EuGH v. 9.9.1999, Rs. C-281/97 (Krüger), Slg. 1999,
I-5127.

[590] *Blomeyer*, Das Verbot der mittelbaren Diskriminierung gemäß Art. 119 EGV, S. 18; *Ha-
nau/Preis*, ZfA 1988, 177 (187).

[591] *Pfarr*, NZA 1986, 585 (586); Staudinger-*Annuß*, BGB, § 611a BGB, Rn. 34.

[592] *Pfarr*, NZA 1986, 585 (586); Staudinger-*Annuß*, BGB, § 611a BGB, Rn. 34.

[593] *Pfarr*, NZA 1986, 585 (586).

[594] EuGH v. 13.5.1986, Rs. C-170/84 (Bilka), Slg. 1986, I-1607, NZA 1986, 599.

[595] EuGH v. 13.5.1986, Rs. C-170/84 (Bilka), Slg. 1986, I-1607, NZA 1986, 599.

dieser geschlechtsneutralen Regelung betroffen und aufgrund dessen mittelbar diskriminiert.[596] Ähnlich ist der Fall gelagert, wenn bei der Sozialplanabfindung diese von der Dauer der Betriebszugehörigkeit abhängig gemacht wird, dabei aber die typischerweise von Frauen in Anspruch genommene Elternzeit unberücksichtigt bleibt.[597]

Dem Institut der mittelbaren Diskriminierung kommt sehr weitreichende Bedeutung zu, da es nicht ausreichen kann, dass Frauen nur vor ausdrücklichen unmittelbaren Ungleichbehandlungen geschützt sind.[598] Vielmehr verlangt der Gleichbehandlungsgrundsatz, dass auch solche benachteiligenden Regelungen in die juristische Betrachtung einbezogen werden, die zwar geschlechtsneutral formuliert sind, aber dennoch in der Rechtswirklichkeit des Berufslebens eine Benachteiligung von Frauen zufolge haben.[599] Das Verbot der mittelbaren Diskriminierung soll dazu dienen, dass auch die Ungleichheiten in der sozialen Wirklichkeit überwunden werden können.[600] Solche vermeintlich neutralen Regelungen können die sein, die, geschlechtsspezifisch stark ungleich verteilte Merkmale enthalten, wie dies beispielsweise bei der Differenzierung nach Teilzeit und Vollzeit und bei der kontinuierlichen ununterbrochenen Beschäftigung der Fall ist.[601]

(2)   Anforderung an eine Benachteiligung im Sinne der Richtlinie

Fraglich ist, welche konkreten Voraussetzungen an eine Benachteiligung im Sinne der Richtlinie 2002/73/EG zu stellen sind.

(i)   Betroffene Personengruppe

Ob eine mittelbare Diskriminierung vorliegt, ist durch die Bildung von Vergleichsgruppen zu ermitteln.[602] Hierbei ist die Gruppe derjenigen, die durch die Anwendung der zu überprüfenden Vorschrift o.ä. belastet wird, mit der Gruppe derer, die durch diese Vorschrift begünstigt bzw. nicht belastet wird, zu verglei-

---

[596] *Pfarr*, NZA 1986, 585 (586).

[597] *Däubler*, ZfA 2006, 479 (486).

[598] *Wisskirchen*, Mittelbare Diskriminierung von Frauen im Erwerbsleben, S. 43.

[599] *Sievers*, Die mittelbare Diskriminierung im Arbeitsrecht, S. 15; *Wisskirchen*, Mittelbare Diskriminierung von Frauen im Erwerbsleben, S. 43.

[600] Schiek-*Schiek*, AGG, § 3, Rn. 21.

[601] *Bieback*, Die mittelbare Diskriminierung wegen des Geschlechts, S. 76.

[602] Bauer/Göpfert/Krieger, AGG, § 3, Rn. 24; Schiek-*Schiek*, AGG, § 3, Rn. 37; ausführlich zur Vergleichsgruppenbildung; *Sievers*, Die mittelbare Diskriminierung im Arbeitsrecht, S. 89ff.

chen.[603] Bei der Beurteilung der Frage, ob sich die Teilzeitansprüche nach den Vorschriften des Teilzeit- und Befristungsgesetzes und des Bundeselterngeld- und Elternzeitgesetzes diskriminierend auf Frauen auswirken, kommt ein Vergleich von weiblichen Bewerberinnen und männlichen Bewerbern in Betracht. Denn die besondere Gefahr der Benachteiligung von Frauen durch diese gesetzlich statuierten Ansprüche könnte im Hinblick auf die Chancenverteilung beim Zugang zur Beschäftigung aufgrund zurückhaltender Einstellungsbereitschaft der Arbeitgeber gegenüber weiblichen Bewerbern bestehen. Diese Zurückhaltung der Arbeitgeber könnte aus deren Befürchtung resultieren, später mit größerer Wahrscheinlichkeit mit Teilzeitansprüchen dieser jungen Frauen und den damit zusammenhängenden Kosten konfrontiert zu werden.

Zu diskutieren ist, ob das Ergebnis der Prüfung, ob eine mittelbare Diskriminierung im Sinne der Richtlinie 2002/73/EG vorliegt oder nicht, davon abhängig gemacht werden kann, wie groß die Gruppe derjenigen Frauen ist, die durch die benachteiligende Vorschrift o.ä. diskriminiert wird oder werden könnte.

So bejahte der Europäische Gerichtshof in ständiger Rechtsprechung das Vorliegen einer mittelbaren Diskriminierung wegen des Geschlechts, wenn eine geschlechtsneutral formulierte Regelung prozentual erheblich mehr Frauen als Männer benachteiligt und diese unterschiedliche Behandlung nicht durch objektive Faktoren gerechtfertigt ist, die nichts mit einer Diskriminierung des Geschlechts zu tun haben.[604] Der Nachweis, dass wesentlich größere nachteilige Auswirkungen für ein Geschlecht im Verhältnis zum anderen Geschlecht vorliegen, konnte nach bisheriger Rechtsprechung im Wege statistischer Nachweise erbracht werden.[605] Um positiv feststellen zu können, ob ein Differenzierungsmerkmal erheblich mehr Frauen als Männer beeinträchtigt, war der Vergleich zweier Gruppen erforderlich.[606] Die Vergleichsgruppen waren so auszuwählen, dass eine Gruppe, bei der das entscheidende Differenzierungskriterium vorlag, mit einer anderen Gruppe, bei der dieses nicht vorlag und die deshalb nachteilig betroffen war, zu vergleichen war.[607] 1990 hatte der Europäische Gerichtshof über einen Fall zu entscheiden, in dem der Bezug eines Übergangsgeldes von dem Umstand abhängig gemacht wurde, ob der Arbeitnehmer vollzeitbeschäftigt

---

[603] Bauer/Göpfert/Krieger, AGG, § 3, Rn. 24; Schiek-*Schiek*, AGG, § 3, Rn. 37.
[604] EuGH v. 30.11.1993, Rs C-189/91 (Kirshammer-Hack), Slg. 1993, I-6185; EuGH v. 2.10.1997, Rs. C-100/95 (Kording), Slg. 1997, I-5289.
[605] Vgl. hierzu: *Hanau/Preis*, ZfA 1988, 177 (187f.); *Schlachter*, NZA 1995, 393 (396); *Wank*, FS Wissmann, 599 (608).
[606] *Schlachter*, NZA 1995, 393 (396).
[607] *Schlachter*, NZA 1995, 393 (396).

war.[608] In dem zu beurteilenden Fall war die Gruppe der Vollzeitbeschäftigten
mit der Gruppe der Teilzeitbeschäftigten zu vergleichen und festzustellen, ob bei
letzterer Gruppe ein wesentlich größerer Frauenanteil vorzufinden war. Im Ergebnis lag bei den Teilzeitkräften der Frauenanteil bei mehr als 75 %, während
sich der Frauenanteil bei den Vollzeitkräften auf ca. 50 % belief. Da die Ge-
schlechterverteilung in der benachteiligten Gruppe der in Teilzeit tätigen Arbeitnehmer wesentlich von der in der begünstigten Gruppe der in Vollzeit tätigen Arbeitnehmer abwich, konnte hieraus geschlossen werden, dass das Differenzierungskriterium *Vollzeittätigkeit* unverhältnismäßig nachteilige Auswirkungen auf Frauen hatte.[609] Dieses Ergebnis sprach für eine rechtfertigungsbe-
dürftige mittelbare Diskriminierung im Sinne der damaligen Rechtsprechung des
Europäischen Gerichtshofes.[610]

Die neue Definition der Richtlinie 2002/73/EG weicht von der Rechtsprechung
des Europäischen Gerichtshofes und der in Art. 2 Abs. 2 der Beweislastrichtlinie
97/80/EG[611] enthaltenen Definition der mittelbaren Diskriminierung insoweit ab,
als dass es nach der Gleichbehandlungsrichtlinie 2002/73/EG **nicht** erforderlich
ist, dass ein *wesentlich höherer Anteil* der Angehörigen eines Geschlechtes eine
Benachteiligung erleidet. Aufgrund des abweichenden Wortlauts des
Art. 2 Abs. 2 der Richtlinie 2002/73/EG, welcher ausreichen lässt, dass neutrale
Vorschriften etc. die benachteiligte Gruppe *in besonderer Weise benachteiligen*
können im Vergleich zum Wortlaut der Beweislastrichtlinie, welche die Benachteiligung eines wesentlich höheren Anteils der Angehörigen eines Geschlechts
fordert, dürfte zukünftig ein statistischer Nachweis der nachteiligen Auswirkun-

---

[608] EuGH v. 27.6.1990, Rs. C-33/89 (Kowalska), Slg. 198, I-2591, NZA 1990, 771ff.;
       Schlachter, NZA 1995, 393 (396).
[609] EuGH v. 27.6.1990, Rs. C-33/89 (Kowalska), Slg. 198, I-2591, NZA 1990, 771ff.;
       Schlachter, NZA 1995, 393 (396).
[610] EuGH v. 27.6.1990, Rs. C-33/89 (Kowalska), Slg. 198, I-2591, NZA 1990, 771ff.;
       Schlachter, NZA 1995, 393 (396).
[611] In Art. 2 Abs. 2 der Beweislastrichtlinie 97/80/EG heißt es wörtlich: „Im Sinne des in
       Absatz 1 genannten Gleichbehandlungsgrundsatzes liegt eine mittelbare Diskriminierung
       vor, wenn dem Anschein nach neutrale Vorschriften, Kriterien oder Verfahren einen we-
       sentlich höheren Anteil der Angehörigen eines Geschlechts benachteiligen, es sei denn,
       die betreffenden Vorschriften, Kriterien oder Verfahren sind angemessen und notwendig
       und sind durch nicht auf das Geschlecht bezogene sachliche Gründe gerechtfertigt."

gen nicht mehr erforderlich sein.[612] An Stelle des strengen statistischen Nachweises sollte es zukünftig möglich sein, auch auf andere Weise plausibel zu machen, dass eine bestimmte Personengruppe nachteilig betroffen sein könnte.[613]

So wird überwiegend vertreten, dass es erklärtes Ziel der Richtlinie sei, die Feststellung einer mittelbaren Diskriminierung von einem derartigen Nachweis abzukoppeln und an die Rechtsprechung des Europäischen Gerichtshofes zu den Wanderarbeitnehmern anzuknüpfen, nach der es nur darauf ankomme, ob Vorschriften oder Verfahren in besonderer Weise benachteiligen könnten.[614] In der konkreten Rechtssache entschied der Europäische Gerichtshof, dass eine Vorschrift selbst bei unterschiedsloser Geltung mittelbar diskriminierend sei, wenn bereits die Gefahr bestehe, dass eine Personengruppe, in diesem Fall die Wanderarbeitnehmer, im Vergleich zu einer anderen Personengruppe, in diesem Fall die inländischen Arbeitnehmer, besonders benachteiligt werde.[615] Gegenstand dieses Verfahrens war die Frage, ob eine Vorschrift, nach der die Zahlung eines Bestattungsgeldes davon abhing, ob die Bestattung im Vereinigten Königreich stattfindet, Wanderarbeitnehmer, die angesichts ihrer Bindung an ihr Heimatland häufig eine Bestattung in einem anderen Mitgliedstaat vornehmen lassen, mittelbar diskriminiert.[616] Im Ergebnis bejahte der Europäische Gerichtshof das Vorliegen einer mittelbaren Diskriminierung aufgrund der Gefahr einer besonderen Benachteiligung von Wanderarbeitnehmern.[617] Der EuGH verzichtete in

---

[612] So beispielsweise: *Däubler*, ZfA 2006, 479 (486); *Epiney/Freiermuth Abt*, Das Recht der Gleichstellung von Mann und Frau in der EU, S. 126; *Högenauer*, Die europäische Richtlinie gegen Diskriminierung im Arbeitsrecht, S. 97; *Lingscheid*, Antidiskriminierung im Arbeitsrecht, S. 58; *Schiek*, Europäisches Arbeitsrecht, S. 217; *Schiek*, NZA 2004, 873 (875); Schiek-*Schiek*, AGG, § 3, Rn. 24; *Schmidt*, Das Arbeitsrecht der Europäischen Gemeinschaft, Teil III , Rn. 163; *Schmidt/Senne*, RdA 2002, 80, 83; *Waas*, ZIP 2000, 2151 (2153); *Wisskirchen*, DB 2006, 1491 (1491); a.A. Staudinger-*Annuß*, BGB, § 611a, Rn. 34, der den Nachweis einer mittelbaren Diskriminierung trotz der gegenüber in Art. 2 Abs. 2 der Richtlinie 97/80/EG enthaltenen abweichenden Definition der mittelbaren Geschlechterdiskriminierung im Wege eines statistischen Vergleiches für erforderlich hält sowie *Thüsing*, NZA 2004, Sonderbeilage zu Heft 22, 3 (7); *Thüsing*, Diskriminierungsschutz, Rn. 257f., der der Ansicht ist, dass trotz der neuen Formulierung der Definition der mittelbaren Diskriminierung sich beim Nachweis nichts daran geändert habe, dass als Voraussetzung eine prozentual wesentlich stärkere Belastung einer Gruppe erforderlich sei und nur unter sehr engen Voraussetzungen auf einen statistischen Nachweis verzichtet werden könne.

[613] *Däubler*, ZfA 2006, 479 (486); Däubler/Bertzbach-*Schrader/Schubert*, AGG, § 3, Rn. 24; *Schiek*, NZA 2004, 873 (875).

[614] *Schiek*, NZA 2004, 873 (875); *Schmidt/Senne*, RdA 2002, 80 (83); *Waas*, ZIP 2000, 2151 (2153).

[615] EuGH v. 23.5.1996, Rs. C. 237/94 (O'Flynn), Slg. 1996, I-2617.

[616] EuGH v. 23.5.1996, Rs. C. 237/94 (O'Flynn), Slg. 1996, I-2617.

[617] EuGH v. 23.5.1996, Rs. C. 237/94 (O'Flynn), Slg. 1996, I-2617.

dieser Entscheidung ausdrücklich auf den statistischen Nachweis, in dem der Gerichtshof klarstellte, dass es nicht notwendig sei, festzustellen, dass ein wesentlich größerer Anteil der Wanderarbeitnehmer von der zu überprüfenden Vorschrift beeinträchtigt werde.[618]

Diese Beurteilung, dass es eines statistischen Nachweises nicht mehr bedarf, ergibt sich nicht nur aus den unterschiedlichen Wortlauten der Regelungen der Richtlinie 97/80/EG und der Richtlinie 2002/73/EG, sondern sie wird auch durch die Erwägungsgründe der Richtlinie 2002/73/EG gestützt. So heißt es im 10. Erwägungsgrund, dass einzelstaatliche Vorschriften vorsehen könnten, dass eine mittelbare Diskriminierung auch durch statistische Beweise festgestellt werden könne. Gingen das Europäische Parlament und der Rat davon aus, dass eine statistische Überprüfung generell für die Beurteilung des Vorliegens einer mittelbaren Diskriminierung zwingend erforderlich wäre, so hätte es dieser Ausführung im Rahmen des 10. Erwägungsgrundes nicht bedurft. Aufgrund der praktischen Schwierigkeiten bei der statistischen Beweisführung wird der Verzicht hierauf in der Literatur von vielen als positiv erachtet.[619]

Eine Anknüpfung an die oben dargestellte Rechtsprechung des Europäischen Gerichtshofes zu den Wanderarbeitnehmern durch die Richtlinie wird auch durch den Wortlaut des Art. 2 Abs. 2 der Richtlinie 2002/73/EG bestätigt. Hiernach reicht es bereits aus, wenn Vorschriften etc. benachteiligen *können*, so dass die bloße Gefahr, dass eine Regelung potentiell geeignet ist, stärkere negative Auswirkungen auf die eine Gruppe als auf eine andere Gruppe zu haben, bereits genügt.[620] Hier unterscheidet sich die mittelbare Diskriminierung erheblich von der unmittelbaren Diskriminierung. Denn bei der unmittelbaren Diskriminierung wird nicht auf eine hypothetische Beeinträchtigung des Arbeitnehmers, sondern auf eine tatsächliche Benachteiligung des Arbeitnehmers abgestellt, die mit einer vergangenen oder hypothetischen Handlung verglichen wird.[621] Dies ergibt sich auch aus dem Wortlaut der beiden in der Richtlinie enthaltenen Definitionen. So liegt eine *unmittelbare Diskriminierung* hiernach vor, „wenn eine Person (...) eine weniger günstige Behandlung *erfährt*, als eine andere Person erfährt, erfahren hat oder erfahren würde", während eine *mittelbare Diskriminierung* voraus-

---

[618] EuGH v. 23.5.1996, Rs. C. 237/94 (O'Flynn), Slg. 1996, I-2617.

[619] *Högenauer*, Die europäische Richtlinie gegen Diskriminierung im Arbeitsrecht, S 96f.; *Lingscheid*, Antidiskriminierung im Arbeitsrecht, S. 58; *Schiek*, NZA 2004, 873 (875); Schiek-*Schiek*, AGG, § 3, Rn. 24; *Schmidt/Senne*, RdA 2002, 80, 83; *Schmidt*, Das Arbeitsrecht der Europäischen Gemeinschaft, Teil III , Rn. 163; *Waas*, ZIP 2000, 2151 (2153).

[620] *Lingscheid*, Antidiskriminierung im Arbeitsrecht, S. 59; *Schmidt*, Das Arbeitsrecht der Europäischen Gemeinschaft, Teil III, Rn. 163; *Schmidt/Senne*, RdA 2002, 80 (83).

[621] *Thüsing*, Diskriminierungsschutz, Rn. 238.

setzt, dass „dem Anschein nach neutrale Vorschriften (...) Personen des anderen Geschlechts benachteiligen *können*, (...)". Des Nachweises einer tatsächlichen Beeinträchtigung bedarf es folglich bei der mittelbaren Diskriminierung gerade nicht.[622] Ausreichend ist demnach, dass bei der Beurteilung, ob eine mittelbare Diskriminierung vorliegt, auf hypothetische Abläufe auch im Hinblick auf die Benachteiligung gegenüber dem Arbeitnehmer an sich abgestellt wird.[623]

Dennoch kann aus dieser Formulierung nicht geschlossen werden, dass es überhaupt nicht mehr darauf ankommen soll, dass zumindest eine nicht ganz unerhebliche Anzahl von Personen eine Diskriminierung erfährt. Im Wortlaut der Richtlinie ist von *Personen* die Rede und damit der Plural verwendet worden.[624] Insoweit unterscheidet sich die in der Richtlinie 2002/73/EG enthaltene Definition der mittelbaren Diskriminierung auch von der in der Richtlinie enthaltenen Definition der unmittelbaren Diskriminierung, welche vorliegt, wenn *eine Person* aufgrund ihres Geschlechts in einer vergleichbaren Situation eine weniger günstige Behandlung erfährt, als *eine andere Person*. Nach dem Wortlaut und dem Sinn und Zweck des Verbots der mittelbaren Diskriminierung kann es nicht ausreichen, wenn die zu beurteilende Diskriminierung nur gegenüber einer einzelnen Person denkbar wäre.[625] Durch dieses Diskriminierungsverbot sollen gerade Personengruppen, die aufgrund ihres Geschlechtes gegenüber Personengruppen des anderen Geschlechtes benachteiligt werden, geschützt werden. Es würde daher nicht dem Sinn der Vorschrift entsprechen, wenn nicht zumindest hypothetisch eine Personenmehrheit durch neutrale Vorschriften etc. diskriminiert werden könnte.

(ii)   Beeinträchtigung in besonderer Weise

Im Vergleich zum Begriff der unmittelbaren Diskriminierung wird der Begriff der mittelbaren Diskriminierung in Art. 2 Abs. 2 der Richtlinie 2002/73/EG durch das Merkmal *in besonderer Weise* eingeschränkt. Während für die unmittelbare Diskriminierung eine solche Einschränkung nicht vorhanden ist, sollen bei der mittelbaren Diskriminierung geringfügige Beeinträchtigungen nicht als

---

[622] *Lingscheid,* Antidiskriminierung im Arbeitsrecht, S. 59; *Schmidt,* Das Arbeitsrecht der Europäischen Gemeinschaft, Teil III, Rn. 163; *Schmidt/Senne,* RdA 2002, 80 (83).

[623] *Högenauer,* Die europäische Richtlinie gegen Diskriminierung im Arbeitsrecht, S 96; *Lingscheid,* Antidiskriminierung im Arbeitsrecht, S. 60; *Schmidt/Senne,* RdA 2002, 80 (83); *Wank,* FS Wissmann, 599 (609).

[624] So auch Schiek-*Schiek,* AGG, § 3, Rn. 25.

[625] So auch Schiek-*Schiek,* AGG, § 3, Rn. 25.

mittelbare Diskriminierung gewertet werden.[626] Denn solche marginalen Beeinträchtigungen können in einer Vielzahl von generell gehaltenen Vorschriften enthalten sein und der Wortlaut fordert, dass die betroffenen Personen mehr als nur geringfügig beeinträchtigt sind bzw. beeinträchtigt sein könnten.[627]

(3) Rechtfertigungsmöglichkeit

Zu beachten ist, dass gemäß der in der Richtlinie 2002/73/EG enthaltenen Definition der mittelbaren Diskriminierung diese nicht vorliegt, wenn die betreffenden Vorschriften, Kriterien oder Verfahren durch ein rechtmäßiges Ziel sachlich gerechtfertigt und die Mittel zur Erreichung dieses Ziels angemessen und erforderlich sind.

(i) Rechtsnatur der Rechtfertigungsgründe

Fraglich ist, welche Rechtsnatur der in Art. 2 Abs. 2, 2. Spiegelstrich genannten Rechtfertigung rechtsdogmatisch zukommt.

Zum einen wird die Ansicht vertreten, es handele sich hierbei um ein negatives Tatbestandsmerkmal.[628] Dies hätte zur Folge, dass im Falle einer objektiven Rechtfertigung eine Ungleichbehandlung bereits auf der Tatbestandsebene nicht als Diskriminierung im Sinne der Richtlinie zu qualifizieren sei.[629] Eine solche Einschränkung sei sinnvoll, um einer uferlosen Ausdehnung des Benachteiligungsverbotes vorzubeugen.[630] Diese Auffassung könne auf den Wortlaut der

---

[626] So auch beispielsweise *Högenauer*, Die europäische Richtlinie gegen Diskriminierung im Arbeitsrecht, S. 99; a.A. *Lingscheid*, Antidiskriminierung im Arbeitsrecht, S. 59, die der Ansicht ist, hinter der Formulierung „in besonderer Weise" verberge sich keine besondere Erheblichkeitsschwelle in dem Sinn, dass nicht jede denkbare Auswirkung einer Maßnahme genüge.

[627] *Högenauer*, Die europäische Richtlinie gegen Diskriminierung im Arbeitsrecht, S. 99; a.A. *Lingscheid*, Antidiskriminierung im Arbeitsrecht, S. 59.

[628] *Annuß*, BB 2006, 1629 (1632); *Bezani/Richter*, Das AGG im Arbeitsrecht, Rn. 98; *Gaul/Naumann*, ArbRB 2005, 50 (51); *Högenauer*, Die europäische Richtlinie gegen Diskriminierung im Arbeitsrecht, S. 99; *Lingscheid*, Antidiskriminierung im Arbeitsrecht, S. 96; *Meyer*, Das Diskriminierungsverbot des Gemeinschaftsrechts als Grundsatznorm und Gleichheitsrecht, S. 37; *Steinau-Steinrück/Schneider/Wagner*, NZA 2005, 29 (29); *Wank*, Sonderbeilage zu NZA 2004, Heft 22, S. 16 (22); *Wisskirchen*, DB 2006, 1491 (1492).

[629] So auch die Begründung zum Gesetzesentwurf des AGG, in den die Definition der mittelbaren Diskriminierung wortidentisch übernommen wurde; *Steinau-Steinrück/ Schneider/Wagner*, NZA 2005, 28 (29).

[630] *Armbrüster*, ZRP 2005, 41 (42).

Richtlinie gestützt werden, da es hierin heiße, dass eine mittelbare Diskriminierung unter den dort genannten Voraussetzung zu bejahen sei, *es sei denn*, die betreffenden Vorschriften etc. sind durch ein rechtmäßiges Ziel gerechtfertigt.[631]

Zum anderen wird die Auffassung vertreten, dass der in der Richtlinie vorgesehene Rechtfertigungsgrund rechtsdogmatisch eine auf der Tatbestandsebene bestehende mittelbare Diskriminierung erst auf der Rechtfertigungsebene aufgrund des Vorliegens besonderer Gründe rechtfertigen solle.[632]

Im Ergebnis handelt es sich bei dieser Fragestellung lediglich um eine rechtstheoretische Diskussion. In der Praxis besteht kein relevanter Unterschied, ob das Vorliegen einer mittelbaren Diskriminierung bereits auf der Tatbestandsebene oder erst auf der Rechtfertigungsebene verneint wird. Die Formulierung der Vorschrift, wonach eine mittelbare Diskriminierung vorliegt, *es sei denn*, die betreffenden Vorschriften etc. sind durch ein sachliches Ziel gerechtfertigt, spricht jedoch eher dafür, das Vorliegen einer mittelbaren Diskriminierung bereits auf der Tatbestandsebene im Falle einer Rechtfertigung zu verneinen. Dies würde dann dazu führen, dass eine Diskriminierung schon tatbestandlich überhaupt nicht vorläge.

(ii)   Inhaltliche Anforderungen an die Rechtfertigungsgründe

Im Gegensatz zur unmittelbaren Diskriminierung kann die mittelbare Diskriminierung nicht nur durch die ausdrücklich in den Absätzen 6, 7 und 8 des Artikel 2 der Richtlinie aufgezählten Gründe gerechtfertigt sein, sondern es können darüber hinaus auch sonstige sachliche Gründe angeführt werden.[633] Erforderlich ist das Vorliegen objektiver Faktoren, die selber nichts mit einer Diskriminierung des Geschlechts zu tun haben und den Verhältnismäßigkeitsgrundsatz wahren.[634]

Fraglich ist, welche Anforderungen an die Rechtfertigungsgründe im Sinne der Richtlinie 2002/73/EG zu stellen sind. Die Richtlinie selber enthält keinerlei

[631] *Högenauer*, Die europäische Richtlinie gegen Diskriminierung im Arbeitsrecht, S. 99; *Lingscheid*, Antidiskriminierung im Arbeitsrecht, S. 96; *Meyer*, Das Diskriminierungsverbot des Gemeinschaftsrechts als Grundsatznorm und Gleichheitsrecht, S. 37.

[632] *Epiney/Freiermuth Abt*, Das Recht der Gleichstellung von Mann und Frau in der EU, S. 142; i.E. wohl auch *Schlachter*, NZA 1995, 393 (397f.).

[633] *Epiney/Freiermuth Abt*, Das Recht der Gleichstellung von Mann und Frau in der EU, S. 132.

[634] EuGH v. 13.5.1986, Rs. 170/84 (Bilka), Slg. 1986, 1607; *Plötscher*, Der Begriff der Diskriminierung im Europäischen Gemeinschaftsrecht, S. 241; Schiek-*Schiek*, AGG, § 3, Rn. 48; *Thüsing*, Diskriminierungsschutz, Rn. 259, 909f; *Wank*, FS Wissmann, 599 (610).

Konkretisierungen hinsichtlich dieser Problematik. Man könnte daher zum einen die Auffassung vertreten, dass besonders strenge Anforderungen an diese Gründe zu stellen seien, da das Ziel der Richtlinie, die Diskriminierung von Frauen in Beschäftigung und Beruf zu vermeiden, nur dann erreicht werden könne, wenn Diskriminierungen nur unter ganz engen Voraussetzungen zulässig sein dürften. Zum anderen könnte man die Ansicht vertreten, dass alle grundsätzlich vertretbaren sachlichen Gründe geeignet seien, eine mittelbare Diskriminierung zu rechtfertigen, soweit diese mit den sonstigen Vorgaben des Gemeinschaftsrechtes im Einklang stünden.[635] Eine Einschränkung des entgegenstehenden Grundes erfolge hiernach dann erst bei der Frage, ob der angeführte Grund den Erfordernissen des Verhältnismäßigkeitsgrundsatzes entspräche.

Wird der Anwendungsbereich der die mittelbare Diskriminierung rechtfertigenden Gründe extensiv ausgelegt, so können im Wege einer umfassenden Abwägung im Rahmen der Verhältnismäßigkeitsprüfung widerstreitende Interessen angemessener berücksichtigt werden. So ist denkbar, dass in Betracht kommende Rechtfertigungsgründe gegebenenfalls nicht den hohen Ansprüchen entsprechen, die an diese gestellt werden, sie im Ergebnis jedoch unter Umständen bei einer Verhältnismäßigkeitsprüfung aufgrund der von ihnen bezweckten Ziele geeignet sein könnten, eine mittelbare Diskriminierung ausnahmsweise zu rechtfertigen. Würden zu strenge Anforderungen an die die mittelbare Diskriminierung rechtfertigenden Gründe gestellt, so würden viele Gründe dagegen überhaupt nicht mehr einer Verhältnismäßigkeitsprüfung unterzogen werden.

So entschied der Europäische Gerichtshof in diesem Zusammenhang im Rahmen der Überprüfung einer gesetzlichen Regelung, dass ein die Diskriminierung rechtfertigender Grund dann vorliegt, wenn der Mitgliedstaat darlegen kann, dass die gewählten Mittel einem notwendigen Ziel seiner Sozialpolitik dienen und für die Erreichung des Ziels geeignet und erforderlich sind.[636] Der Wortlaut der Richtlinie 2002/73/EG erfolgte daher offenbar in Anlehnung an diese Rechtsprechung des Europäischen Gerichtshofes, der ebenfalls keine besonders strengen Voraussetzungen daran knüpfte, ob überhaupt ein die Ungleichbehandlung rechtfertigender Grund vorlag, sondern eine strenge Überprüfung erst bei der Frage vornahm, ob die gewählten Mittel für die Erreichung des Zieles geeignet und erforderlich und damit verhältnismäßig waren.

---

[635] *Epiney/Freiermuth Abt*, Das Recht der Gleichstellung von Mann und Frau in der EU, S. 142.

[636] EuGH v. 13.7.1989, Rs. 171/88 (Rinner-Kühn), Slg. 1989, 2743; EuGH v. 19.11.1992, Rs. C-226/91 (Molenbroek), Slg. 1992, I-5943; EuGH v. 24.2.1994, Rs. C-343/92 (Roks), Slg. 1994, I-571; EuGH v. 14.12.1995, Rs. C-444/93 (Megner u. Scheffel).

Um alle widerstreitenden Interessen ausreichend berücksichtigen zu können, erscheint es deshalb sinnvoll, jeden grundsätzlich vertretbaren Grund als möglichen Rechtfertigungsgrund in Betracht zu ziehen und diesen sodann in einem zweiten Schritt einer Verhältnismäßigkeitsprüfung zu unterziehen. Diese dann durchzuführende Überprüfung ist im Wesentlichen mit der aus dem deutschen Verfassungsrecht bekannten Verhältnismäßigkeitsprüfung einer staatlichen Maßnahme identisch.[637] Nur wenn der die mittelbare Diskriminierung rechtfertigende Grund geeignet, erforderlich und angemessen ist, um das durch ihn bezweckte Ziel zu erreichen, kann das Vorliegen einer mittelbaren Diskriminierung im Sinne der Richtlinie 2002/73/EG verneint werden.[638]

(4)   Benachteiligungsabsicht

Ebenso wie bei der unmittelbaren Diskriminierung ist auch bei der mittelbaren Diskriminierung eine Benachteiligungsabsicht nicht erforderlich.[639] Ob das Vorliegen einer mittelbaren Diskriminierung zu bejahen ist oder nicht setzt nicht am Motiv des Handelns, sondern am Ergebnis des Handelns an, welches zu einer erkennbaren Benachteiligung führt.[640]

cc)   Anweisung zur Diskriminierung

Gemäß Art. 2 Abs. 2 der Richtlinie 2002/73/EG stellt auch die Anweisung zur Diskriminierung einer Person aufgrund des Geschlechts eine Diskriminierung im Sinne der Richtlinie dar.

---

[637] *Sievers*, Die mittelbare Diskriminierung im Arbeitsrecht, S. 121.

[638] Küttner-*Kania*, Diskriminierung, Rn. 42; Schiek-*Schiek*, AGG, § 3 Rn. 50; *Schlachter*, NZA 1995, 393 (398.); *Schmidt*, AuR 2002, 245 (247); *Steinau-Steinrück/ Schneider/Wagner*, NZA 2005,28 (29); *Sievers*, Die mittelbare Diskriminierung im Arbeitsrecht, S. 121; *Thüsing*, Diskriminierungsschutz, Rn. 259, 909f.; *Wank*, FS Wissmann, 599 (614).

[639] *Hanau/Preis*, ZfA 1988, 177 (181); Hanau/Steinmeyer/Wank-*Wank*, Handbuch des europäischen Arbeits- und Sozialrechts, § 16, Rn. 45; Küttner-*Kania*, Diskriminierung, Rn. 42; *Pfarr*, NZA 1986, 585 (586).Dies wird beispielsweise vom DAV kritisiert, der in seiner Stellungnahme zum Regierungsentwurf des Allgemeinen Gleichbehandlungsgesetzes fordert, dass eine mittelbare Benachteiligung im Zivilrechtsverkehr nur dann vorliegen sollte, wenn diese beabsichtigt sei (DAV Stellungnahme, NZA 12/2006, VII).

[640] *Hanau/Preis*, ZfA 1988, 177 (181).

c)   **Förderpflicht der Mitgliedstaaten**

Die Mitgliedstaaten werden gemäß Art. 2 Abs. 5 der Richtlinie 2002/73/EG an-
gehalten, im Einklang mit ihren nationalen Rechtsvorschriften, Tarifverträgen
oder tariflichen Praktiken die Arbeitgeber zu ersuchen, entsprechende Maßnahmen zu ergreifen, um allen Formen der Diskriminierung aufgrund des Geschlechts vorzubeugen.

Ferner sollen die Mitgliedstaaten nach § 8b der Richtlinie 2002/73/EG geeignete
Maßnahmen ergreifen, um den sozialen Dialog zwischen den Sozialpartnern mit
dem Ziel zu fördern, die Verwirklichung der Gleichbehandlung voranzubringen
sowie die Arbeitgeber zu ersuchen, die Gleichbehandlung von Männern und
Frauen am Arbeitsplatz in geplanter und systematischer Weise zu fördern.

d)   **Zulässige Ungleichbehandlung**

Ausnahmsweise können die Mitgliedstaaten gemäß Art. 2 Abs. 6 der Richtlinie
hinsichtlich des Zugangs zur Beschäftigung eine Ungleichbehandlung als zulässig definieren, wenn das betreffende Merkmal aufgrund der Art einer bestimmten beruflichen Tätigkeit oder ihrer Ausübung eine wesentliche und entscheidende berufliche Anforderung darstellt, sofern es sich um einen rechtmäßigen
Zweck und eine angemessene Anforderung handelt.

Gemäß Art.2 Abs. 8 der Richtlinie 2002/73/EG sind die Mitgliedstaaten berechtigt, im Hinblick auf die Gewährleistung der vollen Gleichstellung von Männern
und Frauen Maßnahmen im Sinne von Art. 141 Abs. 4 EG beizubehalten oder
zu beschließen.

e)   **Vereinbarkeit der Richtlinie mit dem Mutterschutz**

Art. 2 Abs. 7 der Richtlinie 2002/73/EG stellt explizit klar, dass diese Richtlinie
den Vorschriften zum Schutz der Frau, insbesondere bei Schwangerschaft und
Mutterschaft, nicht entgegensteht. Frauen im Mutterschaftsurlaub haben hiernach nach Ablauf dieser Zeit Anspruch auf Rückkehr an ihren früheren Arbeitsplatz oder einen gleichwertigen Arbeitsplatz unter Bedingungen, die für sie nicht
weniger günstig sind. Ferner sollen ihnen Verbesserungen der Arbeitsbedingungen, auf die sie während ihrer Abwesenheit Anspruch gehabt hätten, zugutekommen.

Klarstellend heißt es im 3. Abschnitt dieses Absatzes, dass eine ungünstigere Behandlung einer Frau im Zusammenhang mit Schwangerschaft oder Mutterschaftsurlaub als Diskriminierung gelte.

f)   Anwendungsbereich der Richtlinie 2002/73/EG

Der Anwendungsbereich der Richtlinie ist relativ weit gefasst. So erstreckt sich dieser sowohl auf den öffentlichen als auch auf den privatwirtschaftlichen Bereich und es werden auch Arbeitslose und Arbeitssuchende mit umfasst, so dass ganz allgemein bereits ein enger Bezug zum Arbeitsleben bzw. zur Beschäftigung ausreicht.[641] Nach Art. 3 Abs. 1 der Richtlinie bedeutet der Gleichbehandlungsgrundsatz unter anderem, dass es im öffentlichen und privaten Bereich keinerlei Diskriminierung aufgrund des Geschlechtes hinsichtlich der Bedingungen für den Zugang zu unselbständiger oder selbständiger Arbeit geben darf. Bei dieser Regelung handelt es sich um eine Präzisierung des Anwendungsbereiches des Diskriminierungsverbotes des Art. 2 Abs. 1 der Richtlinie 2002/73/EG und des Geltungsbereiches der Richtlinie an sich.[642] Inhaltlich kritisiert wurde die Richtlinie dahingehend, dass deren Anwendbarkeit auf das Anbahnungsverhältnis zu einem erheblichen Eingriff in die Vertragsfreiheit des Arbeitgebers führe, da dieser in seiner Auswahl unter den Bewerbern beschränkt werde.[643]

Die Mitgliedstaaten sollen gemäß Abs. 2 des Artikel 3 der Richtlinie 2002/73/EG die erforderlichen Maßnahmen ergreifen, um sicherzustellen, dass die Rechts- und Verwaltungsvorschriften, die dem Gleichbehandlungsgrundsatz zuwiderlaufen, aufgehoben werden und dass die mit dem Gleichbehandlungsgrundsatz nicht zu vereinbarenden Bestimmungen in Arbeits- und Tarifverträgen, Betriebsordnungen und Statuten der freien Berufe und der Arbeitgeber und Arbeitnehmerorganisationen nichtig sind, für nichtig erklärt werden oder geändert werden.

---

[641] *Epiney/Freiermuth Abt*, Das Recht der Gleichstellung von Mann und Frau in der EU, S. 121; *Högenauer*, Die europäische Richtlinie gegen Diskriminierung im Arbeitsrecht, S. 88; *Wisskirchen*, DB 2006, 1491 (1491).

[642] So auch *Epiney/Freiermuth Abt*, Das Recht der Gleichstellung von Mann und Frau in der EU, S. 129.

[643] *Wank*, Sonderbeilage zu NZA Heft 22/2004, 16 (18).

3. Umsetzung der Richtlinie 2002/73/EG ins deutsche Recht in Form des Allgemeinen Gleichbehandlungsgesetzes

Die Richtlinie 2002/73/EG wurde in Form des Allgemeinen Gleichbehandlungsgesetzes (AGG) in deutsches Recht umgesetzt. Dieses Allgemeine Gleichbehandlungsgesetz befindet sich in Artikel 1 des Gesetzes zur Umsetzung europäischer Richtlinien zur Verwirklichung des Grundsatzes der Gleichbehandlung, welches am 17. August 2006 im Bundesgesetzblatt verkündet und am darauffolgenden Tag, und damit am 18. August 2006, in Kraft getreten ist.[644] Da die Richtlinie bis zum 5. Oktober 2005 umzusetzen war, erfolge ihre Umsetzung demzufolge mit fast einjähriger Verspätung.[645]

C. Vereinbarkeit der Teilzeitansprüche mit der Richtlinie 2002/73/EG

Im Folgenden soll diskutiert werden, ob die Teilzeitansprüche nach § 8 Abs. 4 TzBfG und § 15 Abs. 7 BEEG im Einklang mit der europäischen Gleichbehandlungsrichtlinie 2002/73/EG und deren Vorgängerrichtlinie 76/207/EWG stehen. Hierbei soll sich die Prüfung darauf konzentrieren und gleichzeitig auch darauf beschränken, ob die gesetzlich vorgesehenen Ansprüche auf Teilzeitarbeit nach dem Teilzeit- und Befristungsgesetz und dem Bundeselterngeld- und Elternzeitgesetz, die eigentlich zu einer Begünstigung der Arbeitnehmer beitragen sollen, faktisch zu einer unmittelbaren oder mittelbaren Diskriminierung von Frauen führen.

Obgleich die Teilzeitarbeit aus betriebswirtschaftlicher Perspektive vielfach als positiv erachtet wird, wird sie aus sozialpolitischer Sicht teils kritisch bewertet.[646] Denn obwohl vielen Frauen häufig durch Teilzeitarbeit überhaupt erst die Partizipation am Arbeitsleben ermöglicht wird, etwa zum Wiedereinstieg in das Berufsleben nach der Geburt eines Kindes, stufen einige diese Beschäftigungs-

---

[644] BGBl. I 2006, 1897. Die Vorgängerrichtlinie 76/207/EWG wurde durch die §§ 611a, 611b und 612a BGB (eingefügt durch das arbeitsrechtliche EG-Anpassungsgesetz 1980, BGBl. I, 1308ff.) in deutsches Recht umgesetzt. Diese Vorschriften wurden mit Inkrafttreten des AGG aufgehoben.

[645] Zur Entwicklungsgeschichte des AGG und den inhaltlichen Regelungen des Gesetzes vgl.: *Annuß*, BB 2006, 1629ff.; *Bauer/Thüsing/Schunder*, NZA 2005, 32ff.; *Bennecke/Kern*, EuZW 2005, 360ff.; *Braun*, ZRP 2005, 135ff.; *Herms/Meinel*, DB 2004, 2370ff.; *Jennen*, FTD v. 1.8.2006; *Nicolai*, AnwBl 2006, 563ff.; *Schnöckel*, ZRP 2005, 170ff.; *Wagner*, ZRP 2005, 136ff.

[646] Blanke/Schüren/Wank,/Wedde-*Wank*, Handbuch Neue Beschäftigungsformen, Teil II, Rn. 40.

form auch als Hemmnis der Geschlechteremanzipation ein, da durch die Teilzeit eine geschlechtsspezifische Rollenverteilung gefördert werde.[647]

Sollte sich bei der folgenden Überprüfung der Vereinbarkeit der Teilzeitansprüche mit der Gleichbehandlungsrichtlinie 2002/73/EG herausstellen, dass eine unmittelbare oder mittelbare Diskriminierung von Frauen durch diese Vorschriften hervorgerufen wird, so bleibt dann zu untersuchen, ob die Bundesrepublik Deutschland, als Mitgliedstaat der Europäischen Gemeinschaft, nach Art. 3 Abs. 2 (a) der Richtlinie 2002/73/EG verpflichtet sein könnte, diese Vorschriften aufzuheben.

I. Vereinbarkeit des Anspruches auf Teilzeitarbeit gemäß § 8 Abs. 4 TzBfG mit dem Diskriminierungsverbot der Richtlinie 2002/73/EG

Fraglich ist, ob der Anspruch auf Teilzeitarbeit gemäß § 8 Abs. 4 TzBfG mit den europarechtlichen Vorgaben der Richtlinie 2002/73/EG zur Gleichbehandlung von Mann und Frau in Beschäftigung und Beruf vereinbar ist.

Wie zuvor schon ausführlich dargelegt[648], wird die Möglichkeit, in Teilzeit zu arbeiten, überwiegend von Frauen in Anspruch genommen. So waren im Jahr 2004 85 % der in Teilzeit tätigen Arbeitnehmer Frauen.[649] Sie sind es daher überwiegend, die von dem im Jahr 2001 neu eingeführten Teilzeitanspruch und der damit verbundenen Möglichkeit, ihre Arbeitszeit flexibel gestalten zu können, profitieren. Fraglich ist jedoch, ob der Umstand, dass überproportional mehr Frauen in Teilzeit tätig sind, dazu führt, dass die Frauen durch den in § 8 Abs. 4 TzBfG statuierten Teilzeitanspruch in der Praxis nicht begünstigt, sondern faktisch sogar diskriminiert werden. Dies könnte aus dem Grund der Fall sein, da es zumindest nicht auszuschließen ist, dass die Arbeitgeber generell oder häufig von der Einstellung von Frauen aufgrund der Befürchtung, dass diese den ihnen zustehenden Anspruch auf Teilzeit geltend machen könnten, zurückschrecken. So ergab beispielsweise eine Befragung des Instituts der deutschen Wirtschaft, dass 38 % der befragten 860 Unternehmen im Anspruch auf Teilzeit eine Einstellungshemmnis sahen.[650] 19 % der befragten Unternehmen

---

[647] Blanke/Schüren/Wank,/Wedde-*Wank*, Handbuch Neue Beschäftigungsformen, Teil II, Rn. 40.
[648] Vgl. Teil I A. II.
[649] Statistisches Bundesamt, Leben und Arbeiten in Deutschland, Mikrozensus 2004, S. 44.
[650] *Wanger*, IAB Kurzbericht Ausgabe 18/20.12.2004, S. 5.

gaben sogar an, dass der Teilzeitanspruch der konkrete Anlass gewesen sei, auf eine Einstellung zu verzichten.[651]

Eine ähnliche Problematik diskutiert *Mallossek* in ihrer Dissertation.[652] Hierin zeigt sie am Beispiel schwangerer Frauen in befristeten Arbeitsverhältnissen, die ihre Arbeitsleistung infolge der Schwangerschaft nicht erbringen können, die Gefahr auf, dass Arbeitgeber ggf. nicht mehr zur Einstellung von Frauen in gebärfähigem Alter bereit wären, sofern sie auch in einer derartigen Fallkonstellation in jedem Fall zur Aufrechterhaltung eines solchen Arbeitsverhältnisses verpflichtet wären.[653] Die Autorin gibt zu bedenken, dass Vorteile, die einer Frau zugutekämen, Gefahren für die Gesamtheit der Frauen heraufbeschwören könnten, die einen Zugang zum Arbeitsmarkt suchten.[654] Durch die Intention, schwangere Frauen absolut schützen zu wollen, bestehe die Gefahr, den Zielen der Gleichbehandlungsrichtlinie im Ergebnis zu schaden.[655] Dies wird auch von *Winkler* am Beispiel des Mutterschutzgesetzes problematisiert, indem diese ausführt, dass die vielen Frauen zugutekommenden Schutzvorschriften des Mutterschutzgesetzes gleichzeitig infolge der mutterschutzrechtlichen Kostenbelastung des Arbeitgebers zu einer Benachteiligung von Frauen bei der Stellensuche füh-

---

[651] *Wanger*, IAB Kurzbericht Ausgabe 18/20.12.2004, S. 5.

[652] *Mallossek*, Die tatbestandlichen Voraussetzungen der Gleichbehandlungsrichtlinie und ihre Auswirkungen auf das deutsche Arbeitsrecht, S. 119ff.

[653] *Mallossek*, Die tatbestandlichen Voraussetzungen der Gleichbehandlungsrichtlinie und ihre Auswirkungen auf das deutsche Arbeitsrecht, S. 119ff. Diese Befürchtung äußerte auch Generalanwalt *Darmon* in seinem Schlussantrag vom 14.11.1989 vor dem Europäischen Gerichtshof (Verbundene Schlussanträge des Generalanwalts *Darmon* v. 14.11.1989 zu den Rs. C-177/88 und 179/88, Slg. 1990, I-3941), in dem er zu bedenken gab, dass die möglichen finanziellen Schwierigkeiten, denen sich ein Arbeitgeber ausgesetzt sehen möge, der eine wegen Mutterschaft arbeitsunfähige Angestellte in seinem Betrieb behalten müsse, zahlreiche Arbeitgeber dazu veranlassen könne, sogar Frauen zurückzuweisen, bei denen aufgrund ihres Alters mit einer baldigen Schwangerschaft gerechnet werden könne.

[654] *Mallossek*, Die tatbestandlichen Voraussetzungen der Gleichbehandlungsrichtlinie und ihre Auswirkungen auf das deutsche Arbeitsrecht, S. 119ff. So auch das Bundesverfassungsgericht in seinem Beschluss vom 18.11.2003 (Az.: 1 BvR 302/96, NJW 2004, 146ff.), in dem das Gericht feststellte, dass die gesetzliche Verpflichtung des Arbeitgebers aus § 14 Abs. 1 MuSchG zur Zahlung eines Zuschusses zum Mutterschaftsgeldes zu einer faktischen Diskriminierung von Frauen führe. Es sei nach Auffassung des Gerichts nicht auszuschließen, dass diese Belastung des Arbeitgebers einen Benachteiligungseffekt gegenüber Frauen auszulösen vermöge, weil Arbeitgeber gegebenenfalls nicht mehr bereit seien, Frauen einzustellen. Ausführlich zu dieser Entscheidung unter Teil III C. I. 2 b) bb) (2).

[655] *Mallossek*, Die tatbestandlichen Voraussetzungen der Gleichbehandlungsrichtlinie und ihre Auswirkungen auf das deutsche Arbeitsrecht, S. 119ff.

re.[656] Im Ergebnis würden die im Mutterschutzgesetz enthaltenen Vorschriften den Abbau gesellschaftlicher Nachteile der Frauen erschweren.[657]

Im Zusammenhang mit sonstigen positiven Maßnahmen zugunsten von Frauen, wie beispielsweise die Einführung von Frauenquoten, die der Förderung der Chancengleichheit von Männern und Frauen dienen sollen, thematisiert *Hailbronner*, dass mit der gesetzlichen Heraushebung besonders geschützter Minderheiten diese als spezielle Gruppe hervorgehoben würden und dies im Ergebnis einer gesellschaftlichern Integration zuwiderliefe.[658] Diesen Umstand fasst *Wank* so zusammen, dass die Gefahr bestehe, das durch Antidiskriminierungsvorschriften und Schutzvorschriften eine Stigmatisierung und damit eine Diskriminierung geschaffen werden könne.[659]

Es darf hierbei jedoch nicht außer Acht gelassen werden, dass die zugunsten der Frauen bestehenden Schutzvorschriften auch wesentliche Vorteile hervorrufen. So dient beispielsweise das Mutterschutzgesetz dem Schutz der Gesundheit der werdenden Mutter und des ungeborenen Kindes sowie der finanziellen Absicherung durch die Zuschusspflicht des Arbeitgebers und den Kündigungsschutz. Bei der Beurteilung der Diskriminierungswirkung solcher Schutzvorschriften ist deswegen eine umfassende Abwägung der Vor- und Nachteile vorzunehmen.[660]

Es ist demnach zu prüfen, ob durch eine durch den Teilzeitanspruch nach § 8 TzBfG möglicherweise hervorgerufene zurückhaltende Einstellungspraxis der Arbeitgeber gegenüber jungen Frauen der Anspruch auf Teilzeit faktisch dazu führen könnte, dass die Vorschrift in ihrer Wirkung als unmittelbar oder mittelbar diskriminierend im Sinne der Richtlinie 2002/73/EG zu qualifizieren ist und die durch die Vorschrift hervorgerufenen Vorteile hierdurch im Ergebnis verdrängt werden.

---

[656] *Winkler*, Die Risiko- und Lastenverteilung im Mutterschutzrecht, S. 157.

[657] *Winkler*, Die Risiko- und Lastenverteilung im Mutterschutzrecht, S. 157.

[658] *Hailbronner*, ZAR 2001, 254 (258f.)

[659] *Wank*, FS Wissmann, 599 (615).

[660] Vgl. zu dieser Problematik ausführlich *Schiek*, Nachtarbeitsverbot für Arbeiterinnen, S. 313, die in ihrer Dissertation die Problematik der Angleichungsrichtung bei der Neugestaltung von Arbeitsschutzvorschriften am Beispiel des früher gegenüber Arbeiterinnen bestehenden Nachtarbeitsverbotes problematisiert. Sie führt in diesem Zusammenhang aus, dass einerseits die ersatzlose Aufhebung von Schutzrechten, die gesundheitlichen und sozialen Interessen der Beschäftigten dienen, zu einer Verschlechterung ihrer Lebens- und Arbeitsbedingungen führten, während andererseits die Aufrechterhaltung diskriminierender Schutzrechte tatsächliche Ungleichheiten herbeiführe.

1.   Unmittelbare Diskriminierung von Frauen im Sinne der Richtlinie 2002/73/EG durch die Regelung des § 8 Abs. 4 TzBfG

§ 8 Abs. 4 TzBfG könnte eine unmittelbare Diskriminierung von Frauen im Sinne des Art. 2 Abs. 2, 1. Spiegelstrich der Richtlinie 2002/73/EG hervorrufen, wenn Frauen wegen ihres Geschlechtes aufgrund dieser Vorschrift eine weniger günstige Behandlung erfahren, als Männer in einer vergleichbaren Situation erfahren oder erfahren würden.

Nach ständiger Rechtsprechung des Europäischen Gerichtshofes ist das Vorliegen einer unmittelbaren Diskriminierung dann zu bejahen, wenn der wesentliche Grund für die Ungleichbehandlung nicht unterschiedslos für Arbeitnehmer beiderlei Geschlechts, sondern ausschließlich für eines der beiden Geschlechter gilt.[661] Die unmittelbare Diskriminierung liegt vor, wenn direkt nach dem Geschlecht des Betroffenen unterschieden wird oder indirekt die benachteiligende Maßnahme an Tatsachen anknüpft, die nur eine Umschreibung für ein Geschlecht bedeuten.[662] So besteht eine unmittelbare Diskriminierung beispielsweise dann, wenn der Arbeitgeber eine Bewerberin deswegen nicht einstellt oder kündigt, weil sie schwanger ist, da eine solche Verweigerung nur Frauen gegenüber in Betracht kommt.[663]

Der Anspruch auf Teilzeitarbeit in § 8 Abs. 4 TzBfG enthält keine Formulierungen, wonach dieser ausschließlich Frauen zustehen soll. Auch enthält diese Vorschrift keine Tatsachen, die lediglich die Umschreibung eines Geschlechts darstellen. Stattdessen ist die Norm geschlechtsneutral formuliert. Sowohl Männer als auch Frauen können den Anspruch auf Teilzeit unter den nach § 8 TzBfG erforderlichen Voraussetzungen gegenüber ihrem Arbeitgeber geltend machen.

---

[661] Erstmals EuGH v. 8.11.1990, Rs. C-177/88 (Dekker) Slg. 1990, I-3941; Bauer/Göpfert/Krieger, AGG, § 3, Rn. 19; Däubler/Bertzbach-*Schrader/Schubert*, AGG, § 3, Rn. 15; *Schlachter*, NZA 1995, 393 (395); *Schmidt*, Das Arbeitsrecht der Europäischen Gemeinschaft, Teil III , Rn. 99; *Lingscheid*, Antidiskriminierung im Arbeitsrecht, S. 49; *Plötscher*, Der Begriff der Diskriminierung im Europäischen Gemeinschaftsrecht, S. 226ff.

[662] Bauer/Göpfert/Krieger, AGG, § 3, Rn. 19; Däubler/Bertzbach-*Schrader/Schubert*, AGG, § 3, Rn. 15; *Schlachter*, NZA 1995, 393 (395); *Schmidt*, Das Arbeitsrecht der Europäischen Gemeinschaft, Teil III , Rn. 99; *Lingscheid*, Antidiskriminierung im Arbeitsrecht, S. 49; *Plötscher*, Der Begriff der Diskriminierung im Europäischen Gemeinschaftsrecht, S. 226ff.

[663] EuGH v. 8.11.1990, Rs. C-177/88 (Dekker), Slg. 1990, I-3941; EuGH v. 8.11.1990, Rs. C-179/88 /Hertz), Slg. 1990, I-3979; EuGH v. 30.6.1998, Rs. C-394/96 (Brown), Slg. 1998, I-4185; *Schmidt*, Das Arbeitsrecht der Europäischen Gemeinschaft, Teil III , Rn. 99.

Eine Differenzierung nach dem Geschlecht der den Anspruch geltend machenden Arbeitnehmer ist in der Regelung nicht vorhanden.

Durch die Vorschrift werden Frauen nicht unmittelbar diskriminiert. Ein Verstoß des § 8 TzBfG gegen die Richtlinie 2002/73/EG im Hinblick auf das Vorliegen einer unmittelbaren Diskriminierung von Frauen durch diese Regelung scheidet deshalb aus.

2.   Mittelbare Diskriminierung von Frauen im Sinne der Richtlinie 2002/73/EG durch die Regelung des § 8 Abs. 4 TzBfG

In Betracht könnte eine mittelbare Diskriminierung von Frauen durch den in § 8 Abs. 4 TzBfG gesetzlich normierten Anspruch auf Teilzeitarbeit kommen. Diese könnte dadurch hervorgerufen werden, dass potentielle Arbeitgeber den Teilzeitanspruch in der Praxis als Einstellungshemmnis in Bezug auf weibliche Arbeitnehmer erachten. Denn die Wahrscheinlichkeit, dass Frauen einen Anspruch auf Teilzeit gegenüber dem Arbeitgeber geltend machen, ist wesentlich größer, als dies bei männlichen Mitbewerbern der Fall ist. Die Konsequenz dieser aus dem gesetzlich verankerten Teilzeitanspruch nach § 8 TzBfG resultierenden arbeitgeberseitigen Befürchtung könnte eine mögliche Bevorzugung männlicher Bewerber gegenüber weiblichen Bewerbern sein, die zu einer faktischen Benachteiligung von Frauen führen könnte.

Voraussetzung für die Bejahung einer mittelbaren Diskriminierung von Frauen durch § 8 Abs. 4 TzBfG ist, dass es sich bei dieser Regelung um eine neutrale Vorschrift im Sinne des Art. 2 Abs. 2, 2. Spiegelstrich der Richtlinie 2002/73/EG handelt, durch die Frauen in besonderer Weise gegenüber Männern benachteiligt werden können. Eine mittelbare Diskriminierung scheidet aus, wenn diese Regelung im Teilzeit- und Befristungsgesetz durch ein rechtmäßiges Ziel sachlich gerechtfertigt ist und die Mittel zur Erreichung des Zieles angemessen und erforderlich sind.

a)   § 8 Abs. 4 TzBfG neutrale Vorschrift im Sinn der Richtlinie 2002/73/EG

Zu untersuchen ist, ob der in § 8 Abs. 4 TzBfG geregelte Anspruch auf Teilzeitarbeit eine neutrale Vorschrift im Sinne des Art. 2 Abs. 2, 2. Spiegelstrich der Richtlinie 2002/73/EG darstellt.

Das Vorliegen einer neutralen Vorschrift im Sinne der Richtlinie ist dann zu bejahen, wenn diese so ausgestaltet ist, dass sie auf Frauen und Männern gleicher-

maßen anwendbar ist.[664] Die mittelbare Diskriminierung erwächst aus der Anwendung einer allgemeinen Regel, die sich auf die beiden Geschlechter tatsächlich unterschiedlich auswirkt, wobei stets die Möglichkeit bestehen muss, dass
von der faktisch benachteiligenden Maßnahme sowohl Männer als auch Frauen
erfasst werden.[665]

Wie bereits dargestellt[666], steht der Anspruch auf Teilzeitarbeit gemäß § 8 Abs. 4 TzBfG unter den dort genannten Voraussetzungen sowohl Männern als auch Frauen gleichermaßen zu. Innerhalb dieser Vorschrift wird keinerlei Bezug auf das Geschlecht des jeweiligen Arbeitnehmers genommen. Auch
enthält diese Bestimmung keine Umschreibungen, die nur von einer Frau erfüllt
werden können. Es handelt sich demnach bei § 8 Abs. 4 TzBfG um eine neutrale
Vorschrift im Sinne des Art. 2 Abs. 2, 2. Spiegelstrich der Richtlinie
2002/73/EG.

**b)   Benachteiligung von Frauen gegenüber Männern durch
         § 8 Abs. 4 TzBfG**

§ 8 Abs. 4 TzBfG als neutrale Vorschrift müsste geeignet sein, Frauen in besonderer Weise gegenüber Männern zu benachteiligen.

Im Unterschied zur unmittelbaren Diskriminierung besteht die Besonderheit der
mittelbaren Diskriminierung durch eine Vorschrift darin, dass die mittelbare
Diskriminierung nicht direkt aus der Regelung selbst, etwa aufgrund eines in der
jeweiligen Norm enthaltenen geschlechtsspezifischen Differenzierungsmerkma-
les, sondern als Folge aus der Anwendung der Vorschrift resultiert. Ausreichend
für die Bejahung einer mittelbaren Diskriminierung ist, wie schon ausgeführt
wurde[667], gemäß Art. 2 Abs. 2, 2. Spiegelstrich bereits die hypothetische Benachteiligung. Es ist demzufolge nicht erforderlich, dass eine Benachteiligung
*tatsächlich vorliegen muss, sondern die realistische Gefahr einer Benachteili-
gung reicht für die Annahme einer mittelbaren Diskriminierung aus.*[668]

Im Fall des Teilzeitanspruches gemäß § 8 Abs. 4 TzBfG könnte eine mittelbare
Diskriminierung von Frauen dadurch hervorgerufen werden, dass es aufgrund

---

[664] *Sievers,* Die mittelbare Diskriminierung im Arbeitsrecht, S. 88.

[665] *Annuß,* NZA 1999, 738 (739); Küttner-*Kania,* Diskriminierung, Rn.41; *Lingscheid,* Antidiskriminierung im Arbeitsrecht, S. 56, 58; *Thüsing,* Diskriminierungsschutz, Rn. 239;
Wank, FS Wissmann, 599 (604).

[666] Vgl. Teil III C. I. 1.

[667] Vgl. die Ausführungen unter Teil III B. II. 2.b) bb) (2) (i).

[668] *Lingscheid,* Antidiskriminierung im Arbeitsrecht, S. 59; *Schmidt,* Das Arbeitsrecht der
Europäischen Gemeinschaft, Teil III, Rn. 163; *Schmidt/Senne,* RdA 2002, 80 (83).

dieses Anspruches zu der realistischen Gefahr einer zurückhaltenden Einstellungspraxis durch die Arbeitgeber in Bezug auf Frauen kommen könnte.

aa) Erwerbsverhalten in Deutschland

In der Bundesrepublik Deutschland wird das Erwerbsverhalten stark durch die Familiengründung beeinflusst. So schränken Frauen mit ledigen Kindern im Haushalt ihre Berufstätigkeit bis zum Alter von 40 Jahren merklich ein, wobei dies beispielsweise im Jahr 2004 besonders bei 21- bis 30-jährigen Frauen und damit zu Beginn der „aktiven Familienphase" zu beobachten war.[669] 2004 waren 83 % der 28-jährigen Frauen ohne Kinder und dagegen nur 38 % der gleichaltrigen Mütter erwerbstätig.[670] Mit Beginn der Familiengründung gibt ein beträchtlicher Anteil in Deutschland lebender Mütter ihren Beruf vorübergehend auf. 19 % der Mütter von unter dreijährigen Kindern entschieden sich für eine Teilzeittätigkeit, während die Quote bei Müttern von Kindergartenkindern mit 40 % mehr als doppelt so hoch war.[671] Ein Grund für die relativ geringe Teilzeitquote in den ersten drei Jahren der Elternschaft ist zumindest in Westdeutschland auch die schlechte Versorgung mit Krippenplätzen, die lediglich für 3 % der Kinder dieses Alters ausreichen.[672] Im Vergleich zu anderen europäischen Ländern fällt Deutschland im Hinblick auf den Anteil von Müttern mit mehreren Kindern, die am Erwerbsleben teilnehmen, erstaunlich weit zurück.[673] Trotz eines leichten Anstiegs der Teilzeitbeschäftigung bei den Vätern ist diese nach wie vor eine Domäne der Frauen (insbesondere bei westdeutschen Müttern). Nach Ansicht des Statistischen Bundesamtes stehe das starke berufliche Engagement der Väter vermutlich mit dem in Deutschland weit verbreiteten konservativen Modell häuslicher Arbeitsteilung im Zusammenhang, wonach die Männer vorrangig die ökonomische Versorgung und Absicherung der Familie übernähmen.[674]

Während die Elternschaft demnach bei vielen Frauen dazu führt, ihre Arbeitszeit zu reduzieren, ist dies bei Männern nicht so häufig der Fall. Frauen übernehmen in der gesellschaftlichen Praxis wesentlich öfter die Betreuung der Kinder und Männer die finanzielle Versorgung der Familie. Teilzeitarbeit scheint aus Sicht

---

[669] Statistisches Bundesamt, Leben und Arbeiten in Deutschland, Mikrozensus 2004, S. 31f.
[670] Statistisches Bundesamt, Leben und Arbeiten in Deutschland, Mikrozensus 2004, S. 31f.
[671] Statistisches Bundesamt, Leben und Arbeiten in Deutschland, Mikrozensus 2004, S. 35.
[672] *Dressel/Cornelißen/Wolf*, Datenreport zur Gleichstellung von Frauen und Männern in der Bundesrepublik Deutschland, S. 322. Vgl. zur aktuellen Diskussion über die Notwendigkeit der Schaffung weiterer Krippenplätze, wie von Familienministerin *von der Leyen* gefordert, den Leitartikel von *Löwenstein/Roßbach* in der FAZ v. 19.3.2007.
[673] *Dressel/Cornelißen/Wolf*, Datenreport zur Gleichstellung von Frauen und Männern in der Bundesrepublik Deutschland, S. 339.
[674] Statistisches Bundesamt, Leben und Arbeiten in Deutschland, Mikrozensus 2004, S. 33.

der Frauen oft die einzige Möglichkeit zu sein, Erwerbsleben und die ihnen nach den gängigen Verhaltensmustern immer noch überwiegend obliegenden Haus- und Erziehungsaufgaben miteinander zu vereinbaren.[675] Als logische Folge dieser statistisch häufigsten Fallkonstellation ist es naheliegend, dass der Anspruch auf Verringerung der Arbeitszeit nach § 8 Abs. 4 TzBfG überwiegend von Frauen im gebärfähigen Alter und nicht so häufig von Männern der gleichen oder ähnlichen Altersstufe geltend gemacht wird.

bb)   Möglicher Einfluss des Erwerbsverhaltens der Frauen in der Bundesrepublik Deutschland auf die Einstellungspraxis der Arbeitgeber

Arbeitgeber, die eine Stelle in ihren Unternehmen besetzen wollen, sind häufig mit Bewerbern verschiedenen Geschlechtes konfrontiert. Bei der Überlegung, welche Person eingestellt werden soll, beeinflussen unterschiedliche Aspekte die Entscheidungsfindung. Neben den objektiv bestehenden Qualifikationsmerkmalen eines Bewerbers veranlassen auch andere Faktoren, bewusst oder unbewusst, den Arbeitgeber dazu, eine konkrete Entscheidung zu treffen. So wird sich der Arbeitgeber bei Bewerberinnen im gebärfähigen Alter aufgrund der gesellschaftlichen Realität häufig mit der Frage konfrontiert sehen, ob die jeweilige Bewerberin voraussichtlich an einer längeren Anstellung interessiert oder aber bereit sein wird, ihre Berufstätigkeit aufgrund der persönlichen Familienplanung in näherer Zukunft nach erfolgter Einstellung dauerhaft oder vorübergehend einzuschränken oder sogar vollumfänglich aufzugeben. Dies kann zu einer restriktiven Einstellungspraxis führen, da die Arbeitgeber befürchten, mit erhöhten Kosten infolge von Schwangerschaft der Bewerberin und erhöhten Fehlzeiten aufgrund der erforderlichen Kinderbetreuung konfrontiert zu sein. Es besteht die Gefahr, dass der Arbeitgeber bei der Einstellung, insbesondere bei anspruchsvolleren Tätigkeiten, auch bei wettbewerbsfähigen Qualifikationen der sich bewerbenden Frauen im Zweifel männliche Bewerber vorzieht.[676]

(1)   Die gesellschaftliche Wirklichkeit am Beispiel der Beförderung von Frauen aus der Sicht des EuGH

Der Europäische Gerichtshof führte im Zusammenhang mit einer Entscheidung, deren Gegenstand die bevorzugte Beförderung von Frauen war, zur Frage der Beförderungsbereitschaft von Arbeitgebern gegenüber Frauen in Bezug auf die gesellschaftliche Wirklichkeit aus, dass selbst bei gleicher Qualifikation die

---

[675] *Sievers*, Die mittelbare Diskriminierung im Arbeitsrecht, S. 15.
[676] So auch *Geiersberger*, Die Diskriminierung der Frau im Arbeitsleben unter Hervorhebung des Zugangs zum Beruf, S. 18.

Tendenz bestehe, männliche Bewerber vorrangig vor weiblichen Bewerbern zu befördern.[677]

Diese Entscheidung kann auch bei der Beurteilung der Frage der mittelbaren Diskriminierung von Frauen aufgrund erschwerter Zugangsbedingungen zur Erwerbstätigkeit im Zusammenhang mit dem Anspruch auf Teilzeit mit in Betracht gezogen werden, da eine Beförderung Parallelen mit dem Zugang zum Beruf an sich aufweist. Hierbei geht es ebenfalls um den Zugang zum Beruf - lediglich innerhalb eines bestehenden Arbeitsverhältnisses- auf einer etwas anderen Ebene, nämlich in Form des Aufstieges. Die Anwendbarkeit der Ausführungen des Europäischen Gerichtshofes beschränkt sich daher nicht nur auf die Situation der Beförderung. Die in der Entscheidung des Gerichtshofes ausgeführten, in der sozialen Realität tatsächlich bestehenden Vorurteile und Vorstellungen über Frauen im Erwerbsleben, prägen die Handlungen der Arbeitgeber nicht nur im Rahmen eines Anstellungsverhältnisses, sondern bereits im Vorfeld bei der Anbahnung des Anstellungsverhältnisses und der Entscheidung über die Einstellung einer Bewerberin.

Der Europäische Gerichtshof führte in seiner Entscheidung aus, dass die vorrangige Behandlung männlicher Arbeitnehmer bei der Beförderung daraus resultiere, dass eine Reihe von Vorurteilen und stereotypen Vorstellungen über die Rolle und die Fähigkeiten der Frau im Erwerbsleben bei den Arbeitgebern vorherrschten.[678] Arbeitgeber befürchteten beispielsweise, dass Frauen ihre Laufbahn häufiger unterbrächen, dass sie ihre Arbeitszeit aufgrund häuslicher und familiärer Aufgaben weniger flexibel gestalteten oder dass sie durch Schwangerschaften, Geburten und Stillzeiten häufiger ausfielen.[679] Aufgrund dieser sozialen Wirklichkeit entschied der Europäische Gerichtshof, dass nationale Regelungen, deren Regelungsgegenstand die bevorzugte Beförderung von Frauen bei gleicher Qualifikation wie die der männlichen Mitbewerber ist, nicht gegen die Gleichbehandlungsrichtlinie verstießen, sofern jeweils in einer Einzelfallprüfung eine objektive Beurteilung der Qualifikationskriterien vorgenommen werde.[680]

---

[677] EuGH v. 11.11.1997, Rs. C-409/95 (Marschall), NJW 1997, 3429ff.
[678] EuGH v. 11.11.1997, Rs. C-409/95 (Marschall), 29. Erwägungsgrund, NJW 1997, 3429ff.
[679] EuGH v. 11.11.1997, Rs. C-409/95 (Marschall), 29. Erwägungsgrund, NJW 1997, 3429ff.
[680] EuGH v. 11.11.1997, Rs. C-409/95 (Marschall), NJW 1997, 3429ff.

(2) Die gesellschaftliche Wirklichkeit im Zusammenhang mit der Einstellungsbereitschaft gegenüber Frauen aus der Sicht des Bundesverfassungsgerichts

Im Jahr 2003 erging auf nationaler Ebene ein Beschluss des Bundesverfassungsgerichts, in dem sich das Gericht mit der mittelbaren Diskriminierung von Frauen aufgrund zu befürchtender fehlender Einstellungsbereitschaft der Arbeitgeber auseinandersetzte.[681] Das Bundesverfassungsgericht führt in diesem Beschluss aus, dass die Verpflichtung des Arbeitgebers zur Zahlung eines Zuschusses zum Mutterschaftsgeld gemäß § 14 Abs. 1 MuSchG[682] in ihrer gegenwärtigen Ausgestaltung im Widerspruch zum Gleichberechtigungsgebot aus Art. 3 Abs. 2 GG stehe.[683] Diese Zuschusspflicht leiste einer Diskriminierung von Frauen im Arbeitsleben Vorschub und stelle im Ergebnis eine verfassungswidrige Beschränkung der Berufsfreiheit dar.[684]

In dem Beschluss stellte das Bundesverfassungsgericht fest, dass sich das in Art. 3 Abs. 2 GG enthaltene Gleichberechtigungsgebot auch auf die gesellschaftliche Wirklichkeit erstrecke und für die Durchsetzung der Gleichberechtigung der Geschlechter eine Angleichung der Lebensverhältnisse erforderlich sei, um den Frauen die gleichen Erwerbschancen wie den Männern zu ermöglichen.[685] Diese Erkenntnis entspräche der europarechtlichen und völkerrechtlichen Verpflichtung der Bundesrepublik Deutschland, auch die mittelbare und faktische Diskriminierung zu beseitigen.[686] Der Gesetzgeber habe bei der Erfüllung des Schutzauftrages aus Art. 6 Abs. 4 GG, wonach der Schutz der Mutter sicherzustellen sei, auch mögliche faktische Diskriminierungen zu berücksichtigen, die von Schutzgesetzen zugunsten von Frauen ausgehen könnten.[687] Die mit dem gesetzlichen Mutterschutz verfolgte wichtige Intention bestehe darin, die im Arbeitsverhältnis stehende werdende Mutter und das ungeborene Kind vor arbeitsplatzbedingten Gefahren, Überforderungen und Gesundheitsschädigungen zu schützen.[688] Der Gesetzgeber müsse jedoch auch der Gefahr begegnen, dass sich die von ihm erlassenen Schutzvorschriften in der Wirklichkeit des Arbeitslebens diskriminierend auswirken könnten, und er müsse diese Gefahr soweit

---

[681] BVerfG, Beschluss v. 18.11.2003, Az.: 1 BvR 302/96, NJW 2004, 146ff.
[682] Vgl. hierzu *Willikonsky*, MuSchG, § 14, Rn. 24.
[683] BVerfG, Beschluss v. 18.11.2003, Az.: 1 BvR 302/96, NJW 2004, 146 (147).
[684] BVerfG, Beschluss v. 18.11.2003, Az.: 1 BvR 302/96, NJW 2004, 146 (147).
[685] BVerfG, Beschluss v. 18.11.2003, Az.: 1 BvR 302/96, NJW 2004, 146 (149).
[686] BVerfG, Beschluss v. 18.11.2003, Az.: 1 BvR 302/96, NJW 2004, 146 (149).
[687] BVerfG, Beschluss v. 18.11.2003, Az.: 1 BvR 302/96, NJW 2004, 146 (150).
[688] BVerfG, Beschluss v. 18.11.2003, Az.: 1 BvR 302/96, NJW 2004, 146 (148).

wie möglich durch geeignete Regelungsmechanismen ausgleichen.[689] Es sei
zwar nicht sicher feststellbar, wie hoch die Wahrscheinlichkeit sei, dass Frauen
allein wegen der Belastung des Arbeitgebers, in diesem konkreten Fall wegen
der Pflicht zur Zahlung eines Zuschusses zum Mutterschaftsgeld, nicht eingestellt würden.[690] Die Belastung sei jedenfalls verfassungsrechtlich erheblich, da
sie zumindest einen Benachteiligungseffekt auszulösen vermöge.[691] Im Ergebnis
verstoße die gesetzliche Verpflichtung des Arbeitgebers zur Zahlung eines Zuschusses zum Mutterschaftsgeld daher gegen das im Zuge systematischer Ver-
fassungsinterpretation zu berücksichtigende Gleichberechtigungsgebot aus
Art. 3 Abs. 2 GG.[692]

Als Konsequenz aus dieser aus § 14 Abs. 1 Satz 1 MuSchG resultierenden mittelbar faktischen Diskriminierungswirkung gegenüber Frauen hat das Bundesverfassungsgericht entschieden, dass diese Regelung mit dem Grundgesetz unvereinbar sei und den Gesetzgeber aufgefordert, bis zum 31. Dezember 2005
eine verfassungskonforme Regelung zu treffen, wobei es bis dahin beim bisherigen Recht habe bleiben sollen.[693] Hätte das Bundesverfassungsgericht die Vorschrift, wie es sich bei der Verfassungswidrigkeit von Normen anbietet, für
nichtig erklärt, so wäre hierdurch zwar die Gefahr der Diskriminierung vermindert worden, jedoch um den Preis, dass damit ein Kernstück des Mutterschutz-
rechts, nämlich die wirtschaftliche Sicherstellung der Frauen in der Mutter-
schutzphase, weggefallen wäre.[694] Bis zum jetzigen Zeitpunkt wurde eine solche
vom Bundesverfassungsgericht geforderte Neuregelung vom deutschen Gesetzgeber jedoch noch nicht geschaffen.

Fast 20 Jahre früher hielt das Bundesverfassungsgericht die arbeitgeberseitige
Zuschusspflicht nach den Vorschriften des Mutterschutzgesetzes noch für ver-
fassungskonform.[695] Das Gericht erkannte damals zwar die aus dem Entgeltschutz folgende mittelbare Benachteiligung jüngerer Frauen bei der Arbeitsauf-
nahme durch Vereinbarung niedrigerer Löhne und bevorzugte Einstellung von
Männern oder älteren Arbeitnehmerinnen, schätzte diese Gefahr jedoch als nicht
so erheblich ein, dass diese die in dem Entgeltschutz liegende Begünstigung in
Frage stellen konnte.[696] Im Jahr 1995 problematisierte das Bundesarbeitsgericht

---

[689] BVerfG, Beschluss v. 18.11.2003, Az.: 1 BvR 302/96, NJW 2004, 146 (150); vgl. hierzu
ausführlich *Winkler*, Die Risiko- und Lastenverteilung im Mutterschutzrecht, S. 115ff.
[690] BVerfG, Beschluss v. 18.11.2003, Az.: 1 BvR 302/96, NJW 2004, 146 (150).
[691] BVerfG, Beschluss v. 18.11.2003, Az.: 1 BvR 302/96, NJW 2004, 146 (150).
[692] BVerfG, Beschluss v. 18.11.2003, Az.: 1 BvR 302/96, NJW 2004, 146 (149).
[693] BVerfG, Beschluss v. 18.11.2003, Az.: 1 BvR 302/96, NJW 2004, 146 (151).
[694] *Buchner*, NAZ 2004, 1121 (1122f).
[695] BVerfG, Beschluss v. 23.4.1974, Az.: 1 BvL 19/73, SAE 1975, 141ff.
[696] BVerfG, Beschluss v. 23.4.1974, Az.: 1 BvL 19/73, SAE 1975, 141 (142).

den Aspekt der faktischen Schlechterstellung von Frauen in einer Entscheidung, deren Gegenstand ebenfalls die Vereinbarkeit des § 14 MuSchG mit dem Grundgesetz war.[697] Die aus der Zuschusspflicht des Arbeitgebers resultierende mögliche Benachteiligung wurde durch das Gericht jedoch nicht explizit als Diskriminierung qualifiziert.[698] In dieser Entscheidung führte der 5. Senat des Bundesarbeitsgerichts aus, dass sich die Chancen jüngerer Frauen auf dem Arbeitsmarkt infolge wachsender finanzieller Belastung der Arbeitgeber[699] bei Schwangerschaft und Mutterschaft tendenziell verschlechtere.[700] Dennoch befand das Gericht im Ergebnis, im Gegensatz zu dem acht Jahre später ergangenen Beschluss des Bundesverfassungsgerichts[701], dass durch diese Regelung die Grenze zur Verfassungswidrigkeit noch nicht überschritten werde.[702]

Durch die Entscheidung des Bundesverfassungsgerichts aus dem Jahr 2003[703] betont das Gericht die mittelbar faktische frauendiskriminierende Wirkung, welche die als besondere Schutzvorschrift für Frauen konzipierte Regelung des Mutterschutzgesetzes aufgrund des aus ihr resultierenden Beschäftigungshemmnisses mit sich bringt. Als Reaktion auf diese Entscheidung gaben verschiedene Autoren in der Literatur zu bedenken, dass die Grundsätze zur faktischen mittelbaren Diskriminierung von Frauen durch Schutzvorschriften nunmehr gegebenenfalls auch auf andere arbeitsrechtliche Vorschriften übertragen werden müssten.[704] Neben weiteren Schutzvorschriften zugunsten werdender Mütter wurden in diesem Zusammenhang auch Vorschriften und Institutionen hervorgehoben, die zwar für Arbeitnehmer und Arbeitnehmerinnen gleichermaßen anwendbar seien, die aber tatsächlich weitaus häufiger von Frauen wahrgenommen würden.[705] So gab *Aubel* explizit zu bedenken, dass der Anspruch auf Elternzeit gemäß § 15 Abs. 1 BEEG und die Ansprüche auf Teilzeitarbeit nach § 8 Abs. 4 TzBfG und § 15 Abs. 7 BEEG überwiegend von Frauen wahrge-

---

[697] BAG Urt. v. 1.1.1995, Az.: 5 AZR 273/94, NZA 1996, 377.

[698] BAG Urt. v. 1.1.1995, Az.: 5 AZR 273/94, NZA 1996, 377.

[699] Der Höchstbetrag in Höhe von täglich € 13 des von den gesetzlichen Krankenkassen zu tragenden Mutterschaftsgeldes wurde seit seiner Einführung im Jahr 1967 nicht erhöht, so dass aufgrund der erheblich gestiegenen Arbeitsentgelte die Belastung des Arbeitgebers mit dem von ihm zu zahlenden Differenzbetrag ständig zugenommen hat. Hierzu ausführlich *Winkler*, Die Risiko- und Lastenverteilung im Mutterschutzrecht, S. 65ff.

[700] BAG Urt. v. 1.1.1995, Az.: 5 AZR 273/94, NZA 1996, 377 (380).

[701] BVerfG, Beschluss v. 18.11.2003, Az.: 1 BvR 302/96, NJW 2004, 146ff.

[702] BAG Urt. v. 1.1.1995, Az.: 5 AZR 273/94, NZA 1996, 377 (380), kritisch hierzu *Peters-Lange*, SAE 1996, 374 (382), die auf die Gefahr der Benachteiligung jüngerer Frauen gegenüber männlichen Bewerbern hinweist.

[703] BVerfG, Beschluss v. 18.11.2003, Az.: 1 BvR 302/96, NJW 2004, 146ff.

[704] *Aubel*, RdA 2005, 141 (147); *Koppenfels-Spies*, AuR 2005, 52 (53); *Leisner*, DB 2004, 598 (599).

[705] *Aubel*, RdA 2005, 141 (147); *Koppenfels-Spies*, AuR 2005, 52 (53).

nommen würden, da diese sich meist um die Erziehung und Betreuung der Kinder kümmerten.[706] Bei diesen Ansprüchen handele es sich um Konkretisierungen des Schutz- und Förderungsauftrags aus Art. 3 Abs. 2 GG und Art. 6 Abs. 1 GG, da sie dazu dienten, Frauen, die rollenspezifisch stärker mit der Kindererziehung belastet seien, die Teilnahme am und die Rückkehr ins Erwerbsleben zu ermöglichen sowie der Verfestigung eines veralteten Rollenbildes entgegenzuwirken.[707] Die Gewährung von Eltern- und Teilzeit stelle den Arbeitgeber jedoch vor organisatorische Probleme, da er gegebenenfalls innerbetrieblich umstrukturieren oder zumindest vorübergehend andere Arbeitnehmer einstellen müsse, wodurch dann zusätzliche Kosten entstehen könnten.[708] Diese Belastung des Arbeitgebers könne dann dazu führen, dass Arbeitgeber davon absähen, Frauen überhaupt zu beschäftigen, so dass eine faktische mittelbare Diskriminierung von Frauen auch aufgrund dieser Vorschriften nicht auszuschließen sei.[709]

Es ergeben sich bei den Teilzeitansprüchen nach den Vorschriften des Teilzeit- und Befristungsgesetzes und des Bundeselterngeld- und Elternzeitgesetzes durchaus Parallelen zu der vom Bundesverfassungsgericht wegen ihrer faktisch mittelbar diskriminierenden Wirkung als verfassungswidrig eingestuften Regelung des § 14 Abs. 1 MuSchG. In Anlehnung an die Entscheidung des Bundesverfassungsgerichts, in der unter anderem ausdrücklich auf das Erfordernis der Vereinbarkeit der nationalen Schutzvorschriften mit der europarechtlichen Gleichbehandlungsrichtlinie 76/207/EWG, der Vorgängerrichtlinie der Richtlinie 2002/73/EG, Bezug genommen wird[710], ist es deswegen sinnvoll und naheliegend, genauer zu untersuchen, ob durch die beiden Teilzeitansprüche, die auch der Förderung von Frauen im Berufsleben dienen sollen, eine mittelbare Diskriminierung wegen des Geschlechts hervorgerufen werden könnte.

cc)   Mögliche mittelbare Diskriminierung von Frauen durch § 8 Abs. 4 TzBfG

Die Intention des Gesetzgebers für die Schaffung des Anspruches auf Teilzeitarbeit nach § 8 Abs. 4 TzBfG bestand unter anderem darin, die tatsächliche Gleichstellung von Frauen und Männern im Berufsleben zu fördern.[711] Der Umstand, dass von der Möglichkeit, in Teilzeit zu arbeiten, in der Realität ganz überwiegend von Frauen Gebrauch gemacht wird, könnte jedoch gerade den ge-

---

[706] *Aubel*, RdA 2005, 141 (147).
[707] *Aubel*, RdA 2005, 141 (147).
[708] *Aubel*, RdA 2005, 141 (147).
[709] *Aubel*, RdA 2005, 141 (147).
[710] BVerfG, Beschluss v. 18.11.2003, Az.: 1 BvR 302/96, NJW 2004, 146ff.
[711] BT-Drs. 14/4274, S. 1.

genteiligen Effekt hervorrufen. Denn es erscheint zumindest nicht unwahrscheinlich, dass einige Arbeitgeber davor zurückschrecken, Frauen überhaupt einzustellen, um im Verlauf des Arbeitsverhältnisses nicht mit einem Teilzeitbegehren konfrontiert zu werden.

In der Praxis sind es zu einem Großteil die Frauen, die die Betreuung und die Erziehung der Kinder übernehmen.[712] Um diese Aufgabe erfüllen zu können, sind viele Frauen mangels adäquater Kinderbetreuungsmöglichkeiten darauf angewiesen, in Teilzeit zu arbeiten. Die Wahrscheinlichkeit, dass sich ein Arbeitgeber einem Teilzeitbegehren seines Arbeitnehmers nach § 8 TzBfG ausgesetzt sieht, ist bei weiblichen Arbeitnehmern wesentlich höher, als dies bei männlichen Arbeitnehmern der Fall ist. Für den Arbeitgeber bedeutet die Verpflichtung, einem Wunsch nach Arbeitszeitverringerung entsprechen zu müssen, sowohl organisatorischen Aufwand als auch die Entstehung von Folgekosten für innerbetriebliche Umstrukturierungen sowie zusätzliches Personal. Häufig wird der Arbeitgeber daher versuchen, einem solchen Begehren erst gar nicht ausgesetzt sein zu müssen. Durch die Ablehnung der Einstellung von Frauen kann die Wahrscheinlichkeit, mit einem arbeitnehmerseitigen Teilzeitbegehren konfrontiert zu werden, erheblich reduziert werden. Es ist deshalb nicht auszuschließen, dass viele Arbeitgeber aufgrund der Befürchtung, eine Arbeitnehmerin könnte einen Teilzeitanspruch geltend machen, von dem Abschluss eines Arbeitsvertrages mit einer Frau Abstand nehmen.

Diese soziale Wirklichkeit wird auch nicht durch die bei Nichtbeachtung sanktionierte Verpflichtung des Arbeitgebers, einen Arbeitnehmer bei der Begründung eines Arbeitsverhältnisses nicht wegen seines Geschlechtes zu benachteiligen, wesentlich verändert.[713] Denn häufig wird sich der Arbeitgeber durch dieses Verbot nicht von seiner Entscheidung abbringen lassen. Aufgrund des Teilzeitanspruches, dessen Durchsetzung vom Arbeitgeber nur dann abgelehnt werden kann, wenn betriebliche Gründe dem Teilzeitbegehren entgegenstehen[714], begibt sich der Arbeitgeber bei der Einstellung einer Frau mit einer größeren Wahrscheinlichkeit in die Situation, dass er früher oder später mit dem Teilzeitbegehren dieser Arbeitnehmerin konfrontiert wird und die damit verbundenen Folgen

---

[712] Statistisches Bundesamt, Leben und Arbeiten in Deutschland, Mikrozensus 2004, S. 31f.

[713] Diese Verpflichtung des Arbeitgebers beruht auf der nationalen Umsetzung des Gleichbehandlungsgrundsatzes des Art. 1 der Richtlinie 76/207/EWG, welcher unverändert in die Richtlinie 2002/73/EG übernommen wurde. Bis zum Inkrafttreten des Allgemeinen Gleichbehandlungsgesetzes befand sich diese Regelung in § 611a BGB, der in dessen Abs. 2 für den Fall der Nichtbefolgung dieses Gleichbehandlungsgrundsatzes einen Schadensersatzanspruch des Bewerbers vorsah. Das Allgemeine Gleichbehandlungsgesetz sieht eine solche sanktionsbedrohte Verpflichtung in § 15 AGG vor.

[714] Vgl. hierzu die Ausführungen unter Teil II A. dieser Arbeit.

akzeptieren muss. Gerade diese Folgen könnten jedoch in finanzieller Hinsicht von einer größeren Dimension als eine unter Umständen zu erwartende Schadensersatzverpflichtung sein, zumal ein solcher Verstoß überhaupt erst einmal erkannt werden müsste.

Im Ergebnis führt daher die eigentlich als Schutzvorschrift für Frauen konzipierte Regelung in der gesellschaftlichen Wirklichkeit zu einem Einstellungshemmnis der Arbeitgeber gegenüber weiblichen Bewerbern, so dass eine erhebliche Benachteiligung von Frauen im Vergleich zu Männern in vergleichbaren Lebenssituationen nicht auszuschließen ist. Es ist nicht unwahrscheinlich, dass eine Vielzahl potentieller Arbeitgeber von der Begründung eines Arbeitsverhältnisses mit einer Frau zurückschrecken und stattdessen lieber gleich qualifizierte Männer einstellen werden, um in der Zukunft nicht dem Teilzeitbegehren der Arbeitnehmerin und den damit im Zusammenhang stehenden Folgen ausgesetzt zu sein.

Der Anspruch auf Teilzeitarbeit gemäß § 8 Abs. 4 TzBfG führt daher zu einer möglichen Benachteiligung von Frauen gegenüber Männern in besonderer Weise und damit zu einer mittelbare Diskriminierung im Sinne des Art. 2 Abs. 2, 2. Spiegelstrich der Richtlinie 2002/73/EG.

c)   **Rechtfertigungsgründe für eine mittelbare Diskriminierung von Frauen durch § 8 Abs. 4 TzBfG**

Wird das Vorliegen einer mittelbaren Diskriminierung durch eine neutrale Vorschrift, wie hier § 8 Abs. 4 TzBfG, bejaht, ist ferner zu überprüfen, ob die mittelbare Diskriminierung aufgrund der Vorschrift durch ein rechtmäßiges Ziel sachlich gerechtfertigt ist und die Mittel zur Erreichung des Zieles angemessen und erforderlich sind.

Ein der Benachteiligung zugrunde liegendes Gesetz muss einem legitimen sozialpolitischen Ziel des jeweiligen Mitgliedstaates dienen und zur Erreichung dieses Zieles geeignet und erforderlich sein.[715] Im Hinblick auf die möglichen Rechtfertigungsgründe sind der Richtlinie 2002/73/EG keine an den jeweiligen Grund zu stellenden Anforderungen zu entnehmen, so dass es naheliegt, dass grundsätzlich alle vertretbaren sachlichen Gründe eine mittelbare Diskriminierung rechtfertigen können, sofern diese mit den sonstigen Vorgaben des Ge-

---

[715] *Lingscheid*, Antidiskriminierung im Arbeitsrecht, S. 28; *Schlachter*, NZA 1995, 393 (398); EuGH v. 13.7.1989, Rs. 171/88 (Rinner-Kühn), Slg. 1989, 2743; EuGH v. 24.2.1994, Rs. C-343/92 (M.A. Roks), Slg. 1994, I-571.

meinschaftsrechts vereinbar sind.[716] Erforderlich ist jedoch, dass es sich um objektive Faktoren handelt, die nichts mit einer Diskriminierung mit dem Geschlecht zu tun haben.[717] Als mögliche rechtfertigende Gründe kommen insbesondere solche Ziele in Betracht, die im europäischen Gemeinschaftsrecht ausdrücklich verankert sind, sei es im Primär- oder im Sekundärrecht.[718]

aa)   Vereinbarkeit von Familie und Beruf und Gleichstellung von Mann und Frau

Als mögliche Rechtfertigungsgründe für eine mittelbare Benachteiligung von Frauen nach der Richtlinie 2002/73/EG durch den Anspruch auf Teilzeitarbeit nach § 8 Abs. 4 TzBfG kommen die von der Europäischen Gemeinschaft verfolgten Ziele, die Vereinbarkeit von Familie und Beruf und die Gleichstellung von Mann und Frau zu fördern, in Betracht. Diese angestrebten Ziele finden sich an vielen Stellen der Europapolitik wieder, wie beispielsweise im Vertrag zur Gründung der Europäischen Gemeinschaften selbst. Im Folgenden soll auf die wesentlichen Quellen, in denen diese Ziele explizit formuliert werden, eingegangen werden.

(1)   Erreichung eines hohen Beschäftigungsniveaus nach Art. 2 EG

Nach Art. 2 EG gehört die Erreichung eines hohen Beschäftigungsniveaus, ebenso wie die Gleichstellung von Männern und Frauen, zu den Aufgaben der Gemeinschaft. Um dieses hohe Beschäftigungsniveau zu erreichen, wurde in den Art. 125-130 EG die Koordinierung der Beschäftigungspolitik näher geregelt. Gemäß Art. 128 Abs. 2 EG legt der Rat unter den dort genannten Voraussetzungen jährlich Leitlinien fest, welche von den Mitgliedstaaten in ihrer Beschäftigungspolitik zu berücksichtigen sind.

Die letzte Entscheidung des Rates über Leitlinien für beschäftigungspolitische Maßnahmen der Mitgliedstaaten erging am 12. Juli 2005.[719] Hierin fordert der Rat, dass besondere Aufmerksamkeit gegenüber den sich *hartnäckig haltenden geschlechtsspezifischen Unterschieden* walten müsse. Um Fortschritte in der Be-

---

[716] Vgl. insoweit die Darstellung des Meinungsstreits im Hinblick auf die inhaltlichen Anforderungen an die Rechtfertigungsgründe unter Teil III B.II. 2.b)bb)(3)(ii).

[717] EuGH v. 13.5.1986, Rs. 170/84 (Bilka), Slg. 1986, 1607; EuGH v. 2.10.1997, Rs. C-100/95 (Kording), Slg. 1997, I-5289.

[718] So auch *Schmidt*, AuR 2002, 245 (247), die als mögliche Rechtfertigung einer Bevorzugung von Teilzeitbeschäftigten die Rahmenvereinbarung zur Teilzeitarbeit als Beitrag zur Verwirklichung der europäischen Beschäftigungsstrategie heranzieht.

[719] ABl. EG 2005 L 205/21.

schäftigung zu erlangen, sei es notwendig, geeignete Rahmenbedingungen zu schaffen, die den Erstzugang zum Arbeitsmarkt oder die Rückkehr in das Erwerbsleben erleichterten. Damit diese Ziele in den Mitgliedstaaten verwirklicht werden können, formuliert der Rat in der Leitlinie 18 Maßnahmen, um einen *lebenszyklusbasierten Ansatz* in der Beschäftigungspolitik zu fördern. Eine dieser Maßnahmen erstreckt sich ausdrücklich auf die Vereinbarkeit von Arbeit und Privatleben, indem eine Verbesserung in diesem Bereich angestrebt wird. Ferner fordert der Rat in diesem Zusammenhang, zugängliche und erschwingliche Betreuungseinrichtungen für Kinder und sonstige betreuungsbedürftige Personen bereitzustellen.[720]

(2) Teilzeitrichtlinie 97/81/EG

Das Ziel, Beruf und Familienleben miteinander zu vereinbaren und damit die Gleichstellung von Mann und Frau zu fördern, findet sich auch in der Teilzeitrichtlinie 97/81/EG wieder.[721] So stellten die europäischen Sozialpartner im Erwägungsgrund Nr. 5 ihrer Rahmenvereinbarung über Teilzeitarbeit die Bedeutung der Teilzeitarbeit für die zu fördernde Vereinbarkeit von Familie und Beruf besonders heraus.

(3) Entschließung des Rates und der im Rat vereinigten Minister für Beschäftigung und Sozialpolitik vom 29. Juni 2000

Auf die besondere Bedeutung der Förderung von Familie und Beruf sowie die Gleichstellung von Mann und Frau wiesen der Rat und die im Rat vereinigten Minister für Beschäftigung und Sozialpolitik in ihrer *Entschließung über eine ausgewogene Teilhabe von Frauen und Männern am Berufs- und Familienleben* vom 29. Juni 2000 hin[722].

Hierin heißt es unter anderem, dass der Grundsatz der Gleichstellung von Frauen und Männern in Arbeits- und Beschäftigungsfragen die Gleichstellung der arbeitenden Väter und Mütter auch in Bezug für die Betreuung von Kindern bedinge. Die Mitgliedstaaten seien daher zu ermutigen, die Förderung einer ausgewogenen Teilhabe von Frauen und Männern am Berufs- und am Familienleben als eine der Grundvoraussetzungen für eine tatsächliche Gleichstellung zu unterstützen.

---

[720] ABl. EG 2005 L 205/21 (24).
[721] ABl. EG 1998 L 14/9.
[722] ABl. EG 2000, C 218/5.

(4)   Fahrplan der Kommission zur Gleichstellung von Frauen und Männern

Auch die Kommission der Europäischen Gemeinschaft betonte in ihrem sog. *Fahrplan für die Gleichstellung von Frauen und Männern 2006-2010* vom 1. März 2006, der an den Europäischen Rat, das Europäische Parlament, den Europäischen Wirtschafts- und Sozialausschuss und den Ausschuss der Region gerichtet war, wie wichtig in diesem Zusammenhang die Vereinbarkeit von Beruf und Privatleben sei.[723] Dieser Aspekt wurde als einer von insgesamt sechs Schwerpunkten für EU-Maßnahmen zur Gleichstellung von Männern und Frauen genannt.[724]

In dieser Mitteilung hob die Kommission die besondere Bedeutung der Gleichstellung der Geschlechter als Grundrecht, als gemeinsamen Wert der EU und als Voraussetzung zur Erreichung der EU-Ziele für Wachstum, Beschäftigung und sozialen Zusammenhalt hervor.

Die Kommission kritisiert in dieser Mitteilung, dass nach wie vor Ungleichheiten zwischen den Geschlechtern bestünden, obgleich viele Frauen über höchste Bildungsabschlüsse verfügten. Dies entspricht der Kritik, die der Europäische Rat bereits vor über 20 Jahren in seiner *Empfehlung zur Förderung positiver Maßnahmen für Frauen* vom 13. Dezember 1984 übte.[725] Hierin wurde den Mitgliedstaaten empfohlen, die faktischen Ungleichheiten, die auf einer herkömmlichen Rollenverteilung zwischen Männern und Frauen basieren, zu beseitigen oder auszugleichen. Die Kommission fordert daher in ihrem *Fahrplan* unter anderem flexiblere Arbeitszeitregelungen für Frauen und Männer, einen Ausbau der Betreuungsangebote und eine Ermutigung der Männer, auch Familienpflichten zu übernehmen, um so das Ziel der Gleichstellung durch die Möglichkeit der Vereinbarkeit von Familie und Beruf zu erreichen.[726]

---

[723] KOM/2006/92 endg.

[724] Die sechs Schwerpunkte waren: gleiche wirtschaftliche Unabhängigkeit für Frauen und Männer, Vereinbarkeit von Beruf und Privatleben, ausgewogene Repräsentanz in Entscheidungsprozessen, Beseitigung aller Formen geschlechterbezogener Gewalt, Beseitigung von Geschlechterstereotypen sowie Förderung der Gleichstellung in Außen- und Entwicklungspolitik.

[725] ABl. EG 1984 L 331/34.

[726] KOM/2006/92 endg.

(5)   Gesellschaftliche Realität

Aufgrund des Umstandes, dass die Betreuung der Kinder in der Bundesrepublik Deutschland überwiegend von den Frauen übernommen wird, haben diese häufig keine Möglichkeit, ihre Berufstätigkeit in Vollzeit auszuüben. Dies kann darin begründet sein, dass eine Betreuungsmöglichkeit durch Dritte nicht vorhanden ist oder von den betreffenden Frauen nicht in dem einer Vollzeittätigkeit entsprechendem Umfang gewünscht wird. Deshalb sind gerade Frauen oft darauf angewiesen, ihre berufliche Tätigkeit in Teilzeit auszuüben. Wäre ein gesetzlicher Anspruch auf Teilzeitarbeit im deutschen Recht nicht vorgesehen, so sähen sich viele Frauen mit einer erschwerten Durchsetzbarkeit ihres Teilzeitwunsches gegenüber dem Arbeitgeber konfrontiert. Häufig wäre dann die Durchsetzbarkeit eines Teilzeitanspruches gegenüber dem Arbeitgeber überhaupt nicht möglich, so dass für die Arbeitnehmerinnen, für die eine Vollzeittätigkeit nicht in Frage kommt, eine Erwerbstätigkeit gänzlich ausgeschlossen wäre. Durch den gesetzlich statuierten Anspruch wird die Rechtsposition der Frauen gegenüber ihrem Arbeitgeber in einem bereits bestehenden Arbeitsverhältnis demzufolge gestärkt. Wie zuvor diskutiert, führt diese durch die Vorschrift hervorgerufene Begünstigung von Arbeitnehmerinnen jedoch gleichzeitig zu einem Einstellungshemmnis gegenüber Bewerberinnen, da viele Arbeitgeber befürchten, später den Teilzeitansprüchen dieser Frauen ausgesetzt zu werden. Während durch die Vorschrift also Frauen in bereits bestehenden Arbeitsverhältnissen begünstigt werden, werden durch dieselbe Regelung arbeitsuchende Frauen gleichzeitig faktisch benachteiligt.[727]

Aus gemeinschaftsrechtlicher Perspektive ist die Förderung der Teilzeitarbeit mittels des gesetzlichen Anspruches auf Teilzeitarbeit nach § 8 Abs. 4 TzBfG, trotz der gleichzeitigen negativen Auswirkungen auf arbeitsuchende Frauen, ein taugliches Mittel, um das Ziel der Vereinbarkeit von Familien- und Berufsleben, welches sowohl beschäftigungspolitisch als auch gleichstellungspolitisch von der Europäischen Gemeinschaft verfolgt wird, zu erreichen. Denn durch die Möglichkeit, als Frau am Arbeitsleben aktiv teilzunehmen und damit Familie und Beruf miteinander verbinden zu können, erhöht sich auch die Wahrscheinlichkeit einer Gleichbehandlung von Männern und Frauen in Beschäftigung und Beruf.

Die von der europäischen Gemeinschaft verfolgten Ziele, Beruf und Familie miteinander in Einklang zu bringen und dadurch die Gleichstellung von Mann und Frau zu forcieren, kommen daher als mögliche Rechtfertigungsgründe im

---

[727] Vgl. hierzu die Ausführungen zur mittelbaren Diskriminierung durch § 8 TzBfG unter Teil III . C. I. 2.

Sinne der Richtlinie 2002/73/EG für die mittelbare Benachteiligung von Frauen durch den Anspruch auf Teilzeitarbeit nach § 8 Abs. 4 TzBfG in Betracht. Denn die Einführung des Anspruches auf Teilzeitarbeit stellt eine Maßnahme des deutschen Gesetzgebers dar, um unter anderem diese von der Europäischen Gemeinschaft vorgegebenen rechtmäßigen Ziele zu verwirklichen.

bb) Verhältnismäßigkeit im Sinne des Art. 2 Abs. 2, 2. Spiegelstrich der Richtlinie 2002/73/EG

Die mit der Regelung des § 8 Abs. 4 TzBfG verfolgten Ziele, nämlich die Vereinbarkeit von Familie und Beruf und damit gleichzeitig die Gleichstellung von Mann und Frau zu fördern, müssten mit dem Verhältnismäßigkeitsgrundsatz im Einklang stehen. Dies ist der Fall, wenn die Regelung geeignet, erforderlich und angemessen ist, um die mit ihr verfolgten Ziele zu erreichen.[728]

(1) Geeignetheit

Der Anspruch auf Teilzeitarbeit nach § 8 Abs. 4 TzBfG müsste geeignet sein, um die Vereinbarkeit von Familie und Beruf sowie die Gleichstellung von Mann und Frau zu begünstigen.

Geeignet ist ein Mittel dann, wenn es den mit ihm verfolgten Zweck fördert.[729]

Zweck des Teilzeit- und Befristungsgesetzes ist gemäß dessen § 1, Teilzeit zu fördern. Durch die Möglichkeit, in Teilzeit arbeiten zu können, wird den Arbeitnehmern die Chance eröffnet, ihr Privatleben besser mit ihren beruflichen Anforderungen in Einklang zu bringen.

Der Anspruch auf Teilzeitarbeit nach § 8 Abs. 4 TzBfG stellt daher ein geeignetes Mittel dar, um Arbeitnehmern die Vereinbarkeit von Familie und Beruf zu erleichtern und damit die Gleichstellung von Mann und Frau zu fördern.

(2) Erforderlichkeit

Der Anspruch auf Teilzeitarbeit nach § 8 Abs. 4 TzBfG müsste erforderlich sein, um die Vereinbarkeit von Familie und Beruf zu begünstigen.

---

[728] Vgl. hierzu die Ausführungen zur Verhältnismäßigkeitsprüfung bei der mittelbaren Diskriminierung im Sinne der Richtlinie 2002/73/EG unter Teil III B.II.2. a)bb)(3).

[729] *Pieroth/Schlink*, Grundrechte Staatsrecht II, Rn. 283.

Erforderlich ist ein Mittel dann, wenn der mit ihm verfolgte Zweck nicht durch ein gleich wirksames, aber weniger belastendes Mittel erreichbar ist.[730] Vorschriften, zu denen es eine weniger diskriminierende Alternative gibt, scheitern deshalb an der Schwelle der Erforderlichkeit.[731]

Fraglich ist, ob das Ziel, die familiären und beruflichen Belange besser vereinbaren zu können und damit die Gleichstellung von Männern und Frauen im Berufsleben zu fördern, auch auf andere Weise als durch den Anspruch auf Teilzeitarbeit nach § 8 Abs. 4 TzBfG gleich effektiv erreicht werden könnte. Wäre dies möglich, so könnte dadurch gegebenenfalls die parallel bestehende Gefahr der mittelbaren Diskriminierung der Frauen, die an der Begründung eines Arbeitsverhältnisses interessiert sind, vermieden werden.

(i)   Mögliche Konsequenzen einer Aufhebung des Teilzeitanspruches nach § 8 TzBfG

Die mit § 8 TzBfG zusammenhängende Gefahr der mittelbaren Diskriminierung von Frauen im Hinblick auf deren Zugangsmöglichkeiten zur Beschäftigung könnte vermieden werden, indem der Anspruch auf Teilzeit nach dem Teilzeit- und Befristungsgesetz aufgehoben würde.[732] Dies hätte unter Umständen zur Folge, dass die Arbeitgeber dann mangels gesetzlicher Verpflichtung, zu einem späteren Zeitpunkt innerhalb eines bestehenden Arbeitsverhältnisses einer Tätigkeit in Teilzeit zustimmen zu müssen, weniger Vorbehalte hätten, Frauen einzustellen. Durch den Wegfall des Teilzeitanspruches würde dann gegebenenfalls das heute bestehende Einstellungshemmnis der Arbeitgeber gegenüber weiblichen Bewerberinnen beseitigt werden.

Fraglich ist jedoch, wie sich eine solche Gesetzesänderung auf die von der Europäischen Gemeinschaft intendierte Förderung der Vereinbarkeit von Familie und Beruf und die Gleichstellung von Mann und Frau auswirken würde.

Aufgrund der mit der Teilzeit verbundenen Folgen für den Arbeitgeber ist es sehr wahrscheinlich, dass dessen Bereitschaft, die Arbeitszeit eines Arbeitnehmers innerhalb eines bestehenden Arbeitsverhältnisses zu verringern, wesentlich zurückhaltender wäre, wenn er hierzu gesetzlich nicht mehr verpflichtet wäre.

---

[730] *Pieroth/Schlink*, Grundrechte Staatsrecht II, Rn. 285.
[731] Schiek-*Schiek*, AGG, § 3 Rn. 52.
[732] So forderte beispielsweise die FDP-Fraktion in ihrem Antrag vom 12.3.2003 (BT-Drs. 15/590), Rahmenbedingungen für einen funktionsfähigen Arbeitsmarkt zu schaffen. In diesem Zusammenhang schlug die Fraktion vor, Teilzeit auf freiwilliger Basis zu stärken und zu fördern, um die Vereinbarkeit von Familie und Beruf zu erweitern.

Denn isoliert betrachtet bedeutet die Umstellung auf Teilzeitarbeit für den Arbeitgeber zunächst einmal einen höheren organisatorischen Aufwand, als wenn er nur Vollzeitkräfte beschäftigte, sowie die Entstehung zusätzlicher Kosten. Dies resultiert bereits daraus, dass eine größere Anzahl von Personen beschäftigt werden müsste, als wenn das gleiche Arbeitspensum nur von Vollzeitkräften erledigt würde. Mit jedem einzelnen Arbeitnehmer ist jedoch ein gewisses Maß an Verwaltungsaufwand und Kosten verbunden, wie z.b. die buchhalterische Erfassung, Lohnnebenkosten, Fortbildungskosten etc. Des Weiteren sind Teilzeitkräfte häufig in ihrer Flexibilität bezüglich der Lage und Dauer ihrer Arbeitszeit eingeschränkt. Dies ist zumindest dann der Fall, wenn dies Arbeitszeitmodell gewählt wurde, um die Betreuung von Kindern zu gewährleisten.

Diesen möglichen, mit der Teilzeit verbundenen Nachteilen stehen auf der anderen Seite jedoch auch zahlreiche Vorteile gegenüber. Zu diesen Vorteilen gehören beispielsweise die positiven Folgen, die die Weiterbeschäftigung von Arbeitnehmern mit sich bringt, die bereits im Besitz des erforderlichen Knowhows sind und Detailkenntnisse über das Unternehmen haben. Ferner besteht bei Arbeitnehmern, die Familie und Beruf miteinander in Einklang bringen wollen, häufig ein hoher Motivationsgrad, die ihnen übertragenden Aufgaben in der ihnen maximal zur Verfügung stehenden Zeit zu erledigen, um ihren außerberuflichen familiären oder sonstigen privaten Verpflichtungen nachkommen zu können. Dies wirkt sich dadurch positiv auf die Arbeitsproduktivität aus.

Die mit der Teilzeit verbundenen Vorteile würde der Arbeitgeber häufig aber nicht bei seiner Entscheidung mit in Betracht ziehen, wenn er gesetzlich nicht mehr verpflichtet wäre, sich mit den Teilzeitbegehren seiner Arbeitnehmer ernsthaft auseinanderzusetzen. Meist wird der Arbeitgeber nur den für ihn mit der Teilzeit verbundenen organisatorischen und finanziellen Mehraufwand erkennen. Es ist deshalb naheliegend, dass es wesentlich weniger Arbeitnehmern gelingen würde, mit ihren Arbeitgebern eine einzelvertragliche Vereinbarung über die Reduzierung ihrer Arbeitszeit abzuschließen, wenn ein gesetzlicher Anspruch auf Teilzeitarbeit nicht mehr existierte. Den Frauen, die auf eine Teilzeittätigkeit aufgrund ihrer Familienkonstellation angewiesen sind, drohte dann, mangels Möglichkeit, einen Teilzeitanspruch gegenüber ihrem Arbeitgeber durchsetzen zu können, überhaupt nicht mehr arbeiten zu können. Würde dieser Anspruch nicht mehr bestehen, käme es dadurch zu einer wesentlichen Schlechterstellung vieler Frauen, die sich bereits in einem Arbeitsverhältnis befinden und von der jetzigen Regelung des Teilzeit- und Befristungsgesetzes profitieren.

Der Anspruch auf Teilzeit stellt deshalb eine wirksame Regelung dar, um dem Arbeitnehmer zu ermöglichen, sein Teilzeitbegehren gegenüber seinem Arbeitgeber durchzusetzen und dadurch seinen persönlichen Verpflichtungen nachkommen zu können. Die Aufhebung dieser Vorschrift würde mit sehr großer Wahrscheinlichkeit erhebliche negative Auswirkungen auf die Erreichung der mit dem Teilzeitanspruch bezweckten Ziele, die Förderung der Vereinbarkeit von Familie und Beruf und die Gleichstellung von Männern und Frauen im Berufsleben, haben. Dieser Lösungsweg erscheint daher nicht sinnvoll, um die mittelbare Diskriminierung von Frauen durch § 8 TzBfG zu vermeiden. Die negativen Folgen für die mittels der Vorschrift zu fördernden Ziele stünden in keinem Verhältnis zu den zu erwartenden positiven Wirkungen, die eine Streichung des § 8 TzBfG im Hinblick auf die Verhinderung einer mittelbaren Diskriminierung arbeitsuchender Frauen mit sich brächte.

(ii)   Modifizierungsvorschläge im Hinblick auf den Anwendungsbereich des Teilzeitanspruches aus § 8 TzBfG

In Betracht könnte auch eine Änderung der Vorschrift in Form einer Eingrenzung des Anwendungsbereiches kommen, um die mittelbare Benachteiligung von Frauen einzudämmen.

So wird teilweise gefordert, das Recht zur Reduzierung der Arbeitszeit an sachliche Gründe zu knüpfen.[733] Als sachliche Gründe, die einen Anspruch auf Teilzeitarbeit begründen sollten, wurde die Kindererziehung oder Betreuung pflegebedürftiger Angehöriger angeführt.[734]

Würde das Bestehen eines Anspruches auf Teilzeit, wie teilweise gefordert, an die Voraussetzung geknüpft werden, dass der Arbeitnehmer neben seiner beruflichen Tätigkeit Aufgaben der Kindererziehung zu erfüllen hätte, so würden hierdurch aller Wahrscheinlichkeit nach noch größere Einstellungshindernisse für Frauen geschaffen werden.[735] Da in der Bundesrepublik Deutschland diese Aufgabe zumeist von den Frauen erledigt wird, würden noch mehr Arbeitgeber vor der Einstellung junger Frauen zurückschrecken. Denn dann würde die Wahrscheinlichkeit, dass gerade Frauen und nicht Männern den an die Kindererziehung gekoppelten Teilzeitanspruch geltend machen, nochmals steigen. Die Befürchtung der Arbeitgeber, dass sie sich mit Teilzeitwünschen männlicher

---

[733] So z.B. *Bauer*, NZA 2002, 1001 (1003); *Gehring*, Das Recht auf Teilzeitarbeit – Anspruch und Wirklichkeit, S. 211; *Link/Fink*, AuA 2001, 107 (110).

[734] *Gehring*, Das Recht auf Teilzeitarbeit – Anspruch und Wirklichkeit, S. 211.

[735] So auch die Bundesregierung in ihrer Ablehnung des Änderungsvorschlags bezüglich § 8 TzBfG (BT-Drs.15/406, S. 15). In dieser Stellungnahme führt die Bundesregierung aus, dass eine Änderung der Regelung familien- , gleichstellungs- und beschäftigungspolitisch kontraproduktiv sei, da eine solche Änderung ein Einstellungshindernis für den privilegierten Personenkreis und damit insbesondere für die Frauen mit sich brächte.

Arbeitnehmer konfrontiert sähen, würde bei Betrachtung der sozialen Wirklichkeit aus Sicht der Arbeitgeber bei einer solchen Modifizierung sicherlich noch geringer werden. Aus arbeitgeberseitiger Position spräche daher noch mehr dafür, von der Einstellung weiblicher Bewerber Abstand zu nehmen und stattdessen möglichst ausschließlich männliche Arbeitnehmer zu beschäftigen.

Durch die Begrenzung des Teilzeitanspruches wäre eine mittelbaren Diskriminierung von Frauen noch wahrscheinlicher. Außerdem würde eine solche Einschränkung der Förderung der Vereinbarkeit von Familie und Beruf und damit der Gleichstellung von Männern und Frauen im Beruf zuwiderlaufen. Die Verwirklichung dieser Ziele würde aufgrund des durch eine solche Änderung hervorgerufenen verstärkten Einstellungshemmnisses noch schwieriger werden. Der Teilzeitanspruch sollte daher nicht, wie dies teilweise gefordert wird, an das Vorliegen sachlicher Gründe geknüpft werden.

(iii)   Beibehaltung eines allgemeinen Anspruchs auf Teilzeitarbeit

Aus den soeben diskutierten Gründen erscheint es sinnvoll, den in § 8 TzBfG verankerten Teilzeitanspruch in der jetzt geltenden Fassung beizubehalten.

In der Regel wird die Umstellung auf Teilzeitarbeit auch die effektivste Möglichkeit sein, um Beruf und Familie miteinander zu vereinbaren und damit die Gleichstellung von Männern und Frauen weiter voranzutreiben. Die üblichen Kernzeiten für die Kinderbetreuung in öffentlichen Einrichtungen decken meist nicht die komplette Arbeitszeit bei einer Vollzeittätigkeit ab. Dies kann oft nur durch private Betreuung, beispielsweise durch eine Tagesmutter, die wiederum relativ kostenintensiv und häufig auch schwierig zu finden ist, erreicht werden. In vielen Fällen fehlt es auch bereits an der Bereitschaft der Eltern, ihre noch kleinen Kinder täglich für eine so lange Zeitspanne aus der elterlichen Obhut zu entlassen.

Der Anspruch auf Teilzeitarbeit nach § 8 Abs. 4 TzBfG ist somit in seiner jetzigen Form erforderlich, um die durch diese Regelung intendierten Ziele, die Förderung der Vereinbarkeit von Familie und Beruf und die daraus resultierende Gleichstellung von Männern und Frauen, zu erreichen. Ein milderes und dennoch gleich effektives Mittel zur Erreichung dieser Ziele ist nicht ersichtlich.

(3)   Angemessenheit

Die gesetzliche Regelung eines Anspruches auf Teilzeitarbeit gemäß § 8 Abs. 4 TzBfG müsste auch angemessen sein, um die mittels dieser Vorschrift angestrebten Ziele, die Förderung der Vereinbarkeit von Familie und Beruf und die Gleichstellung von Männern und Frauen, zu erreichen.

Ein Mittel ist dann als angemessen zu erachten, wenn der mit diesem Mittel verbundene Eingriff in andere Rechtsgüter in einem recht gewichteten und angemessenen Verhältnis zueinander steht.[736] Es ist abzuwägen, ob die benachteiligende Vorschrift, die geeignet und erforderlich zur Erreichung eines legitimen Zieles ist, in Anbetracht des Ausmaßes der benachteiligenden Wirkung einerseits und der Relevanz des zu erreichenden Zieles andererseits tatsächlich gebilligt werden kann.[737]

Zu prüfen ist daher, ob der mit dem Anspruch auf Teilzeitarbeit verfolgte Zweck in einem angemessenen Verhältnis zu der negativen Auswirkung, die diese Vorschrift gegebenenfalls mit sich bringt, steht. In einer wertenden Betrachtung sind die beiden widerstreitenden Interessen gegeneinander abzuwägen und es ist zu entscheiden, welches Interesse im Ergebnis überwiegt.

Wie bereits dargelegt[738], handelt es sich bei der Förderung der Vereinbarkeit von Familie und Beruf als beschäftigungspolitisches Instrument und der daraus resultierenden Begünstigung der Gleichstellung von Mann und Frau in Beschäftigung und Beruf um wichtige Ziele, deren Realisierung sogar im Vertrag zur Gründung der Europäischen Gemeinschaft explizit als zu verfolgende Ziele aufgenommen wurden. Die Vereinbarkeit von Familie und Beruf ist jedoch nur dann realistischerweise denkbar und für Familien wirtschaftlich realisierbar, wenn die tatsächlich durchsetzbare Möglichkeit besteht, in Teilzeit tätig zu sein. Denn häufig ist nur so eine partielle, adäquate und bezahlbare Betreuung der Kinder möglich und auch von den Eltern gewünscht. Ist die Arbeitnehmerin von einer einvernehmlichen Einigung mit ihrem Arbeitgeber abhängig, wird es in der Praxis mit Sicherheit wesentlich seltener zu einer Teilzeitvereinbarung kommen, da die Verhandlungsposition der Frau dann nicht durch einen gesetzlich durchsetzbaren Anspruch gestärkt wäre.[739] Der Anspruch auf Teilzeit nach § 8 TzBfG unterstützt daher wesentlich die Interessen der Frauen, indem diese ihren Anspruch auf Teilzeit gegenüber ihrem Arbeitgeber tatsächlich durchsetzen können und sie nicht auf dessen Verhandlungsbereitschaft angewiesen sind. Ohne diesen Anspruch wären viele Frauen nicht in der Lage, überhaupt einer Erwerbstätigkeit nachzugehen, da vielfach eine Vollzeitbeschäftigung aufgrund

---

[736] *Pieroth/Schlink*, Grundrechte Staatsrecht II, Rn. 289.
[737] Schiek-*Schiek*, AGG, § 3 Rn. 53.
[738] Vgl. Teil III C.I.2.c)aa).
[739] Vgl. hierzu die Ausführungen im Rahmen der „Erforderlichkeit" unter Teil III C.I.2.c)bb) (2).

familiärer Verpflichtungen ausscheidet und aus persönlichen Motiven auch nicht erwünscht ist.

Dem gegenüber steht die negative Auswirkung des Teilzeitanspruches, in concreto die nicht zu unterschätzende Gefahr der mittelbaren Diskriminierung von Frauen bei der Einstellung, die aus dem Anspruch auf Teilzeitarbeit nach § 8 Abs. 4 TzBfG aufgrund einer zurückhaltenden Einstellungsbereitschaft der Arbeitgeber gegenüber jungen Frauen resultiert.[740]

Bei der Abwägung der Vor- und Nachteile, die der Teilzeitanspruch aus § 8 TzBfG mit sich bringt, ist einschränkend zu berücksichtigen, dass nicht jeder Arbeitgeber zwingend eine Entscheidung gegen eine Bewerberin allein aufgrund ihres Geschlechtes und der möglichen Folgen, die aus einer eventuellen späteren Geltendmachung eines Teilzeitanspruches resultieren könnten, treffen wird. Viele Arbeitgeber werden auch die Vorteile, die die Einstellung einer Frau aufgrund ihrer von Männern differierenden Arbeitsweise mit sich bringt, zu schätzen wissen. Die gezielte Besetzung von Arbeitsplätzen durch Männer und Frauen kann zu Kreativitätsgewinn führen und gut ausgebildete Frauen werden durch die Möglichkeit, in Teilzeit tätig zu sein, an der Wertschöpfung der Gesellschaft beteiligt. Diese wertvollen Ressourcen in Form guter Qualifikation, die kostenintensiv erlangt wurde, würden andernfalls nicht zum Einsatz kommen. In Ressourcen, wie Qualifikation, Wissen, Managementkompetenz und Innovativität wird jedoch gerade die entscheidende wirtschaftliche und gesellschaftliche Zukunftschance für hoch entwickelte Länder wie die Bundesrepublik Deutschland gesehen.[741]

Es ist ferner möglich, dass durch weitere Maßnahmen, die zur Förderung der Vereinbarkeit von Familie und Beruf und zur Gleichbehandlung von Männern und Frauen in Beschäftigung und Beruf auf europarechtlicher und nationaler Ebene eingeführt werden, ein Umdenken bei den Arbeitgebern hervorgerufen wird. So vermag ggf. eben auch das 2006 neu eingeführte Allgemeine Gleichbehandlungsgesetz die Arbeitgeber auf diesem Gebiet zu sensibilisieren. Es ist nicht gänzlich auszuschließen, dass der Umstand, dass ein diskriminierendes Verhalten durch das Allgemeine Gleichbehandlungsgesetz sanktioniert würde, den Arbeitgeber möglicherweise bei seiner Entscheidungsfindung beeinflussen könnte. Es kann zwar nicht davon ausgegangen werden, dass der Arbeitgeber aufgrund der im Allgemeinen Gleichbehandlungsgesetz angedrohten Sanktionen von einem solchen diskriminierenden Verhalten in jedem Fall zurückschrecken

---

[740] Vgl. Teil III C.I.2.b).
[741] *Langenhan*, Handbuch Management, 243ff.; *Komus*, Benchmarking als Instrument der Intelligenten Organisation, S. 1.

würde – jedoch kann eine solche Abschreckungswirkung auch nicht vollständig ausgeschlossen werden. Das Verbot der Geschlechterdiskriminierung könnte daher geeignet sein, insoweit effizienzsteigernd zu sein, indem es dazu führen könnte, frauenfeindliche, nicht ökonomische Vorurteile der Arbeitgeber zu ü-berwinden.[742] Durch die Gleichbehandlung fördernde Maßnahmen könnte eine größere Toleranz in der Gesellschaft gegenüber der Bereitschaft, eine Familie gründen und auch die Erziehung der Kinder durch beide Elternteile übernehmen zu wollen, entstehen. So ist es beispielsweise in den skandinavischen Ländern nicht außergewöhnlich, dass auch die Väter Aufgaben der Erziehung überneh-men und ihre Arbeitszeit zumindest vorübergehend reduzieren. Auch der Um-stand, dass die Europäische Union vor einem beispiellosen demografischen Wandel steht[743], könnte die Arbeitgeber zu einem Umdenken bewegen und die gesellschaftliche Akzeptanz für die Kombination von Familie und Beruf durch beide Elternteile steigern. Denn dieser zu befürchtenden Überalterung der Ge-sellschaft, die weitreichende negative Folgen für die gesamte Bevölkerung mit sich bringt, könnte dadurch entgegengewirkt werden, dass die Möglichkeit der Vereinbarkeit von Familie und Beruf für Angehörige beider Geschlechter gerade durch Teilzeitarbeit gefördert würde. Würde es in der sozialen Wirklichkeit als üblich angesehen werden, dass beide Elternteile Familienaufgaben übernähmen, käme es beim Teilzeitanspruch nicht mehr automatisch zu einer Assoziation mit weiblichen Arbeitnehmern. Dies würde zu einer erheblichen oder sogar voll-ständigen Eindämmung der mittelbaren Diskriminierungswirkung des § 8 TzBfG führen.

Wie zuvor bereits ausführlich dargelegt, lässt sich eine realistische Vereinbarung von Beruf und Familie am effektivsten durch Teilzeitbeschäftigung realisieren. Durch den Ausbau von Teilzeitbeschäftigung ist es möglich, wichtige beschäfti-

---

[742] *Thüsing*, RdA 2003, 257 (260).

[743] Vgl. hierzu ausführlich das von der Europäischen Kommission vorgelegte *Grünbuch „Angesichts des demografischer Wandels – eine neue Solidarität zwischen den Generati-onen"* vom 17.3.2005, KOM (2005) 94 endg. Hierin wird dargestellt, dass der EU bis 2030 20,8 Millionen Menschen im erwerbsfähigen Alter (6,8 %) fehlen werden , so dass dann zwei Erwerbstätige (zwischen 15 und 65 Jahren) für einen Nichterwerbstätigen (von über 65 Jahren) aufkommen müssen. In der Union werden hiernach 18 Millionen Kinder und Jugendliche weniger als heute leben. Dieser demografische Wandel werde sich mas-siv auf den Lebensstandard der gesamten Bevölkerung auswirken. Hervorgerufen werde dieser Wandel insbesondere durch fehlende Anreize im Zusammenhang mit der Famili-enentscheidung. Es sei deshalb notwendig, dass in der Gesellschaft ein Bewusstsein ent-stehe, dass Frauen und Männer nach der Geburt eines Kindes gleichermaßen für die Kin-derbetreuung und die Erwerbstätigkeit zuständig sein könnten. Die Politik müsse daher vorrangig die Familien ermutigen und Frauen wie Männern die Möglichkeit bieten, Fami-lie und Beruf miteinander zu verbinden. Nur so könne Europa den Trend des demografi-schen Rückgangs umkehren.

gungspolitische und sozialpolitische Ziele durchzusetzen, welche der Gesellschaft insgesamt und auch der einzelnen Frau und deren Familie zugutekommen. Die Möglichkeit, den Beruf mit dem Familienleben zu verbinden, trägt erheblich zur Verwirklichung der Gleichbehandlung der Frauen in Beschäftigung und Beruf und zur Steigerung des Beschäftigungsniveaus der Frauen bei.

Bei dem Teilzeitanspruch gemäß § 8 Abs. 4 TzBfG handelt es sich demnach um ein angemessenes Mittel, um die Vereinbarkeit von Familie und Beruf und die Gleichstellung von Männern und Frauen zu erleichtern, so dass das mit dem Anspruch verbundene Risiko der mittelbaren Diskriminierung von Frauen hinter diesen mit der Vorschrift intendierten Zielen zurückzutreten hat. Dieses Ergebnis wird noch dadurch in besonderer Weise gestützt, dass sich durch die geplante verstärkte Förderung der Vereinbarkeit von Familie und Beruf, wie von der Europäischen Gemeinschaft gefordert[744], langfristig ein gesellschaftlicher Wandel vollziehen könnte, der unter anderem zufolge haben könnte, dass sich die Einstellungspraxis der Arbeitgeber in Bezug auf Frauen in wünschenswerter Weise verändern wird und die Frauen damit nicht mehr der Gefahr der mittelbaren Diskriminierung ausgesetzt wären.

3.   Ergebnis

Die mittelbare Diskriminierung von Frauen ist durch die mit § 8 Abs. 4 TzBfG verfolgten rechtmäßigen Ziele, die Vereinbarkeit von Familie und Beruf und die daraus resultierende Gleichstellung von Männern und Frauen zu fördern, sachlich gerechtfertigt und der Teilzeitanspruch ist geeignet, erforderlich und angemessen, um die durch diese Vorschrift intendierten Ziele zu erreichen. Im Ergebnis ist die Verhältnismäßigkeit im Sinne der Richtlinie 2002/73/EG gewahrt.

Eine Diskriminierung von Frauen durch den Anspruch auf Teilzeitarbeit nach § 8 TzBfG liegt somit nicht vor. Die Vorschrift steht im Einklang mit der europäischen Gleichbehandlungsrichtlinie und kann demzufolge unverändert bestehen bleiben.

---

[744] KOM (2006) 92 endg.; so auch die Pläne der Bundesregierung, durch die Einführung des Elterngeldes mit Wirkung zum 1.1.2007 nach den Vorschriften des BEEG und den Ausbau von Betreuungsmöglichkeiten gerade für Kinder unter 3 Jahren die Vereinbarkeit von Familie und Beruf zu fördern.

II. Vereinbarkeit des Anspruches auf Teilzeitarbeit gemäß § 15 Abs. 7 BEEG mit dem Diskriminierungsverbot der Richtlinie 2002/73/EG

Fraglich ist, ob der Anspruch auf Teilzeitarbeit gemäß § 15 Abs. 7 BEEG mit der Richtlinie 2002/73/EG zur Gleichbehandlung von Mann und Frau in Beschäftigung und Beruf im Einklang steht.

Obgleich viele Mütter ihre Erwerbstätigkeit während der ersten drei Lebensjahre ihres zu betreuenden Kindes, welche häufig in die Elternzeit fallen, vorübergehend aufgeben, arbeiten einige Frauen bereits in den ersten Lebensjahren des Kindes in Teilzeit. Im Jahr 2004 waren beispielsweise 18,7 % der Mütter mit Kindern im Krippenalter in Teilzeit tätig, während bei den Männern in dieser Lebenssituation nur zwischen 3 und 4 % in Teilzeit und über 80% in Vollzeit arbeiteten.[745]

Ebenso wie der Teilzeitanspruch nach § 8 Abs. 4 TzBfG ist der Anspruch auf Teilzeitarbeit während der Elternzeit gemäß § 15 Abs. 7 BEEG daraufhin zu untersuchen, ob dieser Vorschrift eine diskriminierende Wirkung in Bezug auf Frauen zukommt. Die Intention der Vorschrift besteht darin, in der gesellschaftlichen Realität insbesondere Frauen während der Elternzeit zu unterstützen, indem den Arbeitnehmern ein gesetzlich verbrieftes Recht auf Teilzeitarbeit während dieses Zeitraumes zusteht. Dennoch ist es nicht auszuschließen, dass dieser Rechtsanspruch gleichzeitig negative Auswirkungen auf die Frauen haben könnte, die sich um den Abschluss eines Arbeitsverhältnisses bemühen. Diese negativen Folgen könnten daraus resultieren, dass Arbeitgeber in der Praxis vor der Einstellung von Frauen aufgrund der Befürchtung, dass diese eher als ihre männlichen Kollegen den ihnen während der Elternzeit zustehenden Anspruch auf Teilzeit geltend machen könnten, zurückschrecken. Dies würde zu einer Benachteiligung von Frauen, die den Einstieg oder Wiedereinstieg in die Erwerbstätigkeit anstreben, im Vergleich zu Frauen in bestehenden Arbeitsverhältnissen führen.

1. Unmittelbare Diskriminierung von Frauen im Sinne der Richtlinie 2002/73/EG durch die Regelung des § 15 Abs. 7 BEEG

§ 15 Abs. 7 BEEG könnte eine unmittelbare Diskriminierung von Frauen im Sinne des Art. 2 Abs. 2, 1. Spiegelstrich der Richtlinie 2002/73/EG hervorrufen, wenn Frauen wegen ihres Geschlechtes aufgrund dieser Vorschrift eine weniger

---

[745] Statistischen Bundesamt, Leben und Arbeiten in Deutschland, Mikrozensus 2004, S. 35f.

günstige Behandlung erfahren, als Männer in einer vergleichbaren Situation erfahren oder erfahren würden.

Der Anspruch auf Teilzeitarbeit während der Elternzeit enthält keine Formulierungen, wonach dieser lediglich Frauen zustehen soll. So ist in § 15 Abs. 6 BEEG geschlechtsneutral von *Arbeitnehmern* die Rede. Auch enthält diese Vorschrift keine Tatsachen, die lediglich die Umschreibung eines Geschlechts darstellen. Stattdessen ist die Regelung geschlechtsneutral formuliert. Sowohl Männer als auch Frauen können den Anspruch auf Teilzeit unter den nach § 15 BEEG zu erfüllenden Voraussetzungen gegenüber ihrem Arbeitgeber geltend machen. Eine Differenzierung nach dem Geschlecht der den Anspruch geltend machenden Arbeitnehmer ist in der Vorschrift nicht vorhanden.

Durch die Vorschrift werden Frauen nicht unmittelbar diskriminiert. Ein Verstoß des § 15 Abs. 7 BEEG gegen die Richtlinie 2002/73/EG aufgrund des Vorliegens einer unmittelbaren Diskriminierung von Frauen durch eben diese Vorschrift scheidet demzufolge aus.

2.   Mittelbare Diskriminierung von Frauen im Sinne der Richtlinie 2002/73/EG durch die Regelung des § 15 Abs. 7 BEEG

In Betracht könnte eine mittelbare Diskriminierung von Frauen durch den in § 15 Abs. 7 BEEG gesetzlich geregelten Anspruch auf Teilzeitarbeit während der Elternzeit kommen.

Voraussetzung dafür ist, dass es sich bei § 15 Abs. 7 BEEG um eine neutrale Vorschrift im Sinne der Richtlinie 2002/73/EG handelt und Frauen durch diese Vorschrift in besonderer Weise gegenüber Männern benachteiligt werden. Eine mittelbare Diskriminierung scheidet jedoch aus, wenn diese Regelung im Bundeselterngeld- und Elternzeitgesetz durch ein rechtmäßiges Ziel sachlich gerechtfertigt ist und die Mittel zur Erreichung des Zieles angemessen und erforderlich sind.

a)   § 15 Abs. 7 BEEG - neutrale Vorschrift im Sinn der Richtlinie 2002/73/EG

Zu untersuchen ist, ob der in § 15 Abs. 7 BEEG geregelte Anspruch auf Teilzeitarbeit eine neutrale Vorschrift im Sinne des Art. 2 Abs. 2, 2. Spiegelstrich der Richtlinie 2002/73/EG darstellt.

Der Anspruch auf Teilzeitarbeit während der Elternzeit gemäß § 15 Abs. 7 BEEG steht sowohl Männern als auch Frauen unter den dort genannten Voraussetzungen zu. Innerhalb dieser Vorschrift wird keinerlei Bezug auf das Geschlecht des Arbeitnehmers genommen. Auch enthält diese Bestimmung keine Umschreibungen, die nur von einer Frau erfüllt werden können.

Aufgrund der geschlechtsneutralen Formulierung des § 15 Abs. 7 BEEG handelt es sich um eine neutrale Vorschrift im Sinne des Art. 2 Abs. 2, 2. Spiegelstrich der Richtlinie 2002/73/EG.

b)   Benachteiligung von Frauen gegenüber Männern durch § 15 Abs. 7 BEEG

§ 15 Abs. 7 BEEG als neutrale Vorschrift müsste geeignet sein, Frauen in besonderer Weise gegenüber Männern zu benachteiligen.

Im Fall des Teilzeitanspruches gemäß § 15 Abs. 7 BEEG könnte eine mittelbare Diskriminierung von Frauen dadurch hervorgerufen werden, dass es aufgrund dieses Anspruches, der eigentlich der Vereinbarkeit von Familie und Beruf dienen und damit vorteilhaft sein soll, zu einer zurückhaltenden Einstellungspraxis durch die Arbeitgeber in Bezug auf Frauen kommen könnte. Dieses Verhalten der Arbeitgeber könnte im Ergebnis zu einer Benachteiligung von Frauen gegenüber Männern, die ebenfalls an einer Einstellung bei einem Arbeitgeber interessiert sind, führen.

Wie bereits bei der Prüfung der Vereinbarkeit des § 8 TzBfG mit der Richtlinie 2002/73/EG ausführlich dargestellt[746], wird die Kinderbetreuung in der Bundesrepublik Deutschland überwiegend von Frauen übernommen. Sie üben deswegen in den ersten drei Lebensjahren wesentlich häufiger als Männer ihre Berufstätigkeit in Teilzeit aus.[747] Meist befinden sich die in Teilzeit tätigen Frauen in der Elternzeit, so dass für diesen Zeitraum der Anwendungsbereich des Bundeselterngeld- und Elternzeitgesetzes im Hinblick auf die Geltendmachung eines Teilzeitanspruches eröffnet ist.

Der Anspruch auf Teilzeitarbeit gemäß § 15 Abs. 7 BEEG kann zu einer Benachteiligung von Frauen in besonderer Weise führen, weil es nicht unwahrscheinlich ist, dass eine Vielzahl potentieller Arbeitgeber gerade von der Be-

---

[746] Vgl. hierzu die Ausführungen unter Teil III C.I.

[747] Laut Angaben des Statistischen Bundesamtes arbeiteten 19% der Frauen und nur 3-4% der Männer in den ersten Lebensjahren ihre Kinder im Jahr 2004 in Teilzeit. Hierzu auch Teil III C.I. dieser Arbeit.

gründung eines Arbeitsverhältnisses mit einer Frau zurückschrecken und stattdessen lieber gleich qualifizierte Männer einstellen, um in der Zukunft nicht
dem Teilzeitbegehren der Arbeitnehmerin während der Elternzeit und den damit
im Zusammenhang stehenden Folgen ausgesetzt zu sein.

Der in § 15 Abs. 7 BEEG geregelte Teilzeitanspruch führt folglich zu einer
möglichen Benachteiligung arbeitsuchender Frauen im Vergleich zu Männern in
besonderer Weise und damit zu eine mittelbaren Diskriminierung im Sinne der
Richtlinie 2002/73/EG.

**c)   Rechtfertigungsgründe für eine mittelbare Diskriminierung von
        Frauen durch § 15 Abs. 7 BEEG**

Wird das Vorliegen einer mittelbaren Diskriminierung durch eine neutrale Vorschrift, wie § 15 Abs. 7 BEEG, bejaht, so ist außerdem zu überprüfen, ob die
jeweilige Vorschrift durch ein rechtmäßiges Ziel sachlich gerechtfertigt ist und
die Mittel zur Erreichung des Zieles angemessen und erforderlich sind.

Als mögliche Rechtfertigungsgründe für eine mittelbare Benachteiligung von
Frauen im Sinne der Richtlinie 2002/73/EG durch den Anspruch auf Teilzeitarbeit nach § 15 Abs. 7 BEEG kommen, ebenso wie beim zuvor diskutierten Anspruch nach § 8 Abs. 4 TzBfG, die von der Europäischen Gemeinschaft verfolgten Ziele in Betracht, die Vereinbarkeit von Familie und Beruf und damit die
Gleichstellung von Mann und Frau zu fördern.

Das mit der Regelung des § 15 Abs. 7 BEEG verfolgte Ziel müsste mit dem
Verhältnismäßigkeitsgrundsatz im Einklang stehen. Dies ist der Fall, wenn die
Regelung geeignet, erforderlich und angemessen ist, um das mit ihr verfolgte
Ziel zu erreichen.

(aa)   Geeignetheit

Der Anspruch auf Teilzeitarbeit nach § 15 Abs. 7 BEEG müsste geeignet sein,
um die Vereinbarkeit von Familie und Beruf zu begünstigen und damit die
Gleichstellung von Männern und Frauen zu fördern.

Sinn und Zweck des im Bundeselterngeld- und Elternzeitgesetz verankerten
Teilzeitanspruches ist es, die Motivation junger Eltern, während der Elternzeit
erwerbstätig zu sein, zu steigern.[748] Außerdem kann dieser Anspruch Arbeit-

---

[748] BT-Drs. 14/3553, S. 21.

nehmer ermutigen, sich während einer bestehenden Erwerbstätigkeit überhaupt dazu zu entscheiden, Eltern zu werden.

Gerade aufgrund dieses Rechtsanspruches eröffnet sich für viele die Gelegenheit, neben der Kindererziehung einem Beruf nachzugehen. Der Anspruch auf Teilzeitarbeit nach § 15 Abs. 7 BEEG stellt folglich ein geeignetes Mittel dar, um Arbeitnehmern die Vereinbarkeit von Familie und Beruf zu erleichtern und zur Realisierung der Gleichstellung von Männern und Frauen beizutragen.

(bb)   Erforderlichkeit

Der Anspruch auf Teilzeitarbeit nach § 15 Abs. 7 BEEG müsste erforderlich sein, um die Vereinbarkeit von Familie und Beruf und die Gleichstellung von Männern und Frauen zu begünstigen.

Fraglich ist, ob das Ziel, die familiären und beruflichen Belange besser vereinbaren zu können, auch auf andere Weise als durch den Anspruch auf Teilzeitarbeit nach § 15 Abs. 7 BEEG erreicht werden könnte und dadurch die parallel bestehende Gefahr der mittelbaren Diskriminierung von Frauen, die an der Begründung eines Arbeitsverhältnisses interessiert sind, vermieden werden könnte.

(1)   Mögliche Konsequenzen einer Aufhebung des Teilzeitanspruches nach § 15 Abs. 7 BEEG

Die mit § 15 BEEG zusammenhängende Gefahr der mittelbaren Diskriminierung von Frauen im Hinblick auf deren Zugangsmöglichkeiten zur Beschäftigung könnte vermieden werden, indem der Anspruch auf Teilzeit nach den Vorschriften des Bundeselterngeld- und Elternzeitgesetzes aufgehoben würde. Der Umstand, dass Arbeitgeber sich dann nicht mehr mit einem gesetzlichen Anspruch auf Teilzeitarbeit konfrontiert sähen, könnte dazu führen, dass diese sich bei der Einstellung nicht mehr davon abschrecken ließen, dass der Bewerber weiblichen Geschlechts ist.

Ähnlich wie bei dem im Teilzeit- und Befristungsgesetz verankerten Teilzeitanspruch[749] würde die Aufhebung des Anspruches auf Teilzeitarbeit während der Elternzeit den Zielen entgegenwirken, eine bessere Vereinbarkeit von Familie und Beruf und die Gleichstellung von Männern und Frauen zu erreichen. Während der Elternzeit wird es für eine Arbeitnehmerin schwierig sein, den Arbeitgeber zu einer Teilzeitvereinbarung zu bewegen. Denn gerade in den ersten Le-

---

[749] Vgl. Teil III C.I.

bensjahren eines Kindes sind die für die Betreuung zuständigen Personen sehr stark in ihrer Flexibilität eingeschränkt. Dies hängt damit zusammen, dass Kinder erst im Alter von drei Jahren gemäß § 24 Abs. 1 SGB VIII einen Anspruch auf einen Kindergartenplatz in einer öffentlichen Einrichtung haben. Es ist meist auf private Betreuungseinrichtungen zurückzugreifen, die unter Umständen nicht ohne Weiteres mit den Arbeitszeitbedingungen harmonieren. Ferner sind Fehlzeiten der Arbeitnehmer aufgrund von Krankheiten der zu betreuenden Kinder nicht auszuschließen, die häufig gerade in den ersten Jahren bei Kleinkindern vorkommen. Es besteht demnach die realistische Gefahr, dass es wesentlich weniger Arbeitnehmern gelingen würde, mit ihren Arbeitgebern eine einzelvertragliche Vereinbarung über die Reduzierung ihrer Arbeitszeit abzuschließen, wenn ein gesetzlicher Anspruch auf Teilzeitarbeit nicht existierte. Dies führte dann im Ergebnis zu einer erheblichen Schlechterstellung der Frauen, die sich bereits in einem Arbeitsverhältnis befinden und darauf angewiesen sind, auf den Teilzeitanspruch während der Elternzeit zurückgreifen zu können, um ihre familiären und beruflichen Belange miteinander vereinbaren zu können. Denn diese wären bei Streichung des Anspruches sehr wahrscheinlich nicht in der Lage, überhaupt neben ihren gegenüber dem Kind bestehenden Erziehungs- und Betreuungspflichten einer Erwerbstätigkeit nachzugehen, da eine Vollzeittätigkeit in der Regel nicht in Betracht kommt.

Der Anspruch auf Teilzeit während der Elternzeit stellt eine wirksame Regelung dar, um das Teilzeitbegehren eines Arbeitnehmers gegenüber dem Arbeitgeber durchzusetzen. Die Aufhebung dieser Vorschrift würde mit großer Wahrscheinlichkeit erhebliche negative Auswirkungen auf die Erreichung der mit dem Teilzeitanspruch bezweckten Ziele, die Förderung der Vereinbarkeit von Familie und Beruf und die Gleichstellung von Männern und Frauen, haben.

Die Abschaffung der im Bundeselterngeld- und Elternzeitgesetz enthaltenen Vorschrift ist deshalb nicht sinnvoll, um die mittelbare Diskriminierung von Frauen bei gleichbleibender Förderung der Vereinbarkeit von Familie und Beruf und der Gleichstellung von Männern und Frauen zu vermeiden.

(2)   Modifizierungsvorschläge im Hinblick auf den Teilzeitanspruch aus § 15 Abs. 7 BEEG

Um die mittelbar benachteiligende Wirkung der Regelung in § 15 Abs. 7 BEEG zu verringern, könnte eine Änderung der Vorschrift in der Weise in Betracht kommen, dass die Anforderungen, die an eine arbeitgeberseitige Ablehnung des Teilzeitbegehrens gestellt werden, gesenkt werden. So wäre beispielsweise eine Angleichung an § 8 TzBfG denkbar, indem die Ablehnung des Teilzeitbegehrens nicht das Vorliegen *dringender betrieblicher Gründe* voraussetzt, sondern das Vorliegen *betrieblicher Gründe* ausreichen lässt.

Hierbei ist zu berücksichtigen, dass durch die Regelung im Bundeselterngeld- und Elternzeitgesetz der verfassungsrechtlich besonders geschützte Bereich der Familie vor Eingriffen bewahrt werden soll.[750] Die Arbeitnehmer, die sich neben der Familie für die Ausübung ihres Berufes entscheiden, sollen nicht mit nicht zu überwindenden Hindernissen konfrontiert werden. Stattdessen soll gerade in den ersten Lebensjahren eines zu betreuenden Kindes, in denen die Familie sowohl einer größeren finanziellen Belastung als auch organisatorischen Schwierigkeiten bei der Durchführung der Kinderbetreuung ausgesetzt ist, der jungen Familie die Vereinbarkeit der neuen Lebenssituation mit dem Beruf besonders erleichtert werden. Durch den Umstand, dass der Arbeitgeber nur aus *dringenden* betrieblichen Gründen das Teilzeitbegehren ablehnen kann, wird die Vereinbarkeit von Familie und Beruf somit durch den Gesetzgeber aktiv gefördert.

Eine Anpassung der Vorschrift an die Regelung des Teilzeit- und Befristungsgesetzes im Hinblick auf die an die Ablehnungsgründe zu stellenden Voraussetzungen erscheint nicht sinnvoll, da hierdurch wesentlich in die Förderwirkung in Bezug auf die Vereinbarkeit von Familie und Beruf und die Gleichstellung von Mann und Frau eingegriffen würde.

**(3)   Beibehaltung des Anspruchs auf Teilzeitarbeit gemäß
§ 15 Abs. 7 BEEG**

Existierte ein gesetzlicher Anspruch auf Teilzeitarbeit in der jetzt vorhandenen Form nicht, so würde es mit großer Wahrscheinlichkeit wesentlich weniger Arbeitnehmern gelingen, mit ihren Arbeitgebern eine einzelvertragliche Vereinbarung über die Reduzierung ihrer Arbeitszeit während der Elternzeit abzuschließen. Der Anspruch auf Teilzeit im Bundeselterngeld- und Elternzeitgesetz stellt eine wirksame Regelung dar, um das Teilzeitbegehren eines Arbeitnehmers gegenüber dem Arbeitgeber während der Elternzeit wirksam durchsetzen zu können.

Der Anspruch auf Teilzeitarbeit nach § 15 Abs. 7 BEEG ist erforderlich, um die durch diese Regelung intendierten Ziele, die Förderung der Vereinbarkeit von Familie und Beruf und die daraus resultierende Gleichstellung von Männern und Frauen, bereits während der ersten Lebensjahre eines zu betreuenden Kindes zu erreichen. Ein milderes und dennoch gleich effektives Mittel zur Erreichung dieses Zieles ist nicht ersichtlich.

---

[750] Vgl. Teil II C.

(cc)   Angemessenheit

Die gesetzliche Regelung eines Anspruches auf Teilzeitarbeit gemäß
§ 15 Abs. 7 BEEG müsste auch angemessen sein, um die mittels dieser Vorschrift angestrebten Ziele, die Förderung von Familie und Beruf und die Gleichstellung von Männern und Frauen, zu erreichen.

Zu prüfen ist, ob der mit dem während der Elternzeit bestehende Anspruch auf
Teilzeitarbeit verfolgte Zweck in einem angemessenen Verhältnis zu der negativen Auswirkung, die diese Vorschrift mit sich bringt, steht. In einer wertenden
Betrachtung sind die beiden widerstreitenden Interessen gegeneinander abzuwägen und es ist zu entscheiden, welches Interesse im Ergebnis überwiegt.

Das von der Europäischen Gemeinschaft als sehr wichtig angesehene Ziel, die
Vereinbarkeit von Familie und Beruf fühlbar zu verbessern, ist nur dann realisierbar, wenn auch während der Elternzeit die durchsetzbare Möglichkeit besteht, in Teilzeit tätig zu sein. Während der Elternzeit in Teilzeit arbeiten zu
können und damit in der Zeit, in der die Kinder meist noch relativ klein und damit auch häufig krank oder aus anderen Gründen auf ihre Bezugsperson angewiesen sind, wäre in der Praxis sicherlich noch wesentlich schwerer, wenn überhaupt, gegenüber dem Arbeitgeber durchsetzbar, als dies außerhalb der Elternzeit bereits der Fall ist. Vielen Frauen, die sich für die Betreuung ihrer Kinder
entschieden haben, würde ohne diesen Teilzeitanspruch jegliche Möglichkeit
genommen werden, während der Elternzeit arbeiten zu können. Damit Frauen
aber infolge einer langen beruflichen Abwesenheit ihre Kenntnis und Expertise
nicht verlieren, ist es gerade in dieser Lebensphase notwendig, ihnen die Möglichkeit zu geben, in Teilzeit tätig zu sein. Andernfalls wäre eine noch weitrei-
chendere Diskriminierung beim Wiedereinstieg in den Beruf aufgrund von Qua-
lifikationsdefiziten, ursächlich hervorgerufen durch fehlende Berufserfahrung
während der Elternzeit, nach Beendigung dieses Zeitraumes zu befürchten. Der
Anspruch auf Teilzeit während der Elternzeit hat somit erhebliche positive Folgen für Frauen, die sich bereits in einem Arbeitsverhältnis befinden und dient
dazu, die Chancen dieser Frauen auf dem Arbeitsmarkt auch nach der Gründung
einer Familie erheblich zu verbessern und konkurrenzfähig im Vergleich zu
männlichen Arbeitnehmern zu bleiben.

Demgegenüber steht die negative Auswirkung, die nicht zu unterschätzende Gefahr der mittelbaren Diskriminierung von Frauen beim Zugang zur Erwerbstätigkeit, die der Anspruch auf Teilzeitarbeit nach § 15 Abs. 7 BEEG mit sich
bringt.[751]

---

[751] Vgl. hierzu die Ausführungen unter Teil III C.II.2.b).

Wie zuvor bei der Prüfung der Vereinbarkeit des § 8 TzBfG mit der Gleichbe-
handlungslinie festgestellt[752], sind auch bei § 15 BEEG die Risiken im Verhältnis zu dem Nutzen, die der Teilzeitanspruch mit sich bringt, als nachrangig zu
beurteilen. Die Chancen, die dieser Anspruch den berufstätigen Frauen zu eröffnen vermag, um Beruf und Familienleben miteinander in Einklang zu bringen,
können als wesentlich weitreichender und relevanter beurteilt werden, als die
Gefahr, dass potentiellen Bewerberinnen infolge einer zurückhaltenden Einstellungspraxis der Arbeitgeber aufgrund von § 15 BEEG ein Zugang zur Erwerbstätigkeit dauerhaft unmöglich gemacht wird.

Die mit dem Teilzeitanspruch einhergehende Gefahr der Benachteiligung von
Frauen könnten außerdem wesentlich verringert werden, wenn die Akzeptanz in
der Gesellschaft dafür, dass auch Männer familiäre Verpflichtungen übernehmen, durch entsprechende Maßnahmen gesteigert würde. Eine solche Änderung
der gesellschaftlichen Wirklichkeit führte dazu, dass Frauen nicht zwingend mit
der Übernahme von Erziehungsaufgaben assoziiert und die bestehenden Vorurteile gegenüber Frauen im Beruf reduziert würden. Der Umstand, dass Frauen in
der Regel mit der Übernahme von Erziehungsaufgaben in Verbindung gebracht
werden, führt noch immer zu erheblichen Schwierigkeiten, die Gleichstellung
von Mann und Frau im Berufsleben tatsächlich zu realisieren. Denn durch die
zumindest vorübergehende Reduzierung ihrer Arbeitszeit erleiden Frauen häufig
Nachteile in ihrer beruflichen Karriere. So sind Frauen in vielen verantwor-
tungsvollen Bereichen noch immer deutlich unterrepräsentiert.[753] Aufforderun-
gen der Europäischen Gemeinschaft[754], dass sich auch Männer den Aufgaben
der Kinderbetreuung widmen sollten, haben in der gesellschaftlichen Realität
bisher wenig bewirkt. Einen Versuch, an dieser Situation etwas zu ändern, hat
der deutsche Gesetzgeber im Bundeselterngeld- und Elternzeitgesetz unternom-
men. So wird in § 15 BEEG ausdrücklich auf die Möglichkeit hingewiesen, dass
die Elternzeit von beiden Elternteilen genommen werden kann. Um eine Abkehr
von der traditionellen Rollenverteilung und damit die Normalität der Kinderbetreuung durch beide Elternteile in der gesellschaftliche Wirklichkeit erreichen
zu können, bedarf es jedoch weiterer Maßnahmen. Die tatsächliche Gleichstellung von Mann und Frau in der Gesellschaft kann nur dann verwirklicht werden,
wenn diese auch in Bezug auf Beschäftigung und Beruf realisiert wird. Dies ist
nur möglich, wenn Familienaufgaben von Mann und Frau nahezu gleichermaßen
und nicht fast ausschließlich von den Frauen übernommen werden. Um dieses
Ziel zu erreichen, wurde von der Bundesregierung mit dem am 1. Januar 2007 in
Kraft getretenen Bundeselterngeld- und Elternzeitgesetz ein Elterngeld einge-

---

[752] Vgl. Teil III C.I.2.c)bb)(3).
[753] Wefing, FAZ v. 12.07.06, S. 33.
[754] So z.B. KOM (2006) 92 endg.; ABl. EG 2000, C 218/5.

führt, welches auch Männer motivieren soll, ihre Erwerbstätigkeit zugunsten der Betreuung ihrer Kinder vorübergehend einzuschränken oder einzustellen.[755]

Um die Motivation der Arbeitgeber, auch Frauen einzustellen, zu steigern, wäre ferner eine Abkehr von der gesetzlichen Verpflichtung der Arbeitgeber zur Übernahme der im Zusammenhang mit dem Mutterschutz entstehenden Kosten nach § 14 Abs. 1 MuSchG denkbar.[756] Nach Art. 6 Abs. 4 GG ist es die Aufgabe der staatlichen Gemeinschaft und nicht der Arbeitgeber, den Schutz von Mutter und Kind zu gewährleisten.[757] Eine Übernahme der Kosten durch den Staat und die Sozialversicherungsträger wäre naheliegend.[758] Es darf demnach nicht nur die Obliegenheit der Arbeitsvertragsparteien sein, die Kosten und die Einbußen im Hinblick auf die Karrierechancen alleine tragen zu müssen. Denn die gesamte Gesellschaft zieht den Nutzen aus der Bereitschaft derer, die sich für die Gründung einer Familie entscheiden. Diese Personen erfüllen durch eine solche Entscheidung nicht nur ihren eigenen Wunsch nach einer Familie, sondern tragen dadurch ebenfalls dazu bei, dem demografischen Wandel entgegenzuwirken, den Nachwuchs potentieller Arbeitskräfte zu fördern und so die Leistungsfähigkeit der sozialen Sicherungssysteme und die Wettbewerbsfähigkeit der Volkswirtschaft aufrechtzuerhalten.

Mittels Aufklärung über die Vorteile der Beteiligung beider Geschlechter am Erwerbsleben könnte die Sensibilisierung der Gesellschaft für die Erforderlichkeit der tatsächlichen Realisierung der Gleichbehandlung der Geschlechter erreicht werden. Dieses Bewusstsein muss sowohl auf Arbeitgeber- als auch auf Arbeitnehmerseite geweckt werden. Dabei sind die Vorteile, die Teilzeitarbeit mit sich bringt, besonders herauszustellen.[759] Hierunter fällt beispielsweise die Schaffung einer positiven Work-Life-Balance, die Konfrontation der Kinder mit männlichen Bezugspersonen, die aufgrund der traditionellen Rollenverteilung derzeit in den ersten Lebensjahren der Kinder selten ist, sowie die Effektivität

---

[755] In der Begründung des Gesetzesentwurfs der Bundesregierung zur Einführung des Elterngeldes aufgrund Kabinettbeschlusses vom 14.6.2006 (BT-Drs. 16/1889) heißt es, dass mehr als die Hälfte aller Männer mit Kinderwunsch angäben, dass ein Elterngeld ein Anreiz für sie sei, zur Kinderbetreuung für ein Jahr oder einige Monate aus dem Beruf auszuscheiden. Zu den Vorteilen und Nachteilen der Einführung eines solchen Elterngeldes *Scheiwe/Fuchsloch*, ZRP 2006, 37 (38).

[756] Vgl. zu dieser Problematik den Beschluss des Bundesverfassungsgerichts v. 18.11.2003, Az.: 1 BvR 302/96, NJW 2004, 146ff.

[757] Vgl. hierzu ausführlich *Mallossek*, Die tatbestandlichen Voraussetzungen der Gleichbehandlungsrichtlinie und ihre Auswirkungen auf das deutsche Arbeitsrecht, S. 385ff.

[758] *Buchner*, NZA 2004, 1121 (1128).

[759] Vgl. zu den Vorteilen, die Teilzeit mit sich bringt *Viethen/Scheddler*, Bundesarbeitsblatt 11/2005, 5 (7).

und Motivation in Teilzeit tätiger Arbeitnehmer. Häufig sind Mütter aufgrund der Erziehung ihrer Kinder im Besitz umfangreicherer sozialer Kompetenzen und besonderer Managementqualitäten, die sie auch im Berufsleben einsetzen können.[760]

Um den Eltern kleinerer Kinder den Wiedereinstieg in den Beruf zu erleichtern, sollten weitere staatliche und kirchliche Betreuungseinrichtungen geschaffen werden. Darüber hinaus erscheint es sinnvoll, Arbeitgeber zu motivieren, betriebsintern oder in Kooperation mit anderen Arbeitgebern Betreuungseinrichtungen für die Kinder ihre Arbeitnehmer zur Verfügung zu stellen oder ihre Arbeitnehmer bei der Errichtung von Betreuungskonzepten zu unterstützen. Eine solche Motivation kann beispielsweise durch das in Aussichtstellen staatlicher Fördermittel oder Steuerersparnisse erfolgen. Auch können öffentliche staatliche Auszeichnungen oder Zertifizierungen, die die Arbeitgeber unter Umständen werbewirksam für ihre Unternehmen einsetzen können, die Motivation der Arbeitgeber steigern.[761] Ebenso wäre es denkbar, dass sich Arbeitgeber Institutionen anschließen, die für eine Kinderbetreuung in Sondersituationen sorgen können, wie beispielsweise durch kurzfristig engagierbare Tagesmütter bei unvorhersehbarer Krankheit des zu betreuenden Kindes. Von qualitativ hochwertigen und verlässlichen Betreuungskonzepten profitieren sowohl die Arbeitgeber als auch die Arbeitnehmer und deren Kinder.

Die Gleichstellung von Mann und Frau hat sowohl wirtschaftlichen als auch sozialen Nutzen und es gibt keinen ersichtlichen Grund, der gegen die Realisierung dieser Gleichbehandlung sprechen könnte. Es ist dringend notwendig, weitere die Gleichstellung von Mann und Frau fördernde Maßnahmen zu ergreifen und das Bewusstsein der Bevölkerung für die tatsächliche Verwirklichung dieses Zieles kontinuierlich zu sensibilisieren. Solange sich in der gesellschaftlichen Wirklichkeit keine grundlegende Änderung einstellt, ist eine realistische Vereinbarung von Beruf und Familie am effektivsten durch Teilzeitbeschäftigung zu realisieren, die mittels eines gesetzlich statuierten Anspruches gegenüber dem Arbeitgeber geltend gemacht werden kann. Beim Teilzeitanspruch während der Elternzeit handelt es sich um ein erfolgversprechendes beschäftigungs- und sozialpolitisches Mittel, um auf lange Sicht die Verwirklichung der Gleichbehandlung der Frauen in Beschäftigung und Beruf zu erreichen.

---

[760] *Dressel/Cornelißen/Wolf*, Datenreport zur Gleichstellung von Frauen und Männern in der Bundesrepublik Deutschland, S. 290.

[761] So verlieh die Bundesregierung zusammen mit der gemeinnützigen Hertie-Stiftung aufgrund deren Initiative Beruf & Familie gGmbH im Jahr 2005 bereits zum vierten Mal Auszeichnungen für besonders familienfreundliche Unternehmen.

Der Teilzeitanspruch gemäß § 15 Abs. 7 BEEG stellt ein angemessenes Mittel dar, um die Vereinbarkeit von Familie und Beruf gerade während der ersten Lebensjahre eines zu betreuenden Kindes zu erleichtern. Das mit dem Anspruch verbundene Risiko der Benachteiligung von Frauen in Form einer mittelbaren Diskriminierung tritt im Ergebnis hinter diesem mit der Vorschrift intendierten Ziel zurück.

3.   Ergebnis

Die mittelbare Diskriminierung von Frauen ist durch die mit § 15 BEEG verfolgten rechtmäßigen Ziele, die Vereinbarkeit von Familie und Beruf und die daraus resultierende Förderung der Gleichstellung von Männern und Frauen, sachlich gerechtfertigt und der Teilzeitanspruch ist geeignet, erforderlich und angemessen, um das durch diese Vorschrift intendierte Ziel zu erreichen. Die Verhältnismäßigkeit dieser Vorschrift ist im Sinne der Richtlinie 2002/73/EG gewahrt.

Eine Diskriminierung von Frauen durch den Anspruch auf Teilzeitarbeit nach § 15 Abs. 7 BEEG liegt deshalb im Ergebnis nicht vor. Die Vorschrift steht im Einklang mit der europäischen Gleichbehandlungsrichtlinie und kann demzufolge unverändert bestehen bleiben.

D.   Fazit

Teilzeit ist in der Bundesrepublik Deutschland ein Frauenphänomen. Durch die Teilzeitansprüche in § 8 Abs. 4 TzBfG und § 15 Abs. 7 BEEG soll insbesondere Frauen die Möglichkeit eröffnet werden, aktiv am Berufsleben teilnehmen zu können. Neben den positiven Folgen, die diese beiden Ansprüche mit sich bringen, wie beispielsweise die Förderung der Vereinbarkeit von Familie und Beruf und die daraus resultierende Gleichstellung von Männern und Frauen, führen diese Ansprüche auch zu einem Einstellungshemmnis vieler Arbeitgeber gegenüber weiblichen Bewerbern. Aufgrund des Umstandes, dass in erster Linie Frauen in Teilzeit arbeiten, ist die Wahrscheinlichkeit bei ihnen höher, dass sie früher oder später einen Teilzeitanspruch gegenüber dem Arbeitgeber geltend machen, als dies bei männlichen Bewerbern der Fall ist. Der Arbeitgeber sieht sich somit bei der Einstellung junger weiblicher Arbeitnehmer häufiger als bei der Einstellung männlicher Arbeitnehmer mit den mit der Teilzeitarbeit ursächlich verbundenen Folgekosten und einem erhöhten Organisationsaufwand konfrontiert.

Im Ergebnis ruft die mit dem Anspruch auf Teilzeitarbeit ursächlich zusammenhängende zurückhaltende Einstellungspraxis der Arbeitgeber jedoch weder eine unmittelbare noch eine mittelbare Diskriminierung von Frauen hervor. Grund hierfür ist, dass die im Teilzeit- und Befristungsgesetz und im Bundeselterngeld- und Elternzeitgesetz geregelten Ansprüche im Einklang mit der europäischen Gleichbehandlungsrichtlinie 2002/73/EG stehen. Die Vorteile, die die beiden Ansprüche in Bezug auf die Förderung der Vereinbarkeit von Familie und Beruf und die Gleichstellung von Männern und Frauen mit sich bringen, überwiegen eine eventuelle Gefahr der Benachteiligung von Frauen. Dennoch bedarf es weiterer wirtschafts-, sozial- und steuerpolitischer Maßnahmen, um die Gleichbehandlung von Mann und Frau in Beschäftigung und Beruf und damit auch insgesamt in der Gesellschaft weiter voranzutreiben.

Teil IV: Zusammenfassung und Schlussthesen

Gegenstand der vorliegenden Arbeit ist die Untersuchung der Ansprüche auf Verringerung der Arbeitszeit gemäß § 8 Abs. 4 TzBfG und § 15 Abs. 7 BEEG. Hierbei wurde detailliert auf deren Anspruchsvoraussetzungen, die eine Ablehnung eines Teilzeitbegehrens rechtfertigenden Gründe sowie auf die Unterschiede der Ansprüche und deren Verhältnis zueinander eingegangen. Ferner wurde umfassend geprüft, ob die beiden Teilzeitansprüche im Einklang mit der Gleichbehandlungsrichtlinie 2002/73/EG stehen oder ob durch sie faktisch aufgrund einer zurückhaltenden Einstellungspraxis der Arbeitgeber gegenüber Frauen eine Diskriminierung arbeitsuchender Frauen im Vergleich zu arbeitsuchenden Männern hervorgerufen werden könnte. Eine Diskriminierungswirkung der beiden Vorschriften wird im Ergebnis aufgrund der Vorteile, die die Teilzeitansprüche für die Förderung der Vereinbarkeit von Familie und Beruf und die Gleichstellung der beiden Geschlechter haben, verneint.

A. Ergebnisse aus Teil I

I. Inkrafttreten des Teilzeit- und Befristungsgesetzes

Durch das am 1. Januar 2001 in Kraft getretene Teilzeit- und Befristungsgesetz wurde in der Bundesrepublik Deutschland erstmals ein gesetzlich verankerter allgemeiner Anspruch auf Verringerung der Arbeitszeit, der auf alle Arbeitnehmer Anwendung findet, geschaffen. Mit diesem Rechtsanspruch auf Teilzeitarbeit ging der Gesetzgeber über die dem Gesetz zugrundeliegende Richtlinie 97/81/EG hinaus.

Das Motiv des Gesetzgebers für die Ausweitung der Teilzeit war die erhebliche beschäftigungspolitische Bedeutung der Teilzeitarbeit. Die nichtdiskriminierende Teilzeit sollte dazu beitragen, die tatsächliche Gleichstellung von Männern und Frauen zu fördern.

II. Der Anspruch auf Teilzeit während der Elternzeit

Ebenfalls mit Wirkung zum 1. Januar 2001 hat der Gesetzgeber einen Anspruch auf Teilzeitarbeit während der Elternzeit in § 15 Abs. 7 des Bundeserziehungsgeldgesetzes (seit 2007 Bundeselterngeld- und Elternzeitgesetz) geschaffen.

Durch die Neureglungen des Bundeserziehungsgeldgesetzes wollte die damalige Regierungskoalition die Vorschriften an die veränderte Arbeitswelt anpassen, den größeren Bedarf an Flexibilität berücksichtigen sowie für Männer eine attraktivere Möglichkeit zur Inanspruchnahme von Elternzeit schaffen. Insgesamt sollte durch diese Neuregelung eine bessere Vereinbarkeit von Familie und Beruf erreicht werden.

B.   Ergebnisse aus Teil II

I.   Anspruch des Arbeitnehmers auf Teilzeitarbeit gemäß § 8 Abs. 4 TzBfG

1.   Anspruchsvoraussetzungen

Um einen Anspruch auf Teilzeitarbeit nach § 8 TzBfG geltend machen zu können, ist das Vorliegen verschiedener Anspruchsvoraussetzungen erforderlich:

- Der Anspruchsteller ist Arbeitnehmer des privaten oder öffentlichen Dienstes und kein Beamter.
- Der Arbeitgeber beschäftigt in der Regel mehr als 15 Arbeitnehmer, wobei nicht auf den Betrieb, sondern auf das Unternehmen abzustellen ist.
- Das Arbeitsverhältnis besteht länger als sechs Monate.
- Der Arbeitnehmer macht die Verringerung der Arbeitszeit und deren Verteilung spätestens drei Monate vor deren Beginn formlos geltend.
- Seit der letzten Geltendmachung eines Teilzeitanspruches sind mindestens zwei Jahre vergangen, wobei diese Sperrfrist bei einer Ablehnung aus formellen Gründen nicht eingreift.

2.   Mögliche Reaktionen des Arbeitgebers

Macht der Arbeitnehmer einen Teilzeitanspruch gegenüber seinem Arbeitgeber geltend, so ist dieser verpflichtet, die vom Arbeitnehmer gewünschte Verringerung mit diesem mit dem Ziel zu erörtern, zu einer Vereinbarung zu gelangen. Der Arbeitgeber hat die Entscheidung über die Verringerung der Arbeitszeit und ihre Verteilung dem Arbeitnehmer spätestens einen Monat vor dem gewünschten Beginn der Verringerung schriftlich mitzuteilen.

Gemäß § 8 Abs. 4. Satz 1 TzBfG hat der Arbeitgeber der Verringerung der Arbeitszeit zuzustimmen und die Verteilung entsprechend den Wünschen des Arbeitsnehmers festzulegen, soweit *betriebliche Gründe* nicht entgegenstehen. Bei Nichtäußerung des Arbeitgebers tritt die Zustimmungsfiktion gemäß § 8 Abs. 5 Satz 2 TzBfG ein. Stimmt der Arbeitgeber dem Antrag des Arbeitnehmers auf Verringerung seiner Arbeitszeit zu, so entsteht ein zwischen Arbeitgeber und Arbeitnehmer einvernehmlich geschlossener Änderungsvertrag. Der Arbeitgeber kann auch nur der Verringerung an sich bei gleichzeitiger Ablehnung der Verteilung zustimmen, sofern keine konditionale Verknüpfung beider Anträge vorliegt. Eine Ablehnung der Verteilung der Arbeitszeit ist ebenfalls nur möglich, wenn dieser betriebliche Gründe entgegenstehen, da sich der Anspruch des Arbeitnehmers auch auf die gewünschte Verteilung der Arbeitszeit erstreckt.

3.   Entgegenstehen betrieblicher Gründe gemäß § 8 Abs. 4 TzBfG

Bei dem Tatbestandsmerkmal *betriebliche Gründe* handelt es sich um einen unbestimmten Rechtsbegriff, welcher für jeden Einzelfall der Konkretisierung bedarf. Die Auslegung dieses Tatbestandsmerkmales ist in der Literatur sehr umstritten, wobei die an dieses Merkmal gerichteten Anforderungen von vielen als relativ hoch eingestuft werden. Einigkeit besteht darin, dass eine substantiierte Geltendmachung der Gründe durch den Arbeitgeber notwendig und die Äußerung lapidarer Gründe nicht ausreicht. Das Bundesarbeitsgericht hat in diesem Zusammenhang die sog. 3-Stufen Theorie entwickelt.

II.   Der Anspruch des Arbeitnehmers auf Teilzeitarbeit gemäß § 15 Abs. 7 BEEG

1.   Anspruchsvoraussetzungen

Um einen Anspruch auf Teilzeitarbeit nach § 15 BEEG geltend machen zu können, ist das Vorliegen verschiedener Anspruchsvoraussetzungen erforderlich:
* Der Arbeitnehmer befindet sich in der Elternzeit.
* Der Arbeitgeber beschäftigt in der Regel mehr als 15 Arbeitnehmer.
* Das Arbeitsverhältnis besteht länger als sechs Monate.
* Die Arbeitsvertragsparteien sollen sich möglichst in einem formlosen Verfahren nach § 15 Abs. 5 BEEG innerhalb von vier Wochen einigen.
* Der Arbeitnehmer muss dem Arbeitgeber seinen Anspruch auf Verringerung der Arbeitszeit nach § 15 Abs. 7 BEEG spätestens sieben Wochen vor Beginn der Tätigkeit schriftlich mitteilen, wobei dies parallel zu dem formlosen Verfahren geschehen kann.

- Der Arbeitnehmer möchte seine Arbeitszeit für mindestens zwei Monate auf einen Umfang von 15-30 Stunden verringern, wobei er sowohl den Beginn als auch den Umfang anzugeben hat.
- Der Arbeitnehmer soll die gewünschte Verteilung seiner Arbeitszeit angeben. Ein expliziter Anspruch auf die Verteilung der Arbeitszeit nach seinen Wünschen steht dem Arbeitnehmer jedoch nicht zu.

2.   Mögliche Reaktionen des Arbeitgebers

Der Arbeitgeber kann den Anspruch des Arbeitnehmers unter Einhaltung einer Frist von vier Wochen mit schriftlicher Begründung ablehnen, wenn *dringende betriebliche Gründe* entgegenstehen. An diesen unbestimmten Rechtsbegriff sind relativ hohe Anforderungen zu stellen, wobei die detaillierte Auslegung umstritten ist. Überwiegend wird die Durchführung einer Interessenabwägung für erforderlich gehalten. Obgleich das Gesetz einen ausdrücklichen Anspruch auf Verteilung der Arbeitszeit nicht vorsieht, verlangt das Bundesarbeitsgericht, dass eine Ablehnung der vom Arbeitnehmer begehrten Verteilung nur statthaft sein soll, wenn dieser dringende betriebliche Gründe entgegenstehen.

III.   Unterschiede der beiden Teilzeitansprüche

Die beiden Ansprüche auf Teilzeitarbeit nach dem Teilzeit- und Befristungsgesetz und dem Bundeselterngeld- und Elternzeitgesetz weisen teils beachtliche Unterschiede sowohl hinsichtlich ihrer Voraussetzungen als auch hinsichtlich ihrer Rechtsfolgen auf. Eine Angleichung der beiden Teilzeitansprüche wäre teilweise wünschenswert.

IV.   Verhältnis der Teilzeitansprüche des Teilzeit- und Befristungsgesetzes und des Bundeselterngeld- und Elternzeitgesetzes zueinander

Der Anspruch nach den Vorschriften des Bundeselterngeld- und Elternzeitgesetzes ist lex specialis gegenüber dem Teilzeitanspruch nach den Vorschriften des Teilzeit- und Befristungsgesetzes. Dies führt jedoch nicht zu einer Verdrängung des allgemeineren Anspruches, sondern der Anspruch auf Teilzeit nach § 8 TzBfG ist neben dem Anspruch auf Teilzeit gemäß § 15 Abs. 7 BEEG anwendbar. Zu beachten ist hierbei, dass einige Vorschriften, die für die Dauer der Elternzeit gelten, wie beispielsweise die maximale Wochenarbeitszeit, dann auch bei dem Anspruch aus § 8 TzBfG zu berücksichtigen sind.

C.   Ergebnisse aus Teil III

I.   Teilzeit ein Frauenphänomen

In der Bundesrepublik Deutschland wird die Verringerung der Arbeitszeit überwiegend von Frauen beansprucht und realisiert. Es ist aus diesem Grund zu überprüfen, ob die gesetzlichen Regelungen zum Anspruch auf Teilzeitarbeit, die eigentlich der Begünstigung von Frauen dienen, da es ihnen hierdurch oft ermöglicht wird, überhaupt arbeiten zu können, zu einer Diskriminierung von Frauen im Sinne der Richtlinie 2002/73/EG führen. Dies könnte infolge einer restriktiven Einstellungspraxis der Arbeitgeber gegenüber Frauen im gebärfähigen Alter der Fall sein. Als Grund für diese zurückhaltende Einstellungspraxis kommt die Befürchtung der Arbeitgeber, dass in der Regel Frauen im Gegensatz zu Männern ihren Teilzeitanspruch geltend machen könnten und der Arbeitgeber die hieraus resultierenden Kosten zu übernehmen hätte, in Betracht.

II.   Keine diskriminierende Wirkung der Teilzeitansprüche

Im Wege einer Verhältnismäßigkeitsprüfung sind die Gefahr einer restriktive Einstellungspraxis der Arbeitgeber aufgrund der Teilzeitansprüche nach dem Teilzeit- und Befristungsgesetz und dem Bundeselterngeld- und Elternzeitgesetz und die Vorteile, die diese Vorschriften für die Förderung der Vereinbarkeit von Familie und Beruf und die Gleichstellung von Männern und Frauen mit sich bringen, gegeneinander abzuwägen. Teilzeitarbeit stellt ein wirksames Instrument dar, um das Berufs- und Familienleben miteinander zu vereinbaren. Obgleich nicht auszuschließen ist, dass einige Arbeitgeber davon Abstand nehmen, eine Frau einzustellen, um diese zu einem späteren Zeitpunkt nicht in Teilzeit beschäftigen zu müssen, überwiegen im Ergebnis dennoch die aus den Vorschriften resultierenden Vorteile. Eine diskriminierende Wirkung der beiden Teilzeitansprüche ist im Ergebnis zu verneinen.

D.   Gesamtergebnis

Die im Teilzeit- und Befristungsgesetz und im Bundeselterngeld- und Elternzeitgesetz geregelten Teilzeitansprüche führen nicht zu einer Diskriminierung der Frau. Die Vorteile dieser Vorschriften, namentlich die Förderung der Vereinbarkeit von Familie und Beruf und damit der Gleichstellung von Männern und Frauen in Beschäftigung und Beruf, überwiegen. Diese Vorteile dienen im Ergebnis auch der Förderung von Frauen im Berufsleben insgesamt.

Literaturverzeichnis

Adomeit, Klaus, Teilzeitbeschäftigung und Gleichbehandlung – eine kritische Darstellung, in: Festschrift für Wolfgang Zöllner Band II, hrsg. v. *Manfred Lieb, Ulrich Noack und Harm Peter Westermann*, Köln 1998, (zitiert: *Adomeit*, FS Zöllner, S. 669ff)

Annuß, Georg, Grundfragen der Entschädigung bei unzulässiger Geschlechtsdiskriminierung, in: NZA 1999, 738ff.

Annuß, Georg, Das Allgemeine Gleichbehandlungsgesetz im Arbeitsrecht, in: BB 2006, S. 1629ff.

Annuß/Thüsing, Teilzeit- und Befristungsgesetz Kommentar, hrsg. v. *Georg Annuß /Gregor Thüsing*, 2. Auflage, Heidelberg 2006 (zitiert: Annuß/Thüsing-*Bearbeiter*, TzBfG, §, Rn.)

Arbeitsrechtsausschuss des Deutschen Anwaltvereins (DAV) Berichterstatter: *Heinz Josef Willemsen/Jobst-Hubertus Bauer*, Gesetz über Teilzeitarbeit und befristete Arbeitsverträge und zur Änderung und Aufhebung arbeitsrechtlicher Bestimmungen, in: DB 2000, S. 2223ff.

Armbrüster, Christian, Antidiskriminierungsgesetz – eine neuer Anlauf, in: ZRP 2005, S. 41ff.

Arnold/Gräfl, TzBfG – Teilzeit- und Befristungsgesetz, Praxiskommentar von Manfred Arnold, Edith Gräfl, Rolf C. Hemke, Andreas Imping, Annabell Lehnen, Peter H.M. Mambach, Günther Spinner, (zitiert: Arnold/Gräfl-*Bearbeiter*, TzBfG, §, Rn.)

Aubel, Tobias, Diskriminierung von Frauen durch finanzielle Belastung des Arbeitgebers, in: RdA 2004, 141ff.

Ausschüsse Arbeitsrecht und Zivilrecht des Deutschen Anwaltvereins (DAV), Stellungnahme zum Regierungsentwurf eines Gleichbehandlungsgesetzes (BR-Dr. 329/06), in: NZA 12/2006, VII

Backfisch, Jörg, Der Rechtsanspruch auf Teilzeitarbeit, in: BC 2001, S. 83ff.

Ballering, Philipp, Die einseitige Änderung von Arbeitsbedingungen – Eine Systematik der verschiedenen Änderungsinstrumente unter besonderer Berücksichtigung der §§ 8,9 TzBfG, Dissertation, Frankfurt am Main 2004; (zitiert: *Ballering,* Die einseitige Änderung von Arbeitsbedingungen, S.)

Bauer, Jobst-Hubertus, Neue Spielregeln für Teilzeitarbeit und befristete Arbeitsverträge, in: NZA 2000, S. 1039ff.

Bauer, Jobst-Hubertus, Europäische Antidiskriminierungsrichtlinien und ihr Einfuß auf das deutsche Arbeitrecht, in: NJW 2001, S. 2672ff.

Bauer, Jobst-Hubertus, Sofortprogramm für mehr Sicherheit im Arbeitsrecht, in: NZA 2002, S. 1001ff.

Bauer/Göpfert/Krieger, Allgemeines Gleichbehandlungsgesetz, Kommentar von *Jobst- Hubertus Bauer, Burkard Göpfert und Steffen Krieger,* München 2007, (zitiert: Bauer/Göpfert/Krieger, AGG, §, Rn.)

Bauer, Jobst-Hubertus/Thüsing, Gregor/Schunder, Achim, Entwurf eines Gesetzes zur Umsetzung europäischer Antidiskriminierungsrichtlinien, in: NZA 2005, S. 32ff.

Bauer, Jobst-Hubertus/Thüsing, Gregor/Schunder, Achim, Das Allgemeine Gleichbehandlungsgesetz – Alter Wein in neuen Schläuchen?, in: NZA 2006, S. 774ff.

Bayreuther, Frank, Die unternehmerische Entscheidungsfreiheit im Spiegel der aktuellen BAG-Rechtsprechung zum Anspruch auf Teilzeitbeschäftigung, in: DB 2004, 1726ff.

Beckschulze, Martin, Die Durchsetzbarkeit des Teilzeitanspruches in der betrieblichen Praxis, in DB 2000, S. 2598ff.

Bennecke, Martina/Kern, Gisela, Sanktionen im Antidiskriminierungs-recht: Möglichkeiten und Grenzen der Umsetzung der Europäischen Richtlinien im deutschen Recht, in: EuZW 2005, S. 360ff.

Bezani, Thomas/Richter, Marcus, Das Allgemeine Gleichbehandlungsgesetz im Arbeitsrecht, Köln 2006, (zitiert, *Bezani/Richter,* Das AGG im Arbeitsrecht, Rn.)

Bieback, Karl-Jürgen, Die mittelbare Diskriminierung wegen des Geschlechts – Ihre Grundlagen im Recht der EU und ihre Auswirkungen auf das Sozialrecht der Mitgliedstaaten, Dissertation, Baden-Baden 1997, (zitiert: *Bieback,* Die mittelbare Diskriminierung wegen des Geschlechts, S.)

Blanke, Thomas/Schüren, Peter/Wank, Rolf/Wedde, Peter, Handbuch Neue Beschäftigungsformen – Teilzeitarbeit, Telearbeit, Fremdfirmenpersonal, Franchiseverhältnisse, Baden-Baden 2002, (zitiert: Blanke/Schüren/Wank/ Wedde-*Wank,* Handbuch Neue Beschäftigungsformen, Teil II, Rn.)

Blomeyer, Christian, Das Verbot der mittelbaren Diskriminierung gemäß Art. 119 EGV, Dissertation, Baden-Baden 1994, (zitiert: *Blomeyer,* Das Verbot der mittelbaren Diskriminierung gemäß Art. 119 EGV, S.)

Blomeyer, Wolfgang/Häußler, Anett, Gemeinsame Anmerkung zu den Entscheidungen des EuGH vom 17.10.1995 – Rs.C-450/93 „Kalanke" – und des BAG vom 5.3.1996 – 1 AZR 590/92 (A), in: SAE 1997, S. 11ff.

Böttcher, Inge, Bundeserziehungsgeldgesetz, Frankfurt am Main 2001, (zitiert: *Böttcher,* BErzGG, §, Rn.)

Boewer, Dietrich, Teilzeit- und Befristungsgesetz, Solingen 2002, (zitiert: *Boewer,* TzBfG, §, Rn.)

Braun, Stefan, Antidiskriminierungsgesetz – ein neuer Anlauf, in: ZRP 2005, S. 135ff.

Brox, Hans/Rüthers, Bernd/Henssler, Martin, Arbeitsrecht, 16. Auflage, Stuttgart 2004, (zitiert: *Brox/Rüthers/Henssler,* Arbeitsrecht, Rn.)

Buchner/Becker, Mutterschutzgesetz und Bundeserziehungsgeldgesetz, Kommentar von *Herbert Buchner* und *Ulrich Becker,* 7. Auflage, München 2003, (zitiert: Buchner/Becker, MuSchG BErzGG, §, Rn.)

Buchner, Herbert, Die Neuordnung des Mutterschaftsgeldzuschusses als Chance zur Korrektur sozialpolitischer Fehlentwicklung, in: NZA 2004, S. 1121ff.

Bundesministerium für Familie, Senioren, Frauen und Jugend, Datenreport zur Gleichstellung von Frauen und Männer in der Bundesrepublik Deutschland, (zitiert: *Dressel/Cornelißen/Wolf,* Datenreport zur Gleichstellung von Frauen und Männern in der Bundesrepublik Deutschland, S.)

Däubler/Bertzbach, Allgemeines Gleichbehandlungsgesetz, *hrsg. v. Wolfgang Däubler* und *Martin Bertzbach*, 1. Auflage, Baden-Baden 2007, (zitiert. Däubler/Bertzbach-*Bearbeiter*, AGG, §, Rn.)

Däubler, Wolfgang, Das geplante Teilzeit- und Befristungsgesetz, in: ZIP 2000, 1961 ff.

Däubler, Wolfgang, Das neue Teilzeit- und Befristungsgesetz, in: ZIP 2001, 217 ff

Däubler, Wolfgang, Was bedeutet „Diskriminierung" nach neuem Recht?, in: ZfA 2006, S. 479 ff.

Deinert, Olaf, Partizipation europäischer Sozialrechtspartner an der Gemeinschaftsrechtssetzung, in: RdA 2004, S. 211

Dörner/Luczak/Wildschütz, Handbuch Arbeitsrecht von *Klemens Dörner, Stefan Luczak* und *Martin Wildschütz*, 4. Auflage, München 2004, (zitiert: Dörner/Luczak/Wildschütz-*Bearbeiter*, Rn.)

Eger, Sabine, Der Rechtsanspruch auf Verringerung der Arbeitszeit nach § 8 TzBfG, Dissertation, Würzburg 2003 (zitiert: *Eger*, Der Rechtsanspruch auf Verringerung der Arbeitszeit nach § 8 TzBfG, S.)

Ehlers, Dirk (Hrsg.), Europäische Grundrechte und Grundfreiheiten, 2. Auflage, Berlin 2005, (zitiert: Ehlers/*Bearbeiter*, Europäische Grundrechte und Grundfreiheiten, §, Rn.)

Eisemann, Friedrich/LeFriant, Martine/Liddington, Jane/Numhauser-Henning, Ann/Roseberry, Lynn/Schinz, Reinhard/Waas, Bernd, Der Anspruch auf Teilzeitarbeit und seine gerichtliche Durchsetzung in den Niederlanden, Frankreich, Großbritannien, Schweden, Dänemark und der Bundesrepublik Deutschland, in: RdA 2004, S. 129 ff.

Epiney, Astrid/Freiermuth Abt, Marianne, Das Recht der Gleichstellung von Mann und Frau in der EU, Baden-Baden 2003, (zitiert: *Epiney/Freiermuth Abt*, Das Recht der Gleichstellung von Mann und Frau in der EU, S.)

Erfurter Kommentar zum Arbeitsrecht, hrsg. von *Thomas Dietrich, Rudi Müller-Glöge, Ulrich Preis, Günter Schaub*, 7. Auflage, München 2007 (zitiert: ErfK/*Bearbeiter*, §, Rn.)

Etzel, Gerhard/ Bader, Peter/ Fischermeier, Ernst/ Friedrich, Hans-Wolf/ Griebeling, Jürgen/ Lipke, Gert-Albert/ Pfeiffer, Thomas/ Rost, Friedhelm/ Spilger, Andreas Michael/ Vogt, Norbert/ Weigand,Horst/ Wolff, Ingeborg, Gemeinschaftskommentar zum Kündigungsschutzgesetz und zu sonstigen kündigungsschutzrechtlichen Vorschriften, 8. Auflage, München 2007, (zitiert: KR-*Bearbeiter*, §, Rn.)

Feldhoff, Kerstin, Der Teilzeitanspruch nach dem Teilzeit- und Befristungsgesetz in der gerichtlichen Praxis, in: AiB 2003, S. 84ff.

Fischer, Ulrich, Teilzeitarbeit im Kleinunternehmen, in : BB 2002, S. 94ff.

Flatten, Jörg/Coeppicus, Nina, „Betriebliche Gründe" im Sinne des Teilzeit- und Befristungsgesetzes, in: ZIP 2001, 1477ff.

Fröhlich, Oliver, Das neue Gesetz zum Elterngeld und zur Elternzeit, in: ArbRB 2007, S. 54ff.

Gaul, Björn/Bonanni, Andrea, Teilzeit bei Elternzeit, in: ArbRB 2003, S. 144ff.

Gaul, Björn/Naumann, Eva, Entwurf eines Antidiskriminierungsgesetzes, in: ArbRB 2005, S. 50ff.

Gaul, Björn/Wisskirchen, Gerlind, Änderung des Bundeserziehungsgeldgesetzes, in: BB 2000, 2466ff.

Gehring, Steffen, Das Recht auf Teilzeitarbeit – Anspruch und Wirklichkeit, Dissertation, Baden-Baden 2006, (zitiert: *Gehring,* Das Recht auf Teilzeitarbeit – Anspruch und Wirklichkeit, S.)

Geiersberger, Doris, Die Diskriminierung der Frau im Arbeitsleben unter Hervorhebung des Zugangs zum Beruf – Eine vergleichende Untersuchung zum Stauts Quo im Völker- und Europarecht -, Dissertation, München 1988, (zitiert: *Geiersberger,* Die Diskriminierung der Frau im Arbeitsleben unter Hervorhebung des Zugangs zum Beruf, S.)

Geiger, Rudolf, Grundgesetz und Völkerrecht, 3. Auflage, München 2002, (zitiert: *Geiger,* Grundgesetz und Völkerrecht, §, Abs.)

Göddeke, Henrik, Die mittelbare Diskriminierung im System der Gleichbehandlung, Dissertation, Frankfurt 1998, (zitiert, *Göddeke,* Die mittelbare Diskriminierung im System der Gleichbehandlung, S.)

Görlitz, Niklas, Struktur und Bedeutung der Rechtsfigur der mittelbaren Diskriminierung im System der Grundfreiheiten, Dissertation, Baden-Baden 2005, (zitiert: *Görlitz*, Struktur und Bedeutung der Rechtsfigur der mittelbaren Diskriminierung im System der Grundfreiheiten, S.)

Gotthardt, Michael, Teilzeitanspruch und einstweiliger Rechtsschutz, in: NZA 2001, S. 1183ff.

Grabitz/Hilf, Das Recht der Europäischen Union, Kommentar Band II, 29. Ergänzungslieferung, München Dezember 2005, (zitiert: Grabitz/Hilf-*Langenfeld*, § 141 EGV, Rn.)

Grobys, Marcel, Auswirkungen einer nachträglichen Arbeitszeitreduzierung auf das Arbeitsentgelt und andere Vertragsbestandteile, in: DB 2001, S. 758ff.

Grobys, Marcel/Bram, Rainer, Die prozessuale Durchsetzung des Teilzeitanspruches, in: NZA 2001, S. 1175ff.

Haag, Oliver/Taub, Angelika, Der Anspruch auf Teilzeitbeschäftigung – Zum zweijährigen Bestehen des TzBfG, in: AiB 2003, S. 157ff.

Hailbronner, Kay, Die Antidiskriminierungsrichtlinie der EU, in: ZAR 2001, S. 254ff.

Hamann, Wolfgang, Der Anspruch auf Reduzierung der Arbeitszeit, in: BB-Special 6/2005, S. 2ff.

Hanau, Peter, Offene Fragen zum Teilzeitgesetz, in: NZA 2001, S. 1168ff.

Hanau, Peter/Adomeit, Klaus, Arbeitsrecht, 14. Auflage, Neuwied 2007, (zitiert: *Hanau/Adomeit*, Arbeitsrecht, Rn.)

Hanau, Peter/Preis, Ulrich, Zur mittelbaren Diskriminierung wegen des Geschlechts, in: ZfA 1988, S. 177ff.

Hanau/Steinmeyer/Wank, Handbuch des europäischen Arbeits- und Sozialrechts, von *Peter Hanau, Heinz-Dietrich Steinmeyer* und *Rolf Wank* München 2002, (zitiert: Hanau/Steinmeyer/Wank-*Bearbeiter*, Handbuch des europäischen Arbeits- und Sozialrechts, §, Rn.)

Hansen/Kelber/Zeißig, Neues Arbeitsrecht – Teilzeit- und Befristungsrecht, Bundeserziehungsgeldgesetz, Schwerbehindertenrecht, Neue Formvorschriften von *Jessica Hansen, Markus Kelber und Rolf Zeißig*, München 2002, (zitiert: Hansen/Kelber/Zeißig-*Hansen*, Neues Arbeitsrecht, Teil, Rn.)

Henssler/Braun, Arbeitsrecht in Europa, hrsg. v. *Martin Henssler* und *Axel Braun*, Köln 2003, (zitiert: Henssler/Braun-*Oosterbeekr*, Arbeitsrecht in Europa, Niederlande, Rz.)

Herdegen, Matthias, Europarecht, 7. Auflage, München 2005 (zitiert: *Herdegen*, Europarecht, Rn.)

Herms, Sascha/Meinel, Gernod, Vorboten einer neuen Ära: Das geplante Antidiskriminierungsgesetz, in: DB 2004, S. 2370.

Herrmann, Christoph, Richtlinienumsetzung durch die Rechtsprechung, Dissertation, Berlin 2003, (zitiert: *Herrmann*, Richtlinienumsetzung durch die Rechtsprechung, S.)

Högenauer, Nikolaus, Die europäische Richtlinie gegen Diskriminierung im Arbeitsrecht, Dissertation, Hamburg 2002 (zitiert: *Högenauer*, Die europäische Richtlinie gegen Diskriminierung im Arbeitsrecht, S.)

Hohenhaus, Ulf R., Grenze des allgemeinen Teilzeitanspruchs: Zum Begriff der „wesentlichen Beeinträchtigung der Organisation im Betrieb", in : DB 2003, S. 1954ff.

Holwe, Joachim/Kossens, Michael/Pielenz, Cornelia/Räder, Evelyn, Teilzeit- und Befristungsgesetz, Basiskommentar, Frankfurt am Main 2004, (zitiert: *Holwe/Kossens/Pielenz/Räder*, TzBfG, §, Rn.)

Hopfner, Sebastian, Formelle Wirksamkeitserfordernisse des Antrags des Arbeitnehmers auf Teilzeitarbeit, in: DB 2001, S. 2144 ff.

Hromadka, Wolfgang, Das neue Teilzeit- und Befristungsgesetz, in: NJW 2001, S. 400ff.

Hromadka, Wolfgang/Maschmann, Frank, Arbeitsrecht Band 1, 3. Auflage, Heidelberg 2005, (zitiert: *Hromadka/Maschmann,*, Arbeitsrecht Band 1, §, Rn.)

Huber, Johanna, Das Bundeserziehungsgeld nach neuem Recht – Rechtslage ab 2001, in: NZA 2000, S. 1319ff.

Hunold, Wolf, Die neueste Rechtsprechung zu § 8 TzBfG, in: NZA-RR 2004, S. 225ff.

Jarass, Hans D./Beljin, Sasa, Grenzen der Privatbelastung durch unmittelbar wirkende Richtlinien, in: EuR 2004, S. 714ff.

Jarass, Hans D./Beljin, Sasa, Die Bedeutung von Vorrang und Durchführung des EG-Rechts für die nationale Rechtssetzung und Rechtsanwendung, in: NVwZ 2004, S. 1ff.

Jennen, Birgit, Gesetz zur Gleichstellung verzögert sich, in: FTD v. 1.8.2006

Joussen, Jacob, Elternzeit und Verringerung der Arbeitszeit, in: NZA 2005, S. 336ff.

Kamp, Kerstin, Die Mitbestimmung des Betriebsrats nach § 99 Absatz 2 BetrVG bei Frauenfördermaßnahmen, Dissertation, Frankfurt am Main 2002, (zitiert: *Kamp*, Die Mitbestimmung des Betriebsrats nach § 99 Absatz 2 BetrVG bei Frauenfördermaßnahmen, S.)

Kandler, Johanna, Sanktionsregelungen für Verstöße gegen die EG-Gleichbehandlungsrichtlinie (76/207/EWG) im deutschen Recht, Dissertation, Heidelberg 2003, (zitiert, *Kandler*, Sanktionsregelungen für Verstöße gegen die EG-Gleichbehandlungsrichtlinie (76/207/EWG) im deutschen Recht, S.)

Kelber, Markus/Zeißig, Rolf, Das Schicksal der Gegenleistung bei der Reduzierung der Leistung nach dem Teilzeit- und Befristungsgesetz, in: NZA 2001, S. 577ff.

Kister, Christian, Entschädigung und geschlechtsbedingte Diskriminierung bei der Begründung eines Arbeitsverhältnisses, Dissertation, Frankfurt am Main, 2000, (zitiert: *Kister*, Entschädigung und geschlechtsbedingte Diskriminierung bei der Begründung eines Arbeitsverhältnisses, S.)

Kittner/Däubler/Zwanziger, KSchR Kündigungsschutzrecht, hrsg. v. *Michael Kittner; Wolfgang Däubler* und *Bertram Zwanziger*, 6. Auflage, Frankfurt a. M. 2004, (zitiert: Kittner/Däubler/Zwanziger-*Bearbeiter*, KSchR, §, Rn.)

Kittner/Zwanziger, Arbeitsrecht Handbuch für die Praxis, hrsg. v. *Michael Kittner* und *Bertram Zwanziger*, 3. Auflage, Frankfurt a. M. 2005, (zitiert: Kittner/Zwanziger-*Bearbeiter*, Arbeitsrecht Handbuch, §, Rn.)

Kleinsorge, Georg, Teilzeitarbeit und befristete Arbeitsverträge – Ein Überblick über die Neuregelungen, in: MDR 2001, S. 181ff.

Kliemt, Michael, Der neue Teilzeitanspruch, in: NZA 2001, S. 63ff.

Klumpp, Steffen, Diskontinuität und ihre Folgen für das Antidiskriminierungsrecht, in NZA 2005, S. 848ff.

Komus, Ayelt, Benchmarking als Instrument der Intelligenten Organisation – Ansätze zur Steuerung und Steigerung Organisatorischer Intelligenz, Dissertation, Wiesbaden 2001, (zitiert: *Komus*, Benchmarking als Instrument der Intelligenten Organisation, S.)

Koppenfels-Spies, Katharina v., Auf dem Weg zu einem nicht-diskriminierenden Mutterschutzrecht?, in: AuR 2005, S. 52ff.

Krimphove, Dieter, Europäisches Arbeitsrecht, 2. Auflage, München 2001, (zitiert: *Krimphove*,, Europäisches Arbeitsrecht, Rn.)

Küttner, Personalbuch 2006, hrsg. v. *Wolfdieter Küttner*, 13. Auflage, München 2006, (zitiert: Küttner-*Bearbeiter*, Schlagwort, Rn.)

Lakies, Thomas, Das Teilzeit- und Befristungsgesetz, in: DZWIR 2001, S. 1ff.

Langenfeld, Christine Die Gleichbehandlung von Mann und Frau im europäischen Gemeinschaftsrecht, Baden-Baden 1990, (zitiert: *Langenfeld*, Die Gleichbehandlung von Mann und Frau im europäischen Gemeinschaftsrecht, S.)

Langenhan, Fridtjof O., Wissensmanagement: Best Practice zur Nutzung von Unternehmenswissen, in: Handbuch Management – Mit Best Practice zum Unternehmenserfolg, hrsg. v. *Christopher Jahns*, Stuttgart 2003, (zitiert: *Langenhan*, Handbuch Management, S. 243ff.)

Larenz, Karl/Canaris, Claus-Wilhelm, Methodenlehre der Rechtswissenschaft, 3. Auflage, Heidelberg 1995, (zitiert: *Larenz/Canaris*, Methodenlehre, S.)

Leinemann/Linck, Urlaubsrecht, Kommentar von *Wolfgang Leinemann* und *Rüdiger Linck*, 2. Auflage, München 2001 (zitiert: Leinemann/Linck, Urlaubsrecht, § BUrlG, Rz.)

Leisner, Walter, Verpflichtung zur Neuordnung des Mutterschutzgelds nach dem BVerfG-Beschluss vom 18.11.2003, in: DB 2004, S. 598ff.

Leßmann, Jochen, Der Anspruch auf Verringerung der Arbeitszeit im Bundeserziehungsgeldgesetz, in: Der Betrieb 2001, S. 94ff.

Leutheusser-Schnarrenberger, Sabine, Die Entwicklung des Schutzes der Grundrechte in der EU, in: ZRP 2002, S. 329ff.

Lindemann, Achim/Simon, Oliver, Die neue Elternzeit, in: NJW 2001, S. 258ff.

Lindemann, Achim/Simon, Oliver, Neue Regelungen zur Teilzeitarbeit im Gesetz über Teilzeitarbeit und befristete Arbeitsverträge, in: BB 2001, S. 146ff.

Lingscheid, Anja, Antidiskriminierung im Arbeitsrecht –Neue Entwicklungen im Gemeinschaftsrecht aufgrund der Richtlinien 2000/43/EG und 2000/78/EG und ihre Einfügung in das deutsche Gleichbehandlungsrecht-, Dissertation, Berlin 2004, (zitiert: *Lingscheid*, Antidiskriminierung im Arbeitsrecht, S.)

Link, Peter/Fink, Martin, Anspruch auf Verringerung der Arbeitszeit, in: AuA 2001, S. 107ff.

Löwenstein, Stephan/Roßbach, Henrike, Von der Leyen kündigt eigene Finanzierungsvorschläge für Krippen an, in FAZ v. 19.3.2007, S. 1

Lorenz, Mathias, Die Verringerung der Arbeitszeit auf Wunsch des Arbeitnehmers, Dissertation, Hamburg 2005, (zitiert: *Lorenz*, Die Verringerung der Arbeitszeit auf Wunsch des Arbeitnehmers, S.)

Lorenz, Mathias, Fünf Jahre § 8 TzBfG – BAG-Rechtsprechungs-Update, in: NZA-RR 2006, 281ff.

Mallossek, Kirsten, Die tatbestandlichen Voraussetzungen der Gleichbehandlungsrichtlinie und ihre Auswirkungen auf das deutsche Arbeitsrecht, Dissertation, Hürth 1999, (zitiert: *Mallossek*, Die tatbestandlichen Voraussetzungen der Gleichbehandlungsrichtlinie und ihre Auswirkungen auf das deutsche Arbeitsrecht, S.)

Mayer, Udo R., Teilzeitanspruch nach § 8 TzBfG, in: AiB 2002, S. 502ff.

Meinel/Heyn/Herms, Teilzeit- und Befristungsgesetz, Kommentar von *Gernod Meinel, Judith Heyn, Sascha Herms*, 2. Auflage, München 2004 (zitiert: Meinel/Heyn/Herms-*Bearbeiter*, TzBfG, §, Rn.)

Mengel Anja, Anmerkung zu BAG v. 18.2.2003, in: BB 2003, S. 1847f.

Mengel, Anja, Der Teilzeitanspruch nach § 8 TzBfG – Wunschvorstellungen des Gesetzgebers und Wirklichkeit in der täglichen Praxis, in: BB-Special 6/2005, S. 13f.

Meyer, Michael, Das Diskriminierungsverbot des Gemeinschaftsrecht als Grundsatznorm und Gleichheitsrecht, Dissertation, Frankfurt am Main 2002, (zitiert: *Meyer*, Das Diskriminierungsverbot des Gemeinschaftsrechts als Grundsatznorm und Gleichheitsrecht, S.)

Münchener Handbuch Arbeitsrecht, Ergänzungsband Individualarbeitsrecht, hrsg. v. *Reinhard Richardi* und *Otfried Wlotzke*, 2. Auflage, München 2001 (zitiert: MünchArbR/*Bearbeiter*, Ergänzungsband, §, Rn.)

Münchener Kommentar zum Bürgerlichen Gesetzbuch, Band 4 Schuldrecht Besonderer Teil II, 4. Auflage, München 2005 (zitiert: MüKo-*Bearbeiter*, § TzBfG, Rn.)

Neumann/Fenski, Bundesurlaubsgesetz, Kommentar von *Dirk Neumann* und *Martin Fenski*, 9. Auflage, München 2003, (zitiert: Neumann/Fenski-*Bearbeiter*, BUrlG, §, Rn.)

Nicolai, Andrea, Das Allgemeine Gleichbehandlungsgesetz, in AnwBl 2006, S. 563ff.

Opitz; Heike C., Die Rechtsansprüche auf Anpassung der Arbeitszeit – Eine rechtsvergleichende Untersuchung der Ansprüche auf Verlängerung und Verringerung der Arbeitszeit im niederländischen Wet aanpassing arbeidsduur und im deutschen Teilzeit- und Befristungsgesetz, Dissertation, Baden-Baden 2004, (zitiert: *Opitz,*, Die Rechtsansprüche auf Anpassung der Arbeitszeit, S.)

Oppermann, Thomas, Europarecht, 3. Auflage, München 2005, (zitiert: *Oppermann*, Europarecht, §, Rn.)

Ostermaier, Christian, Der Begriff der „betrieblichen Gründe" in § 8 Abs. 4 TzBfG – Eine Analyse der Rechtsprechung, in: AE 2003, III

Palandt, Bürgerliches Gesetzbuch, bearbeitet von *Peter Bassenge, Gerd Brudermüller, Uwe Diederichsen, Wolfgang Edenhofer, Christian Grünberg, Andreas Heldrich, Helmut Heinrichs, Hartwig Sprau, Hans Putzo, Walter Weidenkaff,* 66. Auflage, München 2007 (zitiert: Palandt/*Bearbeiter*, §, Rn.).

Pauly/Osnabrügge, Teilzeitarbeit und geringfügige Beschäftigung, von *Stephan Pauly* und *Stephan Osnabrügge,* Bonn 2004, (zitiert: Pauly/Osnabrügge, Teilzeitarbeit und geringfügige Beschäftigung, §, Rn.)

Peters-Lange, Susanne, Zuschuss zum Mutterschaftsgeld - Verfassungsmäßigkeit des § 14 Abs. 1 Satz 1, Anmerkungen zum Urteil des BAG v. 1.11.1995 – 5 AZR 273/94, in SAE 1996, S. 374ff.

Peters-Lange, Susanne/Rolfs, Christian, Reformbedarf- und Reformgesetzgebung im Mutterschutz- und Erziehungsgeldrecht, in: NZA 2000, S. 682ff.

Pfarr, Heide/Bertelsmann, Klaus, Diskriminierung im Erwerbsleben, Baden-Baden 1989, zitiert: *Pfarr/Bertelsmann,* Diskriminierung im Erwerbsleben, S.)
Pfarr, Heide, Mittelbare Diskriminierung von Frauen – Die Rechtsprechung des EuGH, in: NZA 1986, S. 585ff.

Pieroth, Bodo/Schlink, Bernhard, Grundrechte Staatsrecht II, 21. Auflage, Heidelberg 2005, (zitiert: *Pieroth/Schlink,* Grundrechte Staatsrecht II, Rn.)

Plötscher, Stefan, Der Begriff der Diskriminierung im Europäischen Gemeinschaftsrecht zugleich ein Beitrag zur einheitlichen Dogmatik der Grundfreiheiten des EG-Vertrages, Dissertation, Berlin 2003, (zitiert: *Plötscher,* Der Begriff der Diskriminierung im Europäischen Gemeinschaftsrecht, S.)

Preis, Ulrich, Arbeitsrecht Praxis-Lehrbuch zum Individualarbeitsrecht, 2. Auflage, Köln 2003, (zitiert: *Preis,* Arbeitsrecht, S.)

Preis, Ulrich, Verbot der Altersdiskriminierung als Gemeinschaftsgrundrecht – Der Fall „Mangold" und die Folgen, in: NZA 2006, S. 401ff.

Preis, Ulrich/Gotthardt, Michael, Neuregelungen der Teilzeitarbeit und befristeten Arbeitsverhältnisse – Zum Gesetzentwurf der Bundesregierung-, in: DB 2000, S. 2065ff.

Preis, Ulrich/Gotthardt, Michael, Das Teilzeit- und Befristungsgesetz, in: DB 2001, S. 145ff.

Rating, Stefan, Mittelbare Diskriminierung der Frau im Erwerbsleben nach europäischem Gemeinschaftsrecht, Dissertation, Baden-Baden 1994, (zitiert: *Rating*, Mittelbare Diskriminierung der Frau im Erwerbsleben nach europäischem Gemeinschaftsrecht, S.)

Reiserer, Kerstin/Lemke, Thomas, Erziehungsgeld und Elternzeit – Ein Überblick über die Neuregelungen, in: MDR 2001, S. 241ff

Reiserer, Kerstin/Penner, Andreas, Teilzeitarbeit – Ablehnung des Arbeitgebers wegen betrieblicher Gründe nach § 8 TzBfG, in: BB 2002, S. 1694ff.

Reiserer, Kerstin/Penner, Andreas, Teilzeitarbeit in der Elternzeit – Ablehnung aus dringenden betrieblichen Gründen nach § 15 BErzGG, in: BB 2002, S. 1962ff.

Richardi, Reinhard/Annuß, Georg, Gesetzliche Neuregelungen von Teilzeitarbeit und Befristung, in: BB 2000, S. 2201ff.

Rieble, Volker/Gutzeit, Martin, Teilzeitanspruch nach § 8TzBfG und Arbeitszeitmitbestimmung, in: NZA 2002, S. 7ff.

Riesenhuber, Karl, Anspruch auf Teilzeitbeschäftigung nach § 15b BAT?, in: NZA 1995, 56ff.

Rolfs, Christian, Das neue Recht der Teilzeitarbeit, in: RdA 2001, S. 129ff.

Rolfs, Christian/Leder, Ulrike, Anmerkung zum BAG Urt. v. 27.4.2004, Az.: 9 AZR 21/04 in: AP § 15 BErzGG, Nr. 39.

Rudolf, Inge/Rudolf, Klaus, Zum Verhältnis der Teilzeitansprüche nach § 15 BErzGG, in: NZA 2002, S. 602ff.

Rust, Ursula, Änderungsrichtlinie 2002 zur Gleichbehandlungsrichtlinie von 1976, in: NZA 2003, S. 72ff.

Schaub, Arbeitshandbuch, von *Günter Schaub, Ulrich Koch, Rüdiger Linck*, 11. Auflage, München 2005 (zitiert: Schaub-*Bearbeiter*, Arbeitsrechts-Handbuch, §, Rn.)

Scheiwe, Kirsten/Fuchsloch, Christine, Rechtspolitische Ziele und Gestaltungsmöglichkeiten eines Elterngeldes, in: ZRP 2006, S. 37ff.

Schell, Jan, Der Rechtsanspruch auf Teilzeitarbeit, Dissertation, Hamburg 2004 (zitiert: *Schell*, Der Rechtsanspruch auf Teilzeitarbeit, S.)

Schiefer, Bernd, Entwurf eines Gesetzes über Teilzeitarbeit und befristete Arbeitsverhältnisse und zur Änderung und Aufhebung arbeitsrechtlicher Bestimmungen – oder: Überregulierung statt Deregulierung/Umverteilung statt Flexibilität- , in: DB 2000, S. 2118ff.

Schiefer, Bernd, Teilzeit- und Befristungsgesetz – ein erstes Resümee nach einem Jahr, in: BB 2002, Heft 22, Die erste Seite

Schiefer, Bernd, Anspruch auf Teilzeitarbeit nach § 8 TzBfG – Die ersten Entscheidungen, in: NZA-RR 2002, S. 393ff.

Schiek, Dagmar, Nachtarbeitsverbot für Arbeiterinnen - Gleichberechtigung durch Deregulierung?, Dissertation, Baden-Baden 1992, (zitiert: *Schiek*, Nachtarbeitsverbot für Arbeiterinnen, S.)

Schiek, Dagmar, Gleichbehandlungsrichtlinie der EU – Umsetzung im deutschen Arbeitsrecht, in: NZA 2004, 873ff.

Schiek, Dagmar; Europäisches Arbeitsrecht, 2. Auflage, Baden-Baden 2005, (zitiert: *Schiek*, Europäisches Arbeitsrecht, S.)

Schiek, Allgemeines Gleichbehandlungsgesetz (AGG) – Ein Kommentar aus europäischer Perspektive, hrsg. von *Dagmar Schiek*, 2007, (zitiert: Schiek-*Bearbeiter*, AGG, §, Rn.)

Schlachter, Monika, Probleme der mittelbaren Benachteiligung im Anwendungsbereich des Art. 119 EGV, in: NZA 1995, S. 393ff.

Schlachter, Monika (Hrsg.), Casebook –Europäisches Arbeitsrecht, Baden-Baden 2005, (zitiert: *Schlachter*, Casebook –Europäisches Arbeitsrecht, S.)

Schmidt, Marlene, Teilzeitarbeit in Europa, Dissertation, Baden-Baden 1995, (zitiert: *Schmidt,* Teilzeitarbeit in Europa, S.)

Schmidt, Marlene, Die neue EG-Richtlinie zur Teilzeitarbeit, in: NZA 1998, S. 576ff.

Schmidt, Marlene, Das Arbeitsrecht der Europäischen Gemeinschaft, 1. Auflage, Baden-Baden 2001 (zitiert: *Schmidt,* Das Arbeitsrecht der Europäischen Gemeinschaft, Teil , Rn.)

Schmidt, Marlene, Neue Probleme der Teilzeitarbeit- Zur Rechtmäßigkeit der Bevorzugung Teilzeitbeschäftigter und zum Anspruch auf Reduzierung der Arbeitszeit, in: AuR 2002, S. 245ff.

Schmidt, Marlene/Senne, Daniela, Das gemeinschaftsrechtliche Verbot der Altersdiskriminierung und seine Bedeutung für das deutsche Arbeitsrecht, in: RdA 2002, S. 80ff.

Schnöckel, Stefan, Antidiskriminierungsgesetz – ein neuer Anlauf, in: ZRP 2005, S. 170ff.

Schulte, Jens, Der „betriebliche Grund" im Sinne von § 8 Abs. 4 TzBfG, in: DB 2001, S. 2715ff.

Schunder;Achim, Der Teilzeitanspruch in der betrieblichen Praxis, in: NJW-Spezial 2005 Heft 8, 369ff.

Schunder, Achim, Der Teilzeitanspruch und seine strategische Bewältigung in der anwaltlichen Praxis, in: Festschrift zum 25jährigen Bestehen der Arbeitsgemeinschaft Arbeitsrecht im Deutschen Anwaltverein, hrsg. *von Jobst-Hubertus Bauer, Paul Werner Beckmann, Stefan Lunk, Hans-Georg Meier, Johannes Schipp und Reinhard Schütte,* Bonn 2006, (zitiert: *Schunder,* FS Arbeitsgemeinschaft Arbeitsrecht, S. 171ff.)

Sievers, Jochen, Die mittelbare Diskriminierung im Arbeitsrecht, Dissertation, Pfaffenweiler 1997, (zitiert: *Sievers,* Die mittelbare Diskriminierung im Arbeitsrecht, S.)

Sievers, Jochen, TzBfG Kommentar zum Teilzeit- und Befristungsgesetz, München 2003, (zitiert: *Sievers,* TzBfG, §, Rn.)

Sowka, Hans-Harald, Mittelbare Frauendiskriminierung – ausgewählte Probleme, in: DB 1992, S. 2030ff.

Sowka, Hans-Harald, Der Erziehungsurlaub nach neuem Recht – Rechtslage ab 1.1.2001, in: NZA 2000, S. 1185ff.

Sowka, Hans-Harald, Vom Erziehungsurlaub zur Elternzeit –Offene Fragen und noch mehr Korrekturbedarf, in: BB 2001, S. 935ff.

Sowka, Hans-Harald, Bundeserziehungsgeldgesetz – Änderungen zur Elternzeit ab 1.1.2004, in: NZA 2004, S. 82ff.

Sowka, Hans-Harald, Erziehungsurlaub/Elternzeit – Grundlinien des Rechts und Korrekturvorschläge, in: Festschrift 50 Jahre Bundesarbeitsgericht, hrsg. v. *Hartmut Oetker, Ulrich Preis* und *Volker Rieble*, München 2004 (zitiert: *Sowka*, FS BAG, S. 229ff)

Sowka, Hans-Harald, Teilzeitanspruch auch während der laufenden Elternzeit?, in: SAE 2006, 125ff.

Statistisches Bundesamt (Hrsg.), Leben und Arbeiten in Deutschland, Ergebnisse des Mikrozensus 2000, Wiesbaden 2001 (zitiert: Statistisches Bundesamt, Leben und Arbeiten in Deutschland, Mikrozensus 2000, S.)

Statistisches Bundesamt (Hrsg.), Leben und Arbeiten in Deutschland, Ergebnisse des Mikrozensus 2004, Wiesbaden 2005(zitiert: Statistisches Bundesamt, Leben und Arbeiten in Deutschland, Mikrozensus 2004, S.)

Staudacher/Hellmann/Hartmann/Wenk, Teilzeitarbeit Arbeitsrecht-Sozialrecht-Steuerrecht, von *Heribert Staudacher, Andrea Hellmann, Claudia Hartmann* und *Herbert Wenk*, (zitiert: Staudacher/Hellmann/Hartmann/Wenk, Teilzeitarbeit, Rn.)

Staudinger, Julius von, Kommentar zum Bürgerlichen Gesetzbuch, Buch 2 – Recht der Schuldverhältnisse, §§ 611-615 (Dienstvertragsrecht), Neubearbeitung 2005 von *Georg Annuß* und *Reinhart Richardi*, (zitiert: Staudinger-*Bearbeiter*, BGB, §, Rn.)

Steinau-Steinrück, Robert v./ Schneider, Volker/ Wagner, Tobias, Der Entwurf eines Antidiskriminierungsgesetzes: Ein Beitrag zur Kultur der Antidiskriminierung?, in: NZA 2005, S. 28ff.

Steinmeyer, Heinz-Dietrich, Der Vertrag von Amsterdam und seine Bedeutung für das Arbeits- und Sozialrecht, in: RdA 2001, S. 10ff.

Straub, Dieter, Erste Erfahrungen mit dem Teilzeit- und Befristungsgesetz, in: NZA 2001, 919ff.

Straub, Dieter, Der Teilzeitanspruch – Wunsch und Wirklichkeit, in: Festschrift zum 25jährigen Bestehen der Arbeitsgemeinschaft Arbeitsrecht im Deutschen Anwaltverein, hrsg. *von Jobst-Hubertus Bauer, Paul Werner Beckmann, Stefan Lunk, Hans-Georg Meier, Johannes Schipp und Reinhard Schütte,* Bonn 2006, (zitiert: *Straub,* FS Arbeitsgemeinschaft Arbeitsrecht, S. 183ff.)

Streinz, Rudolf, Europarecht, 7. Auflage, Heidelberg 2005, (zitiert: *Streinz,* Europarecht, Rn.)

Thüsing, Gregor, Zulässige Ungleichbehandlung weiblicher und männlicher Arbeitnehmer – Zur Unverzichtbarkeit im Sinne des § 611 a Abs. 1 Satz 2 BGB, in: RdA 2001, 319ff.

Thüsing, Gregor, Der Fortschritt des Diskriminierungsschutzes im Europäischen Arbeitsrecht – Anmerkungen zu den Richtlinien 2000/43/EG und 2000/78/EG-, in: ZfA 2001, S. 397ff.

Thüsing, Gregor, Gedanken zur Effizienz arbeitsrechtlicher Diskriminierungsverbote, in: RdA 2003, S. 257ff.

Thüsing, Gregor, Das Arbeitsrecht der Zukunft? – Die deutsche Umsetzung der Antidiskriminierungsrichtlinie im internationalen Vergleich, in: NZA 2004, Sonderbeilage zu Heft 22, S. 3ff.

Thüsing, Gregor, Teilzeit- und Befristungsgesetz – Oder: Von der Schwierigkeit eines Kompromisses zwischen Beschäftigungsförderung und Arbeitnehmerschutz, in: ZfA 2004, S. 67ff.

Thüsing, Gregor, Europarechtlicher Gleichbehandlungsgrundsatz als Bindung des Arbeitgebers, in: ZIP 2005, S. 2149ff.

Thüsing, Gregor, Arbeitsrechtlicher Diskriminierungsschutz – Das neue Allgemeine Gleichbehandlungsgesetz und andere arbeitsrechtliche Benachteiligungsverbote, München 2007, (zitiert: *Thüsing,* Diskriminierungsschutz, Rn.)

Tschöpe, Anwalts-Handbuch Arbeitsrecht, hrsg. v. *Ulrich Tschöpe*, 4. Auflage, Köln 2005, (zitiert: Tschöpe-*Bearbeiter*, Anwalts-Handbuch Arbeitsrecht, Teil, Rz.)

TZA, Das Recht auf Teilzeitarbeit, Kommentar von *Rudolf Busch, Heike Dieball, Eckart Stevens-Bartol*, 2. Auflage, Frankfurt a. M. 2001, (zitiert: TZA-*Bearbeiter*, §, Rn.)

Viethen, Hans Peter, Das neue Recht der Teilzeitarbeit, in: Sonderbeilage zu NZA Heft 24/2001, S. 3ff.

Viethen, Peter/Scheddler, Albrecht, Zwei Jahre Teilzeit- und Befristungsgesetz, in: Bundesarbeitsblatt 11/2002, S. 5ff.

Waas, Bernd, Gesetzlicher Anspruch auf Teilzeitarbeit in den Niederlanden, in: NZA 2000, S. 583ff.

Waas, Bernd, Die neue EG-Richtlinie zum Verbot der Diskriminierung aus rassischen oder ethnischen Gründen im Arbeitsverhältnis, in: ZIP 2000, S. 2151ff.

Wagner, Christean, Antidiskriminierungsgesetz – ein neuer Anlauf, in: ZRP 2005, S. 136ff.

Wanger, Susanne, Teilzeitarbeit Ein Gesetz liegt im Trend, in: IAB Kurzbericht Ausgabe 18/20.12.2004

Wank, Rolf, Diskriminierung in Europa – Die Umsetzung der europäischen Antidiskriminierungsrichtlinie aus deutscher Sicht, in: Sonderbeilage zu NZA 2004, Heft 22, S. 16ff.

Wank, Rolf, EG-Diskriminierungsverbote im Arbeitsrecht, in: Festschrift für Hellmut Wissmann zum 65. Geburtstag, München 2005, (zitiert: *Wank,* FS Wissmann, S.)

Wefing, Heinrich, Im Zweifel für den Mann, in: FAZ v. 12.8.06, S. 33

Wiegand, Bernd, Bundeserziehungsgeldgesetz, 9. Auflage, Wiesbaden 2002, (zitiert: Wiegand, BErzGG, §, Rn.)

Willikonsky, Birgit, MuSchG, Kommentar zum Mutterschutzgesetz, München 2004, (zitiert: *Willikonsky,* MuSchG, §, Rn.)

Winkler, Elke, Die Risiko- und Lastenverteilung im Mutterschutzrecht, Dissertation, Frankfurt am Main 2002, (zitiert: *Winkler,* Die Risiko- und Lastenverteilung im Mutterschutzrecht, S.)

Wisskirchen, Gerlind, Mittelbare Diskriminierung von Frauen im Erwerbsleben, Dissertation, Berlin 1994, (zitiert: *Wisskirchen,* Mittelbare Diskriminierung von Frauen im Erwerbsleben, S.)

Wisskirchen, Gerlind, Aktuelle Rechtsprechung zum Anspruch auf Teilzeit, in: DB 2003, S. 277ff.

Wisskirchen, Gerlind, Der Umgang mit dem Allgemeinen Gleichbehandlungsgesetz –Ein „Kochrezept" für Arbeitgeber, in: DB 2006, S. 1491ff.

Claudiana Triskatis

Ethikrichtlinien im Arbeitsrecht

Frankfurt am Main, Berlin, Bern, Bruxelles, New York, Oxford, Wien, 2008.
271 S.
Schriften zum Arbeitsrecht und Wirtschaftsrecht.
Herausgegeben von Abbo Junker. Bd. 44
ISBN 978-3-631-57509-3 · br. € 45.50*

Das Arbeitsrecht begrenzt die Möglichkeiten des Arbeitgebers, seine ethischen Verhaltensvorstellungen auch für seine Arbeitnehmer zur Pflicht zu machen: Abhängig von der gewählten Geltungsgrundlage solcher Ethikrichtlinien bestehen unterschiedliche Wirksamkeitsanforderungen. Deutsche Unternehmen, die entweder selbst in den USA gelistet sind oder zu US-amerikanischen gelisteten Unternehmen gehören, werden durch den Sarbanes-Oxley Act zum Erlaß sogenannter „Codes of conduct" verpflichtet. Beispielsweise hat der Gesamtbetriebsrat von Wal-Mart die Frage gerichtlich anhängig gemacht, ob bei der Code-Einführung in Deutschland der Betriebsrat zu beteiligen ist. Neben einer Analyse typischer Ethikrichtlinien werden – anhand zahlreicher Praxisbeispiele – Grundlagen und Wirksamkeitsanforderungen dargestellt.

Aus dem Inhalt: Funktionen und Bewertung von Ethikrichtlinien · Verpflichtung zum Erlaß von Ethikrichtlinien · Typische Inhalte einer Ethikrichtlinie · Geltungsgrundlagen der Ethikrichtlinie · Selbstbindung des Arbeitgebers durch Ethikrichtlinie · Wirksamkeitsanforderungen

Frankfurt am Main · Berlin · Bern · Bruxelles · New York · Oxford · Wien
Auslieferung: Verlag Peter Lang AG
Moosstr. 1, CH-2542 Pieterlen
Telefax 00 41 (0) 32 / 376 17 27

*inklusive der in Deutschland gültigen Mehrwertsteuer
Preisänderungen vorbehalten

Homepage http://www.peterlang.de